소명에 답하다

당신이 하나님을 더 깊이 알아 가고 더 널리 알리는 사람이 되는 것, 이 책에 담겨진 예수전도단의 마음입니다. 말씀을 통해 저자가 깨닫고, 원고를 통해 저희가 누릴 수 있었던 그 감동이 책을 통해 당신에게도 전해지기 원합니다. 그리고 당신을 통해 그 기쁨과 은혜가 더 많은 이들에게 계속해서 흘러가기를 기도하겠습니다. 이 책을 통해 당신이 받은 은혜를 다른 분들에게도 나눠 주십시오. 사랑하고 축복합니다.

ⓒ 신동열 2013

본 저작물의 한국어판 저작권은 도서출판 예수전도단에 있습니다.
저작권법에 의해 보호받는 저작물이므로 무단 전재와 복제를 금합니다.

소명에 답하다

신앙과 현실 사이에서 갈등하는 청춘을 위한 '소명고민백서'

신동열 지음

예수전도단

목차

프롤로그 _6

01 당신의 소명은 무엇인가?

1장 소명을 찾아 나서다 _13
2장 왜 소명을 알고 싶어 하는가? _20
3장 소명의 시작, 우리에게 다가오신 하나님 _28
4장 하나의 부르심과 다양한 모습 _41

02 왜 일반적인 직업이 주님의 일이 될까?

5장 하나님 나라는 관계다 _49
6장 비전의 첫 번째 조건, 기독교 세계관 _60
7장 비전의 두 번째 조건, 건강한 마음 _71

03 구체적으로 진로 찾아 나서기

8장 선택이라는 이름의 광야 _85

9장 완벽주의, 선택할 때
    가장 조심해야 할 것 _96

10장 소명을 찾는 여행자에게 필요한
    네 가지 관계 _103

04 소명을 발견하기 위한 네 가지 나침반

11장 첫 번째 나침반, 말씀의 원칙 _111
12장 두 번째 나침반, 세상 알기 _119
13장 세 번째 나침반, 은사 _131
14장 네 번째 나침반, 공동체와 리더 _149

05 일할 장을 어떻게 찾을 것인가?

15장 소명선언문을 쓰다 _163

16장 직업을 선택하기 위한
    여섯 가지 가이드 _178

17장 실업이라는 겨울나기 _197

06 직장생활이 힘들어질 때

18장 책임지는 어른이 되라 _217
19장 직장에서 일어나는 문제들 _231
20장 직장에서 함께 살아가는 법 _256

에필로그 _275

프롤로그

응답하라,
소명과 현실 사이에서
길을 잃은 청춘들이여

●

소명, 부르심, 비전, 삶의 목적…. 이 단어들은 한국교회 안에 더는 낯설지 않은 것들이며, 남녀노소 불문하고 많은 성도가 관심을 갖고 사모하는 주제이기도 하다. 특히 수련회나 부흥회 때면 많은 목회자와 사역자가 이와 관련된 메시지를 열정적으로 전하며 가르친다. 서점에 가 보면 이런 주제를 다룬 책이 얼마나 많은지 모른다.

하지만 아직도 한국교회에는 성경적 소명을 발견하고 추구하여 성취한 본보기가 많지 않다. 사실, 소명이 무엇이며 그것을 어떻게 찾아 성취할 수 있는지에 대한 성경적 정의와 개념, 원리가 아직도 부족하다. 교회에서 소명을 배웠음에도 막상 사회에 나가면 현실 사이의 괴리와 부조화를 크게 느껴, 뛰어넘기 불가능하다고 생각하는 것은 바로 그 때문이다.

젊은 세대는 이제 내용 없는 선동에는 도전을 받지 않는다. 그들은 형식이 아니라 구체적인 내용을 원하며, 선동이 아니라 진정성 있는 삶의 모델을 원하고, 실제적인 체험과 변화를 원한다. 그리고 실제로 그것을 찾아 나서고 있다. 이 사실을 깨닫지 못한 채 계속해서 구호뿐인 소명을 외친다면, 이 땅의 십대와 청년 세대는 '비전'과 '소명'에 응답하기는커녕 그런 단어들에 지독한 알레르기 반응을 보일지도 모른다.

우리는 성경에서 말하는 소명이 무엇인지 알아야 한다. 정직하고 균형 잡힌 시각으로 충분히 고민하고 연구해야 한다. 성경적 소명을 발견하고 찾아가는 과정을 이해해야 한다. 소명을 찾아가는 과정에서 불가피하게 나타나는 다양한 현실적 문제를 검토하고 준비해야 한다. 《소명에 답하다》는 바로 그런 목적을 위해 기록한 책이다. 자신의 직업을 하나님이 주신 소명으로 인식하고, 그 소명을 세상 가운데 펼쳐 나가려는 청년들을 돕기 위한 책이다. 또한 큰 꿈과 비전을 안고 출발했지만 어느새 소명과 현실 사이에서 아파하는 청년들을 격려하고 위로하며, 건강한 대화와 조언을 나누는 책이다.

이 책의 모티브는 다음 네 가지 질문에서 나왔다. 이 질문들은 그동안 여러 세미나와 개인 상담 과정에서 청년들이 공통적으로 던진 소명과 관련된 질문들을 분류한 것이다.

1. 일반적인 일이 과연 주님의 일이 될 수 있는가?
2. 하나님의 뜻을 어떻게 분별하고, 진로의 방향은 구체적으로 어떻게 정해야 하는가?
3. 직업을 선택할 때 무엇을 고려해야 하는가?
4. 직장에서 생기는 문제에 어떻게 대처할 것인가?

나는 이 질문들에 응답하는 마음으로 이 책을 썼다. 그러므로 이 책의 내용은 이 네 가지 질문을 놓고 가장 진지하고 열렬하게 고민할 사람들인, 졸업을 앞둔 대학교 4학년생과 사회와 일터에 적응 중인 새내기 직장인들에게 맞춰져 있다. 하지만 나이와 상관없이 자신의 직업을 소명으로 바라보게 되었거나 이직을 꿈꾸며 인생의 터닝 포인트에 서 있는 사람, 실업 상태가 장기간 지속되고 있어서 방황하고 있는 이들에게도 소명이란 관점에서 인생을 돌아보는 데 큰 도움을 줄 것이다. 또한 십대와 청년들을 대상으로 소명 관련 교육을 진행하고자 하는 교사나 목회자, 사역자들에게도 도움이 될 것이다.

성경적 소명 추구는 단순한 적성이나 은사 발견, 취업 상담의 문제가 아니다. 그것은 하나님과 자아, 타자 그리고 세상과의 관계성 가운데 영적으로, 인격적으로 성숙해지기 위한 크리스천의 영적 여정 자체다. 이 책을 읽는 독자 중에는 이러한 관점으로 소명을 바라본 적이 한 번도 없는 사람도 많을 것이다. 직업을 찾는 과정이 왜 영적 여정인지에 관해서는 앞으로 살펴볼 내용을 통해 차근차근 알아갈 것이다.

소명교육개발원이라는 이름으로 청년과 교회를 섬기고 부족하기 이를 데 없는 나의 메시지와 글을 책으로 펴내기까지, 수많은 분의 도움과 배려가 있었다. 힘들고 어려운 선택의 연속이었지만 늘 함께해 준 내 스승이자 연인이며 영감의 근원인 아내에게 고마움을 표한다. 밀려드는 연구 과제와 사역 요청에도 불구하고 책을 쓸 시간을 마련해 준 친구이자 동역자 이해양 실장을 비롯한 소명교육개발원 식구들에게도 감사를 전한다. 또한 부족한 사람이 책을 쓸 수 있도록 허락하고 격려해 주신 도서출판 예수전도단의 이창기 목사님과 우리의 사역을 꼼꼼히 살피고 집필의 계기를 만들어 주신 홍지욱 목사님, 조형준 전도사님께도 감사한다.

무엇보다 오늘도 성경적 소명을 고민하며 현실의 저항에 지지 않으려고 애쓰며 수고하는 젊은 믿음의 사람들을 축복하고 격려한다. 그들이야말로 주님이 부르신 자리에서 제 역할을 다해 이 땅 가운데 하나님 나라를 임하게 할 진정한 승자이자 영웅들이다.

01

당신의 소명은 무엇인가?

●
신앙과 현실 사이에서 갈등하는 청춘을 위한 '소명고민백서'
소명에 답하다

CHAPTER 01

소명을 찾아 나서다

●

온몸에 힘이 들어간다. 눈동자는 평소보다 빨리 움직인다. 손에 힘이 꽉 들어가고 다리는 제 위치에서 벗어나질 못한다. 늘 가던 길인데도 새롭고 낯설기만 하다. 작은 소리에도 깜짝 놀란다.

이것은 난생처음 자동차 운전대를 잡던 날의 내 모습이다. 지나고 나면 아무것도 아닌 일인데, 처음에는 왜 그렇게도 어려웠을까.

인생도 이처럼 늘 처음 만나는 일투성이다. 놀이터에서 친구를 처음 사귈 때, 김치를 처음 먹을 때, 구구단을 처음 외울 때, 컴퓨터를 처음 켤 때, 스마트폰을 처음 만질 때, 연애를 처음 시작할 때…. 이렇듯 처음은 설레면서도 긴장되고 두려운 순간이다.

크리스천이 자신의 소명을 찾아 나서는 것도 마찬가지다. 직업과 일을 소명의 관점으로 바라보고 그것을 사회 속에서 찾아 적응하는 시기는 본인의 의사와 상관없이 찾아온다.

소명으로의 부르심

하나님이 누군가를 새로운 삶으로 부르신다. 그 사람은 어느 날 갑자기 잠에서 깨어난 듯 직업의 의미를 다시 생각하게 된다. 이전의 직업은 오직 자신의 욕망을 이루기 위한 것이었다. 그러나 하나님의 손길이 삶에 닿기 시작하자, 직업에 중요한 사명이 있음을 발견한다. 이제 지금까지 추구하던 삶의 목적과 방식이 불편하게 느껴진다. 그리고 마침내 하나님의 사람으로 사는 방식을 연습하게 된다. 이것이 바로 소명을 찾아 나서는 것이다.

대체로 소명을 찾아 나서는 시기는 20세에서 35세의 청년기다. 기독교 교육에서도, 대략 이 시기에 정체성과 사회적 역할을 통합하게 된다고 말한다. 물론 소명의 관점을 늦게 세우는 사람은 그만큼 나이가 더 들어서야 소명을 찾아 나서게 될 것이다.

나이가 몇이든 상관없이 누구에게나 이 시기는 고통스럽다. 정들고 익숙한 것을 버리고 낯설고 어색한 것을 받아들여야 하기 때문이다. 하지만 후회하거나 슬퍼하지는 않는다. 그것은 알에서 갓 깨어난 아기 새가 하늘을 곧바로 날지 못하는 슬픔을 크게 느낀다고 해서, 자기가 왜 알에서 나왔을지 후회하지는 않는 것과 같다.

"그때는 신앙과 직업을 별개의 것으로 생각했어요. 그래서 그 회사에 들어가는 데 아무런 고민을 하지 않았어요."

담배 회사에서 광고 마케팅 일을 하는 크리스천 자매가 이런 고민을 털어놓은 적이 있다.

"고되고 힘들었지만 저는 그 일이 좋았어요. 평생 천직으로 삼고 싶었고요. 저는 새로운 것을 더 많이 배우고 시도하고 싶어서 그 회사에 입사했어요. 담배 회사는 담배에 대한 사회의 부정적 이미지를 희석하기 위해 다른 기업보다 몇 배는 더 홍보 마케팅에 투자하거든요."

그러던 어느 날, 자매는 우연히 소명 세미나에 참석했고, 거기에서 직업의 성경적 의미를 깨달았다. 그 이후 자신의 일과 직장으로 고민하게 되었다.

"진짜 딜레마에 빠졌어요. 제가 일을 열심히 하고 잘할수록 누군가 담배를 피우게 되는 거잖아요? 그게 너무 힘들었어요."

소명을 놓고 고민할수록, 일이 즐거워서 행복해하던 자매의 얼굴도 어두워져 갔다.

"회사를 그만둬야 할까요? 아니면 이런 곳에서도 제가 감당해야 할 역할을 찾을 수 있을까요?"

이것이 바로 소명을 찾아 나설 때 누구나 하게 되는 고민이다.

소명을 어떻게 찾을 수 있을까?

소명을 찾아 나설 때 우리는 처음으로 사회의 일원이 되고, 처음으로 자신의 신앙을 사회에 적용한다. 그래서 이 시기에는 기대감 못지않게 두려움과 조심스러움이 많아진다. 또한 마치 우리나라에 귀화하려는 외국인처럼, 한국인이면 어린아이도 다 아는 것조차 궁금해하며 질문한다.

이런 질문 하나하나에는 자신의 삶을 하나님께 드리고 싶은 열정이 가득 담겨 있다. 몇 가지 예를 들어 보겠다.

- 하나님이 제가 싫어하는 것을 시키실 것 같은데 어쩌죠?
- 제가 하고 싶은 일을 과연 하나님도 기뻐하실까요?
- 하나님의 음성에 따라 특정 직업을 얻기 위해 오랫동안 노력해 왔는데, 자꾸 실패만 해요. 제가 들은 것이 하나님의 음성이 아니었을까요?
- 하나님이 제가 어떤 직업을 갖기 원하시는지 어떻게 아나요?
- 목사님과 어른들이 늘 말씀하시는 '하나님의 일'이란 대체 무엇인가요?
- 이 길이 과연 제 소명인지 어떻게 분별하나요?
- 실패했던 기억 때문에 매사에 자신이 없어요. 어떻게 하죠?
- 열등감 때문에 기를 못 펴겠어요. 하나님은 이런 저를 사랑하실까요?
- 무엇이든 완벽하게 해내지 못하면 하나님이 기뻐하지 않으실 것 같아요.
- 저에게는 아무런 열정이 없어요. 왜 이럴까요?
- 선택하는 것 자체가 너무 힘들어요. 잘못 선택하면 제 인생이 영영 망가질 것 같아요. 선택을 잘할 수 있는 방법은 없나요?
- 하고 싶은 게 너무도 많아요. 뭘 선택해야 하나요?
- 하고 싶은 일과 잘하는 일 중에서 무엇을 선택해야 할까요?
- 저는 은사나 재능이 전혀 없는 것 같은데, 어떻게 하죠?
- 정말 하고 싶은 일이 있는데 지금 상황이 여의치 않아요.
- 이 직업이 저와 맞는지 어떻게 알 수 있나요?
- 세상적인 일을 하면서 거룩하게 살 수 있을까요?

- 실력이 좀 부족하더라도 정말 하고 싶은 일이라면, 도전해 봐도 괜찮지 않을까요?
- 가야 할 길이 맞는 것 같은데, 그 일은 수입도 적고 마음고생도 심해요. 그래도 해야겠죠?
- 교회 봉사만 열심히 하다 보니 사회에 나갈 준비를 별로 못했어요. 지금도 늦지 않았겠죠?
- 너무 오랫동안 백수로 지내다 보니 이제는 뭘 어떻게 해야 할지 감을 잡을 수 없어요.
- 세상이 깜짝 놀랄 업적으로 하나님께 영광 돌리고 싶은데 나이만 먹고 있네요.
- 자기계발을 할 시간이 부족해요.
- 저는 요즘 정체되어 있는 것 같아요. 어떻게 하면 성장할 수 있을까요? 그런데 도대체 성장이란 무엇인가요?
- 열심히 돈을 벌어 회사에 가져다주면 사장은 그 돈으로 이상한 짓을 해요. 이런 직장에서 일하는 것도 소명이라고 할 수 있나요?
- 제가 봐도 저는 일을 잘하는 것 같지 않아요. 직장을 그만둬야 할까요?
- 업무 능력은 인정받고 있지만 사람들과 어울리기가 힘들어요. 어떻게 해야 할까요?
- 열심히 살려고 노력하는데 자꾸 문제가 터지네요. 그래서 나아갈 방향을 잃어버리게 돼요.
- 직장 문화에 적응하기가 어려워요.
- 저는 세상을 변화시킨다는 말 자체가 부담스러워요. 꼭 그렇게 뭔가를 바

꾸면서 살아야 하나요?

소명을 찾아가는 여정에서 던지게 되는 질문은 이 외에도 많다. 하지만 나는 이 책에서 그런 질문들에 모두 답하지는 않을 것이다. 그보다는 그런 질문을 풀어내기 위해 알아야 할 성경적 원칙을 제시하려 한다. 이런 원칙들을 설명할 수 있으려면, 여러 질문을 정리하여 몇 가지의 근원적인 상위 질문으로 정리해 보아야 한다. 그 상위 질문은 다음의 네 가지로 정리할 수 있다.

1. 기독교 사역이 아닌 일반 직업도 주님의 일이 될 수 있는 근거는 무엇인가?
2. 어떤 기준으로 진로를 결정해야 하는가?
3. 어떤 기준으로 구체적인 직업을 선택할 것인가?
4. 크리스천으로서 직장에서 부딪히는 문제는 어떻게 해결할 것인가?

이 네 질문은 그동안 소명교육개발원이 다양한 사역 가운데 받아 온 질문들을 정리하고 취합해서 얻은 것이다.

네 가지 질문의 순서는 크리스천 청년이 소명과 직업을 놓고 고민할 때 일어나는 논리적 과정을 따른 것이다. 고민이 절차에 따라 체계적으로 이루어지는 것은 아니지만, 이왕 제대로 고민할 거라면 바람직한 순서를 따르는 것이 도움이 될 것이다.

또한 기독교 사역이 아닌 일반 직업도 하나님의 일이 될 수 있다. 이 사실을 알아야 진로의 방향을 찾을 수 있다. 방향을 정했다면, 그 안에서 자신이 일할 수 있는 직업을 얻을 방법을 궁리할 것이다. 직업을 구한 후에는 직장 문화에서 주어지는 다양한 문제와 만나게 된다.

그러므로 소명을 찾아 나설 때는 반드시 이 네 가지 질문에 관한 자신만의 답을 찾을 수 있어야 한다. 이 과정은 이전과 전혀 다른 삶을 살기 위해 준비하는 시간이 될 것이다.

이 책의 목적은 당신이 자신의 직업을 하나님이 주신 소명으로 바라보고, 구체적으로 직업의 방향성을 분별하고 사회에 적응하도록 돕는 데 있다. 그러나 그 전에 소명의 기초적인 내용을 점검해야 한다. 이것이 직업의 방향성을 찾고 사회에 적응하는 데 매우 중요한 기본 원칙을 제공하기 때문이다.

하루빨리 인생의 방향을 찾고 싶어서 서두르는 이들에게 여유를 가지라고 권면하고 싶다. 운전면허를 따려면 지루한 필기시험부터 통과해야 한다. 당장 핸들부터 잡고 싶은 사람에게 운전면허를 따는 기간은 불필요하게 여겨진다. 그러나 무엇이든 구체적으로 할 수 있으려면, 먼저 기초부터 알아야 한다. 기초 지식을 배우는 일은 흥미롭지 않은 일일 수 있지만, 운전에 나섰을 때 자신과 다른 사람의 생명을 지켜 주는 중요한 정보가 된다. 소명을 알고 싶은 동기를 점검하고, 소명이 궁극적으로 뜻하는 바가 무엇인지 깨닫고, 소명의 다양한 영역을 이해하는 것은 오랜 여행을 떠나는 사람이 지도를 챙기는 것과 같다. 이제부터 함께 나누게 될 소명에 관한 기초 지식도 우리의 인생에 그런 역할을 해줄 것이다.

CHAPTER 02

왜 소명을
알고 싶어 하는가?

●

소명을 바라는 이유

우리는 왜 소명을 알고 싶어 하는가? 자신의 삶이 가치 있고 의미 있는지 확인하기 위해서다. 우리는 우리 자신이 생물학적 질서에 따라 태어났다 사라지는 존재가 아님을 느끼고 싶어 한다. 무작위로 떨어지는 빗방울처럼 무의미하게 흘러가는 존재가 아님을 확인받고 싶어 한다. 자신을 통해 일하시는 하나님의 사랑을 경험하고 싶어 한다. 더 나아가 자신의 삶이 하나님의 거대한 목적과 계획에 속해 있기를 소망한다. 그 목적 속에서 자신의 역할과 본분을 찾고 싶어 한다. 그래서 자신을 향한 하나님의 계획인 소명을 궁금해한다.

또 한 가지, 소명을 알고 싶어 하는 현실적인 이유가 있다. 미래가 불안하기 때문이다. 세상을 살아가기가 힘들다는 것을 알기 때문이다. 열심히 노력해도 아무것도 손에 잡히지 않는다. 꿈을 크게 꾸면 꿀수록 현실이 더욱 초라해진다. 아직 오지 않은 미래인데 자신도 모르게 부정적으로 예측하게 된다. 실낱같은 소망이라도 붙잡아 오늘을 견뎌 보지만, 솔직히 피곤하다. 아무리 새롭게 결단하고 다짐해 봐도 심장에 구멍이라도 난 듯 맥이 빠진다. 그래서 소명을 알고 싶어 한다. 소명을 알면 불안이 사라질 거라 생각하는 것이다.

우리는 왜 그토록 불안해할까? 우리 사회에서 벌어지는 치열한 경쟁 때문이다. 지금도 사람들은 쉬지 않고 경쟁한다. 경쟁의 목적은 소수의 능력자를 찾아내기 위함이다. 세상은 그들에게 힘과 소유를 안겨 주며, 그것이 행복이라고 말한다. 행복해지려면 경쟁에서 이겨야 한다. 그러나 경쟁에서 이기기란 쉽지 않다. 이기기 위해 내가 노력하는 만큼, 다른 사람도 노력하기 때문이다. 온 힘을 다해 남을 앞서기란 쉽지 않다.

그렇기에 우리는 소명을 알고 싶어 한다. 소명을 알면 경쟁에서 더 쉽게 이길 수 있을 거라 생각하기 때문이다. 소명만 알면, 경쟁에서 이길 능력과 용기가 생길 거라 생각하는 사람이 많다. 소명만 깨달으면, 하나님이 그분의 사랑하는 자녀에게 세상에서 승리할 방법을 주실 거라 믿는다. 이쯤 되면, 사람들은 자신에게 불리하게 흘러가는 게임의 흐름을 단박에 뒤집어 놓을 히든카드가 소명이라고 믿게 된다.

하지만 애석하게도 소명은 경쟁에서 이기는 것을 도와주지 않는다. 오히려 소명은 예전에는 필요없던 고민과 결단, 포기를 요구한다. 그래서 경쟁에서 둔해지게 만든다. 소명을 알면 알수록 세상에서의 경쟁이 더 힘들어진다.

세상에서 소명을 지킨다는 것

화장품 회사에서 브랜드 마케팅을 담당하는 자매가 있었다. 자매가 일하는 회사는 좋은 아이디어 창출과 실적 등으로 치열하게 경쟁하는 곳이었다. 그래서 겉으로는 웃으면서도 속으로는 서로의 등에 칼을 꽂을 틈만 엿보는 분위기였다. 그런 정글 같은 곳에서 살아가던 자매가 어느 날 자신의 일을 소명으로 바라보게 되었다. 성과도 내야 하지만 직장 동료들과의 관계 속에서 크리스천답게 행동해야 한다는 부담을 갖게 된 것이다. 그때부터 자매는 동료의 말에 거침없이 맞받아치지 않고 유순하게 반응했다. 예전 같으면 남의 책임으로 떠넘기며 사납게 맞섰을 일도 그냥 넘겨 버렸다. 하지만 그럴수록 자매는 다른 사람들에게 실컷 무시당하고 이용당했다. 직장에서 바보가 되어 버린 것이다. 거친 직장에서 살아남기 위해 그동안 사용해 왔던 무기를 내려놓았으니 그럴 수밖에 없었다. 직업을 소명으로 인식한 덕분에 생겨난 거룩한 양심 때문에 이후로도 자매는 예전과 다른 방식으로 경쟁하기 위한 어려움을 겪어야 했다.

왜 이런 일이 벌어지는 것일까? 소명이 자신의 길을 가게 하기 때문이다. 참된 소명을 발견하면 경쟁에서 이기고 지는 것이 더는 중요하지 않다는 것을 알게 된다. 그렇다면 자신의 길을 간다는 것이란 무엇인가? 다른 사람의 삶을 흉내 내는 것을 멈추고, 하나님이 주신 자신의 삶을 살기로 선택하는 것이다. 하나님은 모든 사람을 각기 다르게 지으셨다. 그래서 저마다 살아가는 방식이 다르다. 같은 길을 가더라도 고유의 빛깔과 향기, 감촉, 소리를 갖는다. 다른 사람과는 비교할 수 없는 자신만의 길이다.

그러나 세상은 우리를 줄 세운다. 폭력에 가까울 만큼 단순한 기준으로 사람을 평가하고, 누가 승자이고 누가 '루저'인지 등수를 매긴다. 다들 비슷하고 똑같은 길을 가도록 부추긴다. 세상은 사람들에게 '저마다 다르게 살아갈 수 있다'는 진실을 알려 주지 않는다. 눈과 귀를 차단하고, 의식과 무의식을 송두리째 지배하려 한다. 그러고는 '성공'이라는 오직 하나의 메시지만 반복해서 전달한다. 마음대로 행복을 정의하고, 행복한 삶의 기준을 제시한다. 거기에서 벗어나는 것은 부끄럽고 수치스러운 일이라고 단정한다. 이런 소리에 잠식된 우리는 세상이 정의한 행복의 기준에서 패배 의식과 열등감을 맛본다. 그래서 대중 속에 파묻혀 보편적이고 평균적인 삶, 즉 '중간만 가자, 더도 말고 덜도 말고 남들만큼만 하자'는 식의 인생을 살아가게 된다.

그러다 많은 사람이 자신의 삶을 잊어버린다. 몸에 맞지 않는 옷을 입은 탓에 불편하고 거북해한다. 승자의 전리품으로 삶을 채워 보지만, 늘 텅 빈 껍데기 인생 같다. 다른 사람에게 인정받고 대우받는 자리에 서도, 자신의 인생이 너무나 가볍다는 회의감이 들어 힘들다. 적어도 남에게 뒤지지 않았다는 생각으로 자위해 보지만, 알 수 없는 슬픔에 잠 못 이룬다.

가장 두려운 것은 언제 날아올지 모르는 다른 사람들의 비웃음이다. 또한 타인의 관점대로만 살다 보니, 나답게 산다는 것이 도대체 무엇인지 알 수가 없다. 나라는 존재는 타인의 시선 속에만 존재하는 듯하다. '나'를 지우는 데 너무나 익숙해진 내가 불쌍하기만 하다. 마치 무대에서 내려오지 못하고 계속해서 공연해야 하는 어릿광대와도 같다. 관객이 박수 쳐 줄 때에만 내 존재와 인생에 의미가 있으며, 관객이 없으면 아무런 의미가 없다고 생각한다.

    그래도 희망이 있다. 하나님이 이런 우리를 부르시기 때문이다. 하나님은 우리가 누구인지 알려 주시고, 참된 삶의 목적을 세우시며, 우리가 우리 자신의 길을 가게 하신다. 그런 의미에서, 소명을 찾아 나서는 여정은 '사라진 나를 만나는 것'이라 할 수 있다. 또한 하나님 앞에서 자신의 정체성대로 사는 것이라 할 수 있다.

가치를 추구하는 삶

우리의 정체성은 하나님을 사랑하고 예배하는 것에 기초를 둔다. 우리는 하나님을 사랑하고 예배하도록 세상으로 보내심 받은 자들이다. 우리는 세상의 방식을 따라 살지 않는다. 세상 가운데서 하나님을 경외하며, 세상 사람들이 보지 못한 새로운 삶의 방식을 나타내야 한다. 그때 하나님의 통치가 드러난다. 하나님 나라가 임하는 것이다. 우리는 이를 위해 부르심 받았다.

    하나님은 각 시대와 상황마다 그분을 경외할 사람들을 일으키셨다. 우상으로 가득 찬 애굽에서 하나님을 경외할 백성을 구원하시기 위해 모세를 보내셨다. 영적으로 무감각한 시대에 하나님의 말씀을 듣는 훈련을 시키기 위해 사무엘을 보내셨다. 공의가 사라진 시대에는 아모스를 보내셨고, 나라들이 자신의 위대함을 뽐내며 교만 가운데 빠져 있던 때에는 이사야를 통해 심판을 선포하셨다. 또한 임박한 심판을 준비하고 회복의 날을 예비하기 위해 예레미야를 보내셨다. 이렇게 하나님이 보내신 사람들은 그 시대가 잊고 있던 거룩한 가치를 상기시켜 주었다.

나는 이것이 소명의 또 다른 정의라고 믿는다. 소명은 자신의 삶을 통해 세상에 거룩한 가치를 나타내는 것이다. 가치란 포기할 수 없는 값진 것을 말한다. 가치는 무엇보다 중요하다. 가치는 우리의 본질과 맞닿아 있다. 따라서 가치를 포기하는 것은 자신을 포기하는 것이며, 죽는 것이다. 가치란 잠수할 때 등에 매는 산소호흡기와 같다. 무겁고 불편하다고 벗어 버리면 물속에서 죽게 된다. 크리스천의 영혼도 그러하다. 거룩한 가치를 추구해야만 세상 속에서 살아갈 수 있다.

사도행전 21장에서 아가보 선지자는 사도 바울에게 예루살렘으로 올라가면 붙잡혀 고통을 받게 될 거라고 예언했다. 그래서 사람들은 예루살렘에 가려는 바울을 만류했다.

> 우리에게 와서 바울의 띠를 가져다가 자기 수족을 잡아매고 말하기를 성령이 말씀하시되 예루살렘에서 유대인들이 이같이 이 띠 임자를 결박하여 이방인의 손에 넘겨 주리라 하거늘 우리가 그 말을 듣고 그 사람들과 더불어 바울에게 예루살렘으로 올라가지 말라 권하니 행 21:11-12

사랑하는 영적 지도자가 고통 받을 것을 알면서도 막아서지 않을 성도는 없을 것이다. 하지만 바울은 예루살렘에 가겠다는 계획을 바꾸지 않았다. 추구하는 가치가 사람들과는 달랐기 때문이다.

바울을 말리는 사람들은 '바울의 안전'이라는 가치를 추구했다. 그렇지만 바울은 자신의 안전이 아닌, '복음 전파'라는 가치를 추구했다. 물론 바울이라고 안전하고 편안한 길을 원하지 않았겠는가? 하지만 그의 정체성은 복음을 전하는 것과 맞닿아 있었다. 바울은 하나님이 자신을 복음 전달자와 사도로 선택하고 부르셨음을 명확하게 인식하고 있었다. 그래서 그에게는 그 무엇보다 복음을 전하는 가치가 가장 중요했다. 이 가치를 포기하면 그가 살아가는 이유도 사라진다. 그래서 명백한 위험이 있음에도 예루살렘에 올라가기로 선택한 것이다. 결국 사도 바울은 예루살렘에서 체포되어 로마로 이송되어 순교했다.

이스라엘의 분열 왕국 시절, 아합 왕이 통치하던 북이스라엘은 주변국과의 성공적인 외교 활동으로 태평성대를 누렸다. 그런데 이런 때에 엘리야 선지자는 오히려 가뭄과 기근을 선포했다(왕상 17:1). 안정과 풍요보다 하나님을 경배하는 것을 더 중시하는 사람만이 할 수 있는 행동이었다. 이 발언 때문에 엘리야는 아합 왕에게 생명의 위협을 받으며 정처 없이 도망쳐야 했다. 그러나 결국 그는 850명의 이방인 우상 숭배자들과의 갈멜 산 대결에서 승리하여, 여호와 하나님이 하늘과 땅의 주인이심을 온 이스라엘 앞에 드러낼 수 있었다.

같은 상황에 처해 있어도 어떤 가치를 추구하느냐에 따라 선택하는 방향과 삶의 내용이 달라진다. 성경에는 세상에 살면서도 세상에 속하지 않는 거룩한 가치를 추구하는 사람들의 이야기가 가득하다. 하나님 앞에서 정체성을 깨달아 진정으로 추구해야 할 목적이 무엇인지 발견하고, 그 시대 가운데 거룩한 가치를 밝히는 것이 바로 하나님의 사람들에게 주어진 소명이다.

소명은 살아가면서 궁극적으로 추구해야 할 가치를 발견하는 것이다. 소명을 발견하고 따르는 사람도 세상의 방식에서 완전히 벗어날 수는 없다. 하지만 소명을 추구하는 이들이 지닌 삶의 목적과 방식은 세상과 완전히 다르다. 사람들과 경쟁하긴 하지만, 이기는 것만이 목적은 아니다. 돈을 벌지만 재산을 모으는 것 자체가 목적은 아니다. 힘을 사용하지만 권력을 잡는 것이 목적은 아니다. 어디에서 무엇을 하든 소명을 발견하고 따르는 사람은 하나님 나라의 가치와 그분의 통치하심을 드러내면서 살게 된다.

당신의 소명이 무엇인지 고민하고 있는가? 그 물음의 동기는 자신의 삶을 통해 이 땅에 거룩한 가치를 선포하고 하나님의 통치를 드러내려는, 하나님을 사모하는 마음과 소원이 되어야만 할 것이다.

CHAPTER
03

소명의 시작,
우리에게 다가오신 하나님

●

소명 찾기, 사랑의 여정

가치를 추구하며 사는 삶이 소명이라고 말하면, 대부분 청년이 피로감을 느낀다. 이 이야기를 노골적으로 거절하는 것은 아니지만, 그리 반기지도 않는다. 그렇게 반응하는 데에는 몇 가지 이유가 있다.

첫째는 소명이 진로를 결정하는 컨설팅이나 가이드라고 생각하기 때문이다. 그래서 '소명은 가치를 추구하는 것'이라는 말이 지나치게 비정하고 불편한 말로 다가올 뿐이다. 둘째는 마음이 지쳐 있기 때문이다. 그들은 이미 인생의 나아갈 바를 놓고 혼란스러워 하고 고민하느라 몸과 마음이 소진되어 버렸다. 그래서 격려를 기대한다. 그런 이들에게 바울의 순교를 이야기하니 얼마나 부담스럽겠는가. 실제로 한국교회의 많은 성도가 소명이란 말에 부정적인 이미지를 떠올린다. 이 책을 쓰는 나부터도

'소명'이라고 하면 목숨을 걸고 감당해야 할 사명, 그것을 위한 인내와 수고, 세상의 외면과 조롱, 힘한 길과 고난 같은 것이 먼저 떠오른다.

어찌 생각하면, 이렇게 반응하는 것도 당연하다. 성경에서 소명을 추구하는 이들의 모습을 보면 고달프고 힘겹기만 하다. 하지만 소명이라는 말에 부정적인 이미지만 떠올리는 사람은 소명에 담겨 있는 만남의 신비를 아직 경험하지 못한 것이다. 비록 소명을 추구하는 순간과 과정이 비장함과 우울함을 가져다준대도, 소명에는 그 모든 것을 상쇄하고도 남을 만큼 풍성한 사랑과 감격이 있다. 소명은 우리의 의지와 관련된 것이 아니다. 소명은 하나님의 다가오심과 사랑의 사귐에 관한 것이다. 소명을 좇는다는 것은 '이러이러하게 살아야 한다'는 의무나 당위성에 끌려다니는 것이 아니라, '하나님과 기쁘게 동행하며 살았더니 소명이 성취되더라'고 고백하는 것이다. 이러저러하게 살아보겠다는 인간적 다짐과 의지가 아니라, 우리 속에 임재하고 역사하시는 하나님을 드러내는 것이다.

그래서 소명을 생각할 때는 강한 의지와 불굴의 용기보다 하나님과의 깊은 사귐을 갈망해야 한다. 소명은 우리가 어떻게 해서가 아니라, 하나님이 먼저 다가오셨기 때문에 시작된 것이다. 그리고 하나님은 우리로 하여금 그분과 사랑에 빠지게 하신다. 그것이 바로 소명의 길이다.

이제부터 나는 소명을 찾아 나선 이들이 일평생 겪게 될 하나님과의 사귐의 여정을 간략하게 나눌 것이다. 이 여정을 통해 당신이 하나님을 더욱 깊이 알게 되고 더욱 깊이 사랑하게 되며, 그분 앞에서 소명의 길을 가게 되길 기도한다. 이것은 우리의 무지와 악함에도 상관없이 다가오시는 하나님과의 사랑의 여정이다.

소명의 증상

사랑의 여정은 아이러니하게도 우리의 삶에 '건기'가 찾아올 때부터 시작된다.

나의 삶은 생기로 가득했다. 심장을 고동치게 하는 꿈도 있었다. 반드시 해야 할 일과 살아갈 이유, 의미가 충만했다. 내 삶의 나무는 푸르게 드리워져 있었다. 그러던 어느 날, 내 몸과 마음에서 생기가 사라졌다. 마치 주사기로 온몸의 피를 뽑아낸 듯한 느낌이었다. 갑자기 메마른 건기가 찾아온 것이다. 그동안 추구해 온 삶의 목적은 생기를 잃어 시들고, 오래전부터 간직해 온 꿈은 낡고 닳은 종이처럼 부서져 푸석거렸다. 이유와 의미로 가득했던 것들이 공허해 보였다. 내 삶의 나무가 푸른 빛깔과 생기를 잃고 죽어 가고 있었다. 도대체 무슨 일이 일어난 것인가?

바로 하나님이 다가오신 것이다. 하나님은 우리와의 만남을 위해 먼저 우리가 메마름의 시간을 겪게 하신다. 우리를 괴롭히기 위해서가 아니라, 그분께 우리의 눈과 귀를 집중시키기 위해서다. 이미 우리의 내면은 수많은 가짜 하나님으로 가득 차 있다. 인생의 문제에 답을 주고 슬플 때 위로를 주고 기쁨도 주면서 우리의 구원자 행세를 하는 것들 말이다.

대체로 가짜 하나님은 크게 세 가지로 나타난다. 소유와 사람들의 인정, 그리고 감각적인 삶이다. 이 세 가지가 어느 순간 삶의 중심이 되고 힘과 목적이 된다. 그래서 진짜 하나님이 다가오셔도 알아보지 못하고 거부한다. 내 안의 가짜 하나님을 잃어버릴까 봐 두려운 것이다.

그럴 때 하나님은 우리 인생에 건기를 허락하신다. 우리 삶에 건조한

바람을 보내어, 가짜 하나님의 실체를 드러내신다. 그러면 아름답게 느껴졌던 것들이 빛을 잃고 추한 실체를 드러낸다. 참된 기쁨과 행복을 줄 것 같던 것들이 우리 인생과 전혀 상관없는 것으로 전락한다.

건기가 찾아올 때, 많은 사람이 그것을 이기려고 직접 삶의 활력을 만들어 낸다. 그럴 때 우리는 두 가지 길을 택할 수 있다. 하나는 삶의 목표를 더 크고 높게 잡는 것이다. 그래서 더 열심히 달려간다. 다른 하나는 감각적인 삶에 집착하는 것이다. 건조한 삶을 잠시라도 잊어 보려고, 전에는 해보지 않은 감각적인 일을 시도한다. 하지만 우리가 알다시피 이런 시도는 실패하게 마련이다. 방향 자체가 잘못 되었다. 더 빨리, 더 멀리 가는 것은 아무런 의미가 없다. 찰나적인 감각의 만족은 그 후에 찾아오는 더 큰 공허와 고통으로 귀결된다.

이 시기에는 자신도 모르게 쫓기며 살게 된다. 사실 나를 몰아세우는 것은 바로 나 자신이다. 내가 나에게 어서 답을 선택하라며 재촉한다. 건기 때가 되면 그동안 의미를 부여했던 것들에 허망함을 느끼면서, 마치 제2의 사춘기처럼 '나는 누구인가? 왜 살아야 하는가? 무엇을 위해 달려가야 하는가?'와 같은 질문을 끝없이 하게 된다. 질문이 꼬리에 꼬리를 물며 산사태처럼 우리를 덮친다.

이런 질문에 답을 구하려고 마음은 동분서주하지만, 어설픈 답은 절대 안정감을 주지 못한다. 다른 사람에게야 온갖 미사여구와 신앙의 언어로 그럴듯한 대답을 내놓으며 위로할 수 있겠지만, 자기 자신에게까지 그렇게 할 수는 없는 법이다. 자신의 영혼을 시원하게 할 답이 아니라면, 그것은 모두 거짓일 뿐이다.

진짜 답을 찾을 때까지 쉬지 못하는 내 영혼

우리 영혼은 목마르다. 짠 음식을 먹고 나면 계속해서 물을 들이켜는 것처럼 늘 갈증을 느낀다. 그럴 때 우리는 감기 초기에 미열이 나는 상태처럼 몽롱하고 현실에 집중하지 못한다. 몇 시간 동안 서 있었을 때 다리에 느껴지는 피로감 같은 것이 온몸에 늘 남아 있다. 지속되는 인생의 건기, 그로 말미암은 목마름은 우리를 더욱 지치게 한다. 겨우겨우 견디며 살아갈 수밖에 없는 시기다.

내 강의를 듣고 상담을 요청해 온 형제가 있었다. 강의에서 나는 톨스토이의 회심 이야기를 했는데, 형제는 나를 만나자마자 대뜸 "요즘 저도 톨스토이처럼 인생의 무의미함 때문에 고통스럽습니다"라고 말했다.

그는 한번도 실패를 경험해 보지 않은, 이른바 '위너'였다. 명문 고등학교와 유명 대학을 나와 높은 연봉의 대기업에 입사했다. 회사에서도 남들보다 일찍 인정받고 안정된 직장생활을 했다. 하지만 이 모든 것이 한순간에 무너졌다. 완벽해 보이던 그의 인생에 건기가 찾아온 것이다.

"갑자기 삶이 무료해지고 미래에 대한 기대가 사라지더라고요. 사람들은 제 삶을 부러워했지만, 정작 저 자신은 앞으로도 이렇게 살아야 한다는 것이 끔찍하게 느껴졌어요."

그의 진짜 고민은 그 권태감의 원인을 도저히 알 수 없다는 것이었다. 늘 웃고 지내던 얼굴에 그늘이 지기 시작했고, 피로하고 무기력한 나날이 계속되었다.

"원하는 걸 갖지 못했다면 그것 때문에 힘든 거라고 생각했을 거예요. 하지만, 딱히 그런 것도 없었어요."

나와 함께 대화하는 도중에 형제는 자신이 하나님과 만날 수 있는 인생의 건기에 서 있음을 깨달았다.

오르락내리락, 하나님과의 사귐

당신도 인생의 건기를 맞고 있는가? 그렇다면 이제 하나님을 만날 준비가 된 것이다. 까닭 모를 건조함과 끝없는 의문, 그로부터 나오는 목마름은 하나님을 만나기 위한 최상의 조건이자 환경이다.

불빛이 많은 도시에서는 별이 잘 보이지 않는다. 하지만 불빛이 없는 들판에서는 자연 그대로의 달과 별을 생생하게 만날 수 있다. 하나님을 만나는 것도 마찬가지다. 하나님을 만나려면, 삶에서 우리를 산만하게 만드는 불빛을 제거하고 그분께 집중하는 감각을 길러야 한다. 이때 건조함과 의문, 목마름이 큰 도움이 된다. 하나님 앞에서 하나님을 향해 가난한 심령이 되는 것이다.

그럴 때 바로 하나님의 말씀이 들린다. 그전에는 너무나 익숙해서 기대감이 없거나 지루하게 여겨졌던 말씀이 새롭게 들린다. 알고 보니 모든 말씀이 나에게 하신 것들이었다.

말씀 속에 내가 있다. 산만하게 흩어져 있던 인생의 조각들이 말씀 속에서 하나둘 맞춰진다. 내가 누구이며 왜 그토록 삶이 건조했는지, 이제 무엇을 위해 살아야 하는지 답을 찾는다. 말씀이 나를 알고 있다. 하나님이 나를 아신다. 바둑판을 사이에 놓고 앉아 있듯, 말씀을 통해 하나님과 대면한다.

하나님은 내가 품고 있는 거짓을 응시하신다. 그때 나는 내가 믿고 있던 것이 가짜 하나님이었다는 사실을 깨닫는다. 그리고 그 순간, 하나님의 인식이 내 것이 된다. 내 관점과 기준이 바뀐다. 옳은 것이 그른 것이 되고 그른 것이 옳은 것이 된다. 가치관이 조금씩 바뀌기 시작한다.

하지만 그와 동시에 갈등이 생긴다. 그동안 추구했던 것들을 말씀의 가치관 아래 내려놓아야 하기 때문이다. 성공과 행복이라 생각했던 모든 것을 내려놓아야 한다. 반드시 성공해서 사람들 앞에 당당히 서고 싶은 마음을 내려놓아야 한다. 하지만 그들은 이런 내 모습을 비웃을 것이다.

이처럼 하나님의 말씀은 기쁨과 감격을 주는 동시에 두려움과 수치를 가져온다. 포기해야 할 것들이 우리를 힘들게 한다.

하나님은 다시 한 번 이러한 우리와 대면해 주신다. 알아듣도록 하나하나 설명해 주신다. 그분은 우리의 두려움과 수치를 아신다. 우리가 표현하지 않는 마음속 깊은 정서까지 다 아신다. 마음속에 가득 차 있지만 다른 사람에게 한 번도 해본 적 없는 이야기를 들으신다. 그리고 목욕을 마친 아기를 부드러운 천으로 어루만지고 닦아 주듯 말씀으로 우리를 다루신다. 나뭇잎이 떨어져 호수에 물결이 생기듯 잔잔하게 말씀하신다.

하나님은 우리가 추구하던 것이 우리를 아프게 하고 상하게 했음을 알려 주신다. 세상과 다른 사람들을 향한 미움과 복수심을 품은 채로는 절대로 행복해질 수 없다고 말씀하신다. 어리석어 보여도 그분의 부르심을 좇는 것만큼 참된 능력의 길이 없다는 것을 알려 주신다. 예수님은 십자가에서 죽으셨지만, 결국 부활하셨다. 하나님 앞에서 죽기까지 순종한 것이 우리 삶에 그분의 능력이 나타나는 부활임을 설명하신다.

그러면 우리는 마침내 하나님의 말씀을 좇아 부르심의 길을 선택한다. 막상 발을 내딛고 나면, 걱정과 달리 그 길이 그다지 힘들지 않다는 것을 발견한다. 오히려 자연스럽다. 이전에 보지 못했던 하나님 나라의 가치와 비전이 보인다. 진작 이런 삶을 선택하지 않은 것이 후회스럽다. 그리고 더욱 열심히 이 길을 가리라 다짐한다.

하지만 다짐의 여운이 채 사라지기도 전에 예전의 삶이 그리워진다. 사람들의 인정과 감각적인 만족, 무언가를 소유하는 기쁨이 새록새록 떠오른다. 이런 것을 삶의 목적으로 추구할 때의 느낌이 그립다. 그러다가 어느 순간 다시 예전 방식을 선택한다. 하나님 나라의 가치와 비전은 잠시 뒤로 하고, 일단 원하는 것을 손에 넣고 싶다는 본능에 충실해진다. 아무 거리낌 없이 한동안 그렇게 살아간다. 하지만 다시 건기를 만나게 되고, 하나님 앞에 선다. 세상적 가치관 때문에 생긴 건기와 목마름, 그로 말미암은 하나님과의 만남, 가치관의 변화, 그러다 다시 세상적 가치관으로의 회귀, 또다시 찾아오는 건기…. 이 모든 과정을 반복하면서 우리는 후회하고 좌절하고 하나님 앞에서 또다시 회개한다.

변화는 엘리베이터가 수직으로 상승하듯이 일어나는 것이 아니다. 하나님을 만나자마자 곧바로 부르심의 길을 가는 사람은 없다. 살아온 방식과 이별하기까지는 오랜 시간이 걸린다. 소명을 발견하고 따르는 여정에는 후회와 아픔, 두려움과 수치가 엎치락뒤치락 반복된다. 우리는 이런 과정을 통해 하나님을 닮아 간다. 하나님을 점점 더 사랑하게 된다. 사랑이란 우리 마음이 그 대상으로 가득 차서, 그 대상만 있으면 되는 것이다. 소명을 따르는 과정을 통해 우리 마음은 하나님으로 가득 차며, 그분 한 분이면 충분하게 된다. 처음에는 이런 만족감이 금세 사라져 버리지만, 점차 하나님 한 분만으로 충분하다는 마음의 고백이 자리 잡는다. 이 고백으로 부르심의 길을 가는 것이다.

부르심의 길은 인간의 탁월함이 아니라 우리를 향한 하나님의 열심으로 가능하다. 하나님은 우리가 '하나님 한 분이면 충분합니다'라고 고백하는 사랑에 빠지게 하신다. 하나님을 깊이 만날수록 이런 고백을 할 수밖에 없다.

소명을 찾아 나서는 길은 하나님과의 사랑 안에서 가는 길이다. 소명을 찾아 나선 이들에게 나타나는 가장 큰 비극은 하나님을 사랑하지 않으면서도, 그분을 사랑해야 갈 수 있는 길을 가려 한다는 것이다. 그러나 하나님은 결국 우리를 그 사랑에 잠기게 하신다.

하나님의 이미지

소명을 찾아 나서는 길은 하나님과의 사귐의 여정이다. 그래서 소명을 찾아 나서려는 사람은 반드시 자신이 하나님을 어떤 이미지로 보는지 점검해야 한다. 하나님을 부정적인 이미지로 보고 있으면, 그분과의 관계 속에서 긴장하게 되고 그분의 말씀을 부담스러워할 수밖에 없다. 그래서 자기도 모르게 하나님과 멀어진다.

기독교 문화 속에서만 사는 사람은 자신의 신앙이 건강하다고 착각할 수 있다. 그러나 건강한 신앙은 전심으로 하나님을 환영하고 자신의 삶에 하나님을 끊임없이 초대하는 것이다. 즉, 그분을 더 알고 싶고 더 사랑하고 싶고 더 동행하고 싶은 마음이 드는 것이다.

하지만 하나님에 대해 부정적이고 어두운 이미지를 가진다면, 그분을 그렇게 환영할 수만은 없다. '하나님은 나를 사랑하지 않으셔. 그분은 내게 고통만 주셔. 그분은 내가 잘되는 꼴을 못 보셔. 내 기도를 듣지 않으셔. 내게 무관심하실 뿐이야. 나를 향한 그분의 계획은 도저히 이룰 수 없는 짐일 뿐이야.' 이런 생각을 하는 사람은 자신의 삶에 하나님을 초대하기 어려울 수밖에 없다.

하나님이 자신이 싫어하는 일을 시키실 것 같아 걱정이라며 상담을 요청한 자매가 있었다. "제가 어렸을 때 어머니가 저를 목회자의 사모로 키우겠다며 서원기도를 하셨어요."

연세가 많은 부모님 세대 중에는 '아들은 목사, 딸은 사모'로 키우는 것이 하나님을 향한 사랑을 표현하는 최고의 방법이라고 여기는 분이 많다. 그것은 하나님을 사랑하는 여러 모습 중 하나이기 때문에 옳고 그름으로 판단할 문제는 아니다. 다만 그 자매가 사춘기를 겪고 자의식을 형성하는 성장 과정에서 어머니의 서원기도를 자신의 '운명'으로 받아들였다는 것이 문제였다. 결국 자매는 하나님과 다른 크리스천들을 멀리 하기 시작했다. 특히 신학생이 곁으로 다가오면, 극도로 경계하며 도망쳤다. "무서워 죽겠어요. 하나님이 제가 원하지 않는 삶과 환경으로 저를 인도하실 것만 같아요."

그 자매는 하나님을 아주 어두운 이미지로 보았다. 자매의 하나님은 누군가의 인생을 자기 마음대로 뒤흔들어 쓰레기통에 처넣는 조폭과 같은 존재였다. 이를테면 엄마의 서원기도는 신체포기각서쯤 되는 것이었다. 즉, 자매에게 소명이란 하나님과의 깊은 만남을 통해 발견해 가는 것이 아니라, 한 번 정해지면 절대로 바꿀 수 없는 운명과도 같은 것이었다.

나는 자매에게 하나님은 고통을 주시려는 분이 아님을 설명하려고 애썼다. 그러나 자매는 자신을 사로잡고 있는 잘못된 하나님의 이미지를 쉽게 포기하려 하지 않았다. 자매는 왜 하나님에 관해 부정적인 이미지를 품게 된 것일까? 그것은 하나님을 너무나 어설프게 알았기 때문이다. 하나님을 경험해 본 적도 없으면서, '하나님은 이러이러하실 것이다'라는 제멋대로의 편견에 사로잡혀 있었기 때문이다.

하나님에 대한 편견을 형성하는 주요 원인에는 크게 세 가지가 있다.

첫째는 하나님을 사람과 비슷한 존재로 생각하는 것이다. 그 대표적인 예가 그리스 로마 신화에 등장하는 신들이다. 실제로 청년들을 상담해 보면, 하나님을 그리스 로마 신화의 신과 비슷하게 생각하는 경우가 많다. 현대 문화에서는 다양한 경로로 여러 신화를 접한다. 성경 말씀을 잘 모르는 사람이 그리스 로마 신화를 접하면, 자연스레 하나님을 그런 분으로 생각할 수 있다.

그리스 로마 신화에 나오는 신들은 인간을 희롱하고 괴롭힌다. 신이면서도 이기적이고 탐욕스러우며 온갖 음모와 술수를 꾸민다. 인간에게 장애물을 보내 고통스럽게 하고, 그 모습을 보며 즐거워한다. 때로는 인간을 두고서 자기네끼리 내기를 한다. 그리스 로마 신화에 나오는 인간과

신의 관계는 성경에 기록된 하나님과 인간의 관계와는 매우 다르다. 성경의 하나님은 인간과 경쟁하시는 분이 아니다. 하나님은 언제나 우리에게 말씀하시며, 우리와 깊고 인격적인 관계를 맺기 원하시는 분이다.

둘째는 주변의 크리스천에게 받은 상처다. 많은 사람이 교회에 다니는 부모님이나 가족, 또는 친구에게 피해 입고 상처받은 경험이 있다. 그들은 하나님 역시 그들과 다를 바 없을 거라는 편견을 갖는다. 구원받은 성도라 해도 여전히 죄성과 육신의 연약함에 영향을 받는 존재이기에, 이런 문제는 언제 어디서나 생기게 마련이다. 그러나 사람 때문에 하나님을 부정적으로 생각하는 것은 경솔한 판단이다. 누군가를 판단할 때 그와 함께 다니는 친구들의 모습만 보고 단정 지으면 안 되는 것처럼, 하나님을 믿는 사람들이 잘못 행동한다고 해서 하나님도 그와 같으실 거라고 규정하는 것은 잘못이다. 어쩌면 그러한 마음의 발단은 하나님을 등지려는 데서 나온 것일 수도 있다.

셋째는 과거의 큰 실패다. 하나님이 도와주지 않으셔서 실패했다고 생각하는 것이다. 연인들은 서로 사랑한다는 증표로 커플 반지를 나눠 낀다. 그처럼 우리는 은연중에 하나님이 우리를 사랑한다는 증거를 보여 주시길 요구한다. 그리고 그 증거란 대부분 자신의 소원과 바람이 이루어지는 것이다.

문제는 우리가 원하는 바가 이루어지지 않을 때 일어난다. 그럴 때 우리는 하나님이 내 기대와 다르게 일하신다고 생각하고는 실망한다. 하나님이 나를 사랑하지 않으신다고 생각하며 서운해한다. 그러고는 하나님에 대한 부정적 이미지를 품는다. 이러한 경험과 해석이 반복되면, 하나님 없이 자기 뜻대로 인생을 살게 된다.

하나님은 램프의 요정이 아니다. 우리 뜻대로 일하시는 분이 아니라는 말이다. 하나님은 그분의 선하신 뜻대로 일하시는 인격적이신 분이다. 우리 계획대로 풀리지 않는다 해도, 그 안에는 우리가 알 수 없는 하나님의 깊고 선한 뜻이 있다.

이런저런 이유로 우리 내면에 하나님에 대한 부정적 이미지가 자리 잡으면, 하나님과의 깊은 교제와 나를 향한 그분의 뜻을 분별하는 것까지 방해받게 된다. 만약 당신 안에 있는 하나님의 이미지가 어둡다면, 그 근원을 돌아보고 하나님을 온전히 알고 경험하는 시간을 가져야 한다.

언젠가 하나님이 맡겨 주신 일을 모두 감당하고 그분 앞에 설 때, 우리는 어떤 고백을 하게 될까? 지금까지 살아오면서 추구하고 감당해 온 수많은 사명과 일들을 나열하게 될까? 나는 그렇지 않을 거라 믿는다. 그 모든 것을 통해 우리는 단 한 가지를 얻게 될 것이다. 그것은 바로 '내 구주 예수를 더욱 사랑'하는 것이다. 주님이 왕과 심판자로 이 땅에 다시 오실 때, 우리가 그분 앞에서 하게 될 고백은 "사랑합니다, 주님"일 것이다.

하나님이 우리를 먼저 사랑하셨고, 그분의 놀라운 뜻과 계획 가운데 우리를 부르셨다. 우리도 하나님을 사랑하기에 그분의 부르심에 응했고, 결국 하나님을 더 사랑하게 되었다. 이것이 바로 소명을 찾아 나서는 여정이며, 그 여정 위에서 일어나는 일이다.

CHAPTER
04

하나의 부르심과
다양한 모습

●

지금까지 살펴본 바에 따르면, 소명은 직업에만 국한되는 개념이 아니다. 오히려 직업의 범위를 넘어 그 자체를 포함한다. 직업만으로 소명을 설명할 수 없는 것은 바로 그 때문이다.

    소명은 '복음'의 또 다른 이름이다. 복음의 은혜를 누린 사람이 세상에서 어떻게 살아갈지 고민할 때, 그것을 묘사할 수 있는 말이 바로 소명이다. 그래서 우리의 궁극적인 소명은 하나님을 사랑하라는 부르심이며, 우리는 그분을 사랑하면 할수록 다양한 부르심을 깨닫게 된다. 결혼을 예로 들어 보자. 누군가와 사랑해서 결혼하는 것은 더 깊은 사랑으로 들어가는 것이다. 그렇게 되면 결혼 전에는 없던 새로운 책임이 자연스럽게 따라온다. 배우자의 가족과 친지도 아끼고 돌봐야 한다. 배우자의 일이 곧 내 일이 되어 함께 걱정하고 돕고 지원해야 한다. 어떤 유혹이 와도 배우자만 사랑해야 한다.

하나님을 사랑하는 데에도 이처럼 세 가지의 부르심이 따라온다. 첫째는 하나님을 사랑하기 때문에 하나님이 사랑하시는 사람을 사랑하는 것이다. 둘째는 하나님이 아끼시는 세상을 아름답게 유지하고 운영하고 회복시키는 일에 참여하는 것이다. 셋째는 우리에게 주어진 모든 시간 속에서 마음을 지켜 하나님을 사랑하는 것이다.

소명은 직업 이상이다

앞에서 말했듯이 소명에는 일과 직업뿐 아니라 하나님을 사랑하고 이웃을 사랑하고 마음을 지키라는 의미도 담겨 있다. 소명의 개념에 이런 의미들을 포함시키는 것이 중요한 이유는 무엇일까? 소명을 직업과 일에 국한할 때 발생할 수 있는 문제를 최소화하기 위해서다.

물론 이 책에서 우리는 일과 직업에 초점을 맞춰 소명을 바라보고 있다. 하지만 균형 잡힌 직업 가치관을 형성하려면, 소명에 담긴 또 다른 의미들까지 함께 생각해 봐야 한다. 소명의 다양한 의미를 생각하지 않고 소명을 일과 직업에만 국한하면, 다음과 같은 문제들이 발생할 수 있다.

첫째, 직업이 없는 상황에서는 소명이 없다는 인식을 가질 수 있다. 누구나 무직(無職)으로 보내게 되는 시기가 있다. 아무리 최선을 다해도 경기나 직장 상황, 뜻하지 않은 사고나 질병으로 실직할 수 있다. 직업만이 소명이라면, 이렇게 무직으로 있는 시기는 하나님 앞에서 아무런 의미가 없는 시간이 된다. 직업이 없는 사람은 하나님이 신경을 쓰지 않으시니 아무런 원칙 없이 살아도 된다고 할 수 있는 셈이다. 그러나 하나님은 그렇게 말씀하지 않으신다. 직업이 없어도 소명은 계속된다. 우리에게 다가오는 어떤 상황에서든 하나님을 예배하고 이웃을 섬기며 주님 안에서 마음을 유지해야 한다.

둘째, 지나치게 일에만 집중하게 된다. 하나님이 열심히 일만 하라고 명령하셨다고 오해하거나 소명의 성취를 직업적인 성공과 동일시하게 된다. 후자의 경우, 하루빨리 성공해야 한다는 조급함과 초조함 때문에 피로가 쌓이고 지치게 된다. 그런데도 자신을 돌보지 않고 성공을 위해 계속해서 내달린다. 그러다가 성공하지 못하면, 하나님 앞에서 자신을 무가치한 존재로 여기고, 심각한 경우에는 하나님이 자신을 버리셨다고 생각하게 된다.

그러나 하나님은 우리가 직업에서만 성공하기를 원하지 않으신다. 물론 실패하기를 원하시는 것도 아니다. 하나님이 바라시는 성공이란 어디에서 무엇을 하든 하나님과 이웃을 사랑하고 마음을 지키는 것이다.

셋째, 직업윤리가 위협받는다. 우리는 사회의 관행과 통념, 직장의 내규를 초월하는 하나님의 원칙을 지키며 직업 활동을 해야 한다. 그 원칙은 우리가 넘지 말아야 할 경계선이다. 즉, 하나님 사랑과 이웃 사랑, 그리고 마음을 지키는 것을 포기하면서까지 일에 매달려서는 안 된다는 것이다. 하지만 일은 늘 우리에게 이 경계선을 넘으라고 유혹한다. 우리는 성과 때문에 이 유혹을 받는다. 일을 하면 반드시 가시적인 결과가 생기고 생산성이 올라간다. 눈으로 볼 수 있고 손으로 만질 수 있는 실제적인 결과물을 통해 우리는 강력한 성취감을 얻는다. 그리고 이런 일을 해낸 자신을 대견스러워하며 스스로 위대하게 느낀다.

이렇게 일을 통해 얻게 되는 긍정적 성취감에 맛을 들이다 보면, 자기도 모르는 새 자아도취에 빠질 수 있다. 그리고 이런 느낌을 계속해서 더 많이 경험하고 싶어진다. 더 위대한 업적을 이루어 자신의 위대함을 널리 알리고 싶은 욕구가 점점 더 강해진다. 결국 놀라운 결과를 만들어 내는 데 모든 시간과 에너지를 집중하게 되는 것이다.

그러다 보면 일을 하는 동안 하나님과 사람을 사랑하고 마음을 지키는 일에 소홀해질 수 있다. 세상은 '큰일을 하다 보면 간혹 불의를 자행해도 된다'고 가르친다. 결과만 좋다면 과정은 그다지 상관없다는 합리화를 제공하는 것이다. 하지만 하나님을 무시하고 사람을 멸시하면서까지 위대함을 이루고 싶어 하는 것은 폭력이자 오만이다. 이 정도 단계가 되면 성경적 가치와 윤리는 사라지게 된다.

올바른 소명 인식

교회사에는 세상을 개혁해 보겠다며 떨치고 일어난 사람과 단체가 많이 등장한다. 그런데 애석하게도 많은 경우, 그들 자신이 개혁의 대상이 되어 버렸다. 위대함이라는 유혹을 이기지 못하고 세상적 가치에 눈을 감아 버렸기 때문이다. 그러나 일과 노동은 자신의 위대함을 입증하기 위한 것이 아니라 하나님과 세상을 섬기기 위한 것이다. 그 사실을 잊지 않으려면 소명의 다양한 의미를 기억해야 한다.

교회에서 큰 행사를 치른 뒤에 다른 교회로 옮기려고 하는 청년을 상담한 적이 있다. 그 청년은 우선 심신이 지쳤으며, 같은 교회 사람들에게도 실망했기 때문에 교회를 떠난다고 했다. "저는 교회가 마치 아르바이트생들을 죽어라 부려 먹는 공장처럼 느껴집니다!"

교회가 개인에게 너무 많은 일을 요구하는 반면, 그들이 지치고 힘들 때는 아무런 관심과 배려를 보이지 않는다는 말이었다. 그 청년은 전에는 다른 사람과의 마찰과 다툼도 불사하며 '하나님의 영광'을 위해 꾹 참고 교회 일을 섬겼지만, 더는 견딜 수 없다고 했다. 사실 그 형제는 이런 상황을 극복할 만큼 하나님을 깊이 만난 적이 없었다. 다만 탁월한 행사 진행 능력 때문에 교회에서 큰일을 맡은 것이었다. 처음으로 일을 맡았을 때는 형제도 기뻐했다. 그는 행사를 성공적으로 이끌어서 하나님께 영광을 돌리겠노라고 다짐했다. 하지만 그 마음의 동기는 잘못된 것이었다. 형제의 진짜 목적은 하나님이 아닌 사람들에게 인정받는 것이었다. 그래서 이 문제를 가지고 하나님께 나아가거나 사람들과 더 깊이 대화하지 않았고, 결국 하나님과 다른 사람에게 마음을 닫아 버리고 말았다.

세상은 '어떤 일을 하는가'로 사람을 평가한다. 그만큼 일과 직업이 사람과 인생에 중요하다는 의미다. 하지만 크리스천은 다르다. 하나님과 이웃을 사랑하고 마음을 지킬 때에만 직업의 의미가 중요해진다. 앞으로 내가 나눌 직업 중심의 소명관에는 이러한 원칙이 포함될 것이다. 이 점을 꼭 기억하라.

이제부터 소명과 관련해서 우리가 가장 많이 던지는 네 가지 질문을 중심으로, 직업 중심의 소명관을 살펴볼 것이다.

02

왜
일반적인 직업이
주님의 일이 될까?

●
신앙과 현실 사이에서 갈등하는 청춘을 위한 '소명고민백서'
소명에 답하다

CHAPTER
05

하나님 나라는 관계다

●

"일반 직업도 주님의 일이 될 수 있는가?"

이 질문에는 '주님의 일은 뭔가 더 특별하다'는 생각이 담겨 있다. 어쩌면 이런 인식은 당연한 것인지도 모르겠다. 하나님의 역사를 보면, 대개 다른 사람들과 구별하여 따로 세워지고 준비된 사람이 그분의 특별한 일을 맡았기 때문이다. 그러다 보니 우리는 종종 주님의 일은 뭔가 다를 거라고 생각한다.

우리는, 무엇이 주님의 일이고 무엇이 주님의 일이 아닌지 아는 것처럼 행동한다.

우리는 많은 사람이 종사하는 일반 직업은 주님의 일이 아니라고 생각한다. 주님을 예배하고 섬기는 '특별한' 일만 주님의 일이라고 생각한 것이다. 그 외의 일은 그저 먹고살기 위한, 즉 생존을 위한 일상적인 일일 뿐이다. 그러나 이것은 확실히 성경적이지 못한 오해다.

주님의 일에 관한 오해

대체로 우리는 두 가지 기준으로 일을 구분한다.

첫 번째 기준은 공간과 언어가 직접적으로 기독교와 관련있는가다. 즉, 하나님을 예배하는 공간 안에서 기독교적 언어를 사용하는 일이 주님의 일이라는 것이다. 우리가 잘 아는 목회나 선교, 기독교 문화와 관련된 '사역'들이 그렇다.

이러한 구분은 중세 유럽에서부터 시작되었다. 일을 서열화하던 중세 유럽에서는 기도하고 말씀 읽는 것을 최고의 일로 생각했으며, 빵을 굽거나 대장간에서 일하는 것은 하위의 일로 여겨졌다. '영적인 것'에 가까울수록 거룩하고 '육체나 물질적인 것'에 가까울수록 무가치하다고 판단한 것이다. 문제는 이런 중세적 개념이 현대 교회에도 여전히 남아 있다는 사실이다. 주님의 일을 하려면 신학교에 가야 한다고 생각하는 것이 대표적인 예다.

두 번째 기준은 세상에 영향력을 주는가다. 이는 오늘날 교회에 자주 나타나는 개념으로, 세상 가운데 하나님의 영광을 나타내는 것이 주님의 일이라는 생각이다. 이런 개념을 가진 사람들은 세상이 깜짝 놀랄 만한 거대한 위업을 달성해야만 사람들이 그것을 가능케 하신 하나님을 찬양할 거라고 주장한다. 그러므로 그들에게 있어서 주님의 일은 크고 놀라운 업적을 이룰 수 있는 힘과 재능과 배경을 소유하는 것, 즉 영향력 있는 자리에 오르는 것이다. 무엇을 하든 그 분야에서 영향력을 발휘할 수 있는 높고 중요한 지위에 올라야 한다. 사람들이 선망하는 특정 분야의 전문가

나 고위직 관리가 여기에 해당된다.

첫 번째 기준이 중세 시대의 사고였다면, 두 번째 기준은 현대의 사고다. 중세 크리스천들이 세상에서 분리되는 것이 거룩한 것이라고 생각했다면, 현대 크리스천들은 세상에 영향을 미치는 것이 거룩한 것이라고 생각하는 듯하다.

그러나 이런 구분법은 신앙과 삶에 많은 문제점을 가져다준다. 우선 이런 생각은 종교적인 영역에 속하지 않거나 세상에 영향력이 별로 없는 삶(많은 크리스천의 삶)은 주님의 일이 아니라는 인식을 심어 주어, 일상적인 일을 소홀히 여기게 한다. 주님의 일을 하는 데는 특별한 사명감과 책임감이 필요하지만, 일반 직업은 아무렇게나 해도 된다고 생각하게 하는 것이다. 아울러 삶을 평가하는 기준을 획일화하기도 한다. 세상에 영향을 미치는 것만이 주님의 일이라고 생각해서, 그렇지 못한(많은 사람이 그렇다) 인생은 가치가 없다고 생각하는 것이다. 그래서 힘과 성공에 더 집착하게 된다.

자신이 하나님을 버렸다며 심한 죄책감에 빠진 형제를 만난 적이 있다. 형제는 어느 날 대형 집회에 참석했다가 선교사가 되기로 헌신했지만, 가정 형편 때문에 전공에 맞춰 취업할 수밖에 없었다. 그래서 형제는 먹고사는 따위의 '저급한' 문제 때문에 하나님의 일을 저버린 것에 큰 수치심을 느끼고 있었다. 그는 자신의 직업을 멸시했다. "정말 이 일은 별 것 아니에요. 정말 잠깐 동안만 할 거예요. 그저 저는 하루빨리 선교사로 떠나고 싶은 마음뿐이에요."

물론 그가 하나님께 순종하지 않은 데 죄책감을 느껴서 그렇게 말하는 것일 수 있다. 그것은 오직 그와 하나님 둘만이 알 수 있는 문제다. 문제는, 그가 지금 자신에게 주어진 일을 소명으로 여기지 않는다는 데 있다. 가족을 돌보는 것도 소명이다. 전공 분야에서 일하는 것도 선교사적 삶이다. 해외 선교사로 나가지 않았다는 이유만으로 자신을 배신자로 낙인찍고 자책하는 것은 옳지 못하다.

나는 그에게 가족을 돌보고 직장생활을 하는 일 또한 해외 선교사가 되는 일 못지않게 좁고 힘든 길이라고 이야기해 주었다. 간절히 바라면 선교사가 될 기회가 반드시 올 테니, 그때까지는 주어진 현실 속에서 선교사의 삶을 준비하며 일상을 살아가는 것이 형제에게 주어진 중요한 사명이라고 말해 주었다.

이 경우도 주님의 일에 대한 오해 때문에 일어난 일이다. 그렇다면 도대체 주님의 일이란 무엇인가? 주님의 일을 이해하려면 먼저 하나님 나라를 이해해야 한다. 주님의 일은 이 땅에 하나님 나라가 임했음을 나타내는 것과 연결되기 때문이다.

하나님 나라와 관계 맺기

당신은 하나님 나라가 무엇이라고 생각하는가? 성경은 하나님의 통치가 이루어지는 곳이 하나님 나라라고 말한다. 즉, 하나님이 통치하시는 공간이 하나님 나라다.

여기서의 '공간'은 물리적 장소에 국한되지 않는다. 물론 한때는 하나님의 통치를 드러내기 위해 특정 장소가 사용되기도 했다. 구약에 나오는 성막이나 성전, 거룩한 땅의 개념이 여기에 해당한다. 하지만 예수님이 십자가에 달려 돌아가시고 부활하셔서, 그분의 영을 우리 마음에 부어 주셨다. 그리고 우리는 모두 하나님이 거하시는 거룩한 땅이 되었다. 화려하게 장식된 예배당을 넘어 성도인 우리 자신이 하나님이 거하시는 장소가 된 것이다.

이런 거룩한 성도가 세상과 거룩한 관계를 맺을 때, 바로 하나님 나라가 임한다. 성도가 관계 맺는 방식이 하나님의 통치를 드러내기 때문이다. 하나님 나라는 성도가 맺는 관계를 통해, 세상에는 절대 존재하지 않는 새로운 공간을 만들어 낸다.

예수님이 이 땅에 오셔서 선포하신 하나님 나라의 메시지에는 새로운 관계성이 담겨 있다. 그 대표적인 예가 '원수를 사랑하라'는 말씀이다(마 5:44). 세상에서 원수는 경계의 대상이며, 가능한 한 멀리하거나 경우에 따라서는 죽여야 한다. 예수님은 우리에게 그런 대상과 새로운 관계를 맺으라고 말씀하셨다. 사도 바울 역시 "악에게 지지 말고 선으로 악을 이기라"(롬 12:21)고 했다. 필요하다면 우리는 더 큰 악(이를테면 폭력 같은)을 사용해서라도 악을 응징해야 한다고 생각한다. 하지만 하나님 나라는 우리와 다르다. 하나님 나라는 악과도 선한 관계를 맺는 새로운 공간을 창조한다.

구약 성경에도 이와 유사한 표현이 많다. 이사야는 하나님이 회복시키실, 장차 도래할 그분의 나라를 이렇게 묘사했다.

> 그때에 이리가 어린 양과 함께 살며 표범은 어린 염소와 함께 누우며 송아지와 어린 사자와 살진 짐승이 함께 있어 사 11:6

놀랍지 않은가? 포식자와 피식자가 서로 친구가 된다니! 아마 이사야의 이런 낯선 관계 설정을 접한 이스라엘 백성은 무척이나 황당해했을 것이다.

하지만 사실 하나님이 출애굽한 이스라엘 백성에게 주신 율법이 바로 이러한 새로운 관계 설정에 해당한다. 잘못과 실수로 이웃 사이에 감정적이고 폭력적인 보복이 일어나는 것을 방지하기 위해 배상법이 만들어졌고, 이방 민족과는 확연히 다른 노예법(종이나 노예도 존중하는)이 주어졌다. 그리고 가난하고 약한 자들과 새로운 관계를 맺기 위한 토지법과 희년제도가 세워졌다.

이는 하나님의 백성이 주변과 어떤 관계를 맺어야 하는지를 하나님이 주목하고 계셨음을 보여 준다. 하나님은 이방 민족이 한 번도 보지 못한 거룩한 관계를 이스라엘 백성과 맺기 원하셨다. 그러나 이스라엘 백성은 그분을 떠나서, 이방의 우상과 깊은 관계를 맺었다. 이방 민족에게 나타나는 거짓과 폭력으로 관계 맺은 것이다. 이것이 바로 하나님이 이스라엘 백성을 심판하신 원인이었다.

예수님이 오시기 전까지 우리와 하나님의 관계 역시 공포 그 자체였다. 우리는 심판의 대상이며 이미 죽은 존재였다. 그러나 예수님이 우리를 하나님과 화목케 하셨다. 예수님 덕분에 하나님과 우리 사이에 진정 놀라운 관계가 생겨났다. 이는 구약의 선지자들도 알지 못한 새로운 관계였다. 하나님은 우리를 백성이 아니라 아예 자녀로 삼아 버리셨다. 그리고 그분의 자녀된 증거로 성령님이 내주하게 하셨다.

성령님은 하나님 나라가 성도의 삶에 계속해서 나타나도록 관계 맺는 일을 하신다. 이 관계 맺기는 크게 신앙의 수직적 측면과 수평적 측면의 두 가지 방향으로 이루어진다. 수직적 측면은 하나님과의 관계를 의미하고, 수평적 측면은 이웃과 세상과의 관계를 의미한다. 예수님을 믿기 이전에 우리는 이기적인 생존 방식으로 관계 맺었다. 그러나 성령님은 하나님의 마음으로 세상과 관계를 맺도록 우리를 훈련하신다. 과거에는 더 많이 소유하지 못해서 불안했지만, 지금은 이미 주신 것에 풍성한 감사를 드리고, 그 풍성함을 주변의 약한 자들과 나누려고 노력하게 된다. 전에는 절대 용서할 수 없던 상대를 용서하게 되고, 분노로 가득하던 마음은 긍휼함 가운데 눈물의 탄식으로 바뀐다.

하나님은 성도를 불러 새로운 관계를 맺으시고, 다시 세상으로 보내어 새로운 관계를 맺게 하신다. 하나님과 세상에 대해 맺었던 이전의 낡은 관계는 사라지고, 새로운 관계가 누룩처럼 성도의 삶에 퍼지기 시작한다. 이런 과정을 통해 하나님의 통치는 계속해서 드러난다. 성도의 삶은 성령님으로 말미암은 새로운 관계 맺기의 연속이다. 그러므로 주님의 일은 관계 속에서 하나님의 통치를 드러내는 것이다.

주님의 일은 종교적이고 위대한 일이 아니다. 관계 속에서 하나님의 통치와 성품을 드러내는 일이다. 하나님의 성품이란 사랑과 공의, 의, 오래 참음, 긍휼 같은 하나님의 속성을 뜻한다. 성령의 아홉 가지 열매로 표현할 수도 있다. 하나님을 닮은 모습이 전부 그분의 성품을 드러낸다. 우리는 하나님을 닮은 그분의 형상이며 자녀다. 그러므로 우리가 관계 맺는 모든 공간에서 하나님의 성품을 나타내는 것이 바로 주님의 일이다.

일상에서 주님의 일을 나타내기

종교적인 일이라도 하나님의 성품을 반영하지 못하면 주님의 일이라고 할 수 없다. 제아무리 강력한 힘을 사용하더라도 하나님의 성품을 반영하지 못하면 주님의 일이 아니다. 그러나 종교적이지 않고 세상에 영향을 주지 못해도 자신이 맺고 있는 관계 속에서 하나님의 성품을 반영한다면, 그것이 바로 주님의 일이다.

    회사 전체에는 영향을 끼치지 못하더라도 자기 부서에서만큼은 회식 문화를 바꿔 보려고 애쓰는 과장, 누가 보지 않아도 주님을 섬기듯 화장실을 청소하는 미화원 아주머니, 계산 착오로 더 받은 거스름돈을 돌려주려고 어렵게 걸음을 뗀 청년, 관행이라며 너도 나도 남는 예산을 자기 주머니에 챙기는 상황에서 동료의 눈총을 받으며 자기 몫을 포기한 관리직 종사자, 뇌물이 아니라 감사의 마음을 표현하기 위해 고심하는 건축업 종사자, 자기 반 아이들의 가족을 위해 기도하다 잠든 교사, 얌체짓을 하는 직장 동료를 얄미워하면서도 그의 일을 기꺼이 도와주는 회사원, 안 해도 되는데 '하나라도 더 고쳐 드리자'는 마음으로 꼼꼼히 정비하는 에어컨 수리기사, 잔혹한 게임을 만들면서도 거룩한 오락과 윤리성을 놓고 고민하는 게임 업계 종사자, 단속하는 사람도 없는데 불법복제 컴퓨터 프로그램을 버리고 정품 프로그램을 쓰기 위해 시간과 돈을 들이는 직장 관리자, 알코올중독자인 아버지의 재활을 위해 자신의 꿈을 포기하는 청년, 허위 상품 광고로 소비자들이 피해를 볼까 봐 고민하다가 사표를 던진 텔레마케터…. 이 모두 작게나마 관계 속에서 하나님의 성품을 나타내려고 애쓰는 이들이다. 이런 사람들이 하나님의 통치를 나타내고 그분의 성품을 드러내는 '주님의 일'을 하고 있는 사람들이다.

하나님은 위대한 일을 하라며 우리를 부르신 것이 아니다. 하나님은 그저 관계 속에서 그분의 성품을 나타내라고 하신다. 그래서 관계 중심적 소명관은 다음의 내용을 자연스럽게 포함한다.

첫째, 현재성을 담는다. 소명은 미래의 정해진 시점에 특정한 일을 해야만 이루어지는 것이 아니다. 현재 자신이 맺고 있는 관계 안에서 하나님의 성품을 나타내는 것이 바로 소명을 이루며 사는 것이다. 그런데 소명을 자꾸만 미래의 시점으로 미루는 이들이 많다. 지금이 아니라 언젠가 원하는 직업을 갖고 세상에 영향을 미치게 될 때 소명을 성취할 수 있다고 생각하는 것이다. 그러나 지금 있는 곳에서의 관계 속에서 하나님의 성품을 나타낼 수 있어야 미래에도 그런 삶을 살 수 있다.

둘째, 양보다 질을 따진다. 소명이란 양적으로 거대한 일을 하는 것이 아니라, 그분의 자녀가 되었다는 질적 변화를 나타내는 것이다. 양적 측면은 필요 없다는 말로 오해하지 않기 바란다. 질적인 측면을 놓쳐서는 안 된다는 뜻이다. 빛과 어둠의 싸움은 양적 싸움이 아니라 질적 싸움이다. 거룩한 원칙을 지키려다 실패한 것은 실패가 아니다. 그것을 통해 하나님의 성품을 드러냈다면, 그 실패는 성공이다.

주님의 일을 이렇게 정의하면, 조급한 마음이 많이 해소될 것이다. 청년들은 소명을 두려워한다. 종교적인 일에 봉사하거나 세상에 영향을 끼쳐야만 소명이라고 생각하기 때문에, 종종 신앙적 영웅이 되지 못한 패배감에 시달린다. 자신이 하나님을 위해 할 수 있는 일이 아무것도 없다고 생각하기 때문이다.

우리는 주목받는 소수자를 신앙적 영웅으로 취급한다. 그러나 이런 현상은 상업적 동기에 의해 의도적으로 형성된 것이다. 참된 신앙적 영웅은 자신의 삶에서 하나님의 성품을 드러내기 위해 고민하고 좌절하면서도, 세상과 거룩한 관계 맺기를 포기하지 않는 이들이다. 이들 덕분에 하나님 나라가 누룩처럼 퍼지고 있다.

연봉을 올리는 것이 인생의 목표인 집사님이 있었다. 그 집사님은 늘 연봉을 올릴 방법만 생각하며 살았지만 뜻대로 잘 되지 않았다. 그런데 이 엉뚱하게도 불똥이 가족들에게 튀고 말았다. 자신을 무시한다고 생트집을 잡으며 가족들을 들볶기 시작한 것이다. 사실 문제는 가족이 아니었다. 집사님의 낮아진 자존감이 문제였다.

그러던 어느 날 집사님은 40일 특별새벽기도회에 참석하게 되었다. 교회에 와서 앉아 있기는 했지만 딱히 기도할 것이 없어서 졸던 집사님은 문득 낮은 연봉을 떠올렸다. 그래서 연봉을 올려 달라고 간절히 기도했다. 그런데 기도하는 중에 이런 소리가 들려왔다. "하나 더 고쳐라!" 말로만 듣던 하나님의 음성이 분명했지만, 성경 어디에도 하나님이 그렇게 말씀하시는 경우는 없었다. '하나 더 고치라고? 도대체 무슨 소리지?'

그 음성이 무엇을 뜻하는지 고민하던 집사님의 머릿속에 자신의 직장인 에어컨 정비센터가 떠올랐다. 사실 이상이 있다는 곳만 대충 손봐서 돌려 보내는 것이 정비센터의 관행이었다. 그런데 하나님이 이상이 있다는 곳 외에 한 군데를 더 고치라고 말씀하시는 것 같았다. 그래서 집사님은 에어컨을 수리할 때면, 고객이 알지 못하는 결함을 하나 더 고치거나 불량 부품을 교체해 주었다. 덕분에 고객들은 큰 고장을 미연에 방지할 수 있었다(비록 당사자들은 그 사실을 까맣게 몰랐을 테지만).

그렇게 일하는 사이에 집사님에게 놀라운 일이 생겼다. 갑자기 사장이 그에게 전화를 걸어 그의 업무 태도를 칭찬해 준 것도, 연봉을 올려 받은 것도 아닌데, 그 전까지 일하면서 한 번도 경험하지 못한 놀라운 기쁨을 맛보게 된 것이다. 연봉 인상을 바라는 것보다 하나님을 더 잘 섬기는 것이 그분이 기뻐하시는 일임을 깨달은 것이다. 하나님의 통치와 샬롬은 그분의 백성이 그분이 기뻐하시는 일을 하는 바로 그곳에 임한다. 얼마 후에 집사님은 돈이나 성공이 아니라 평범한 일상에서 주어지는 기쁨을 전하고 싶어서 교회에서 중등부 교사가 되었다. 이 이야기가 전하는 메시지는 더 열심히, 더 많이 일하라는 것이 아니다. 지극히 평범한 자신의 일터에서 하나님의 성품을 반영하기 위해 애쓰라는 것이다.

세상과 거룩한 관계를 맺으며 하나님의 성품을 나타낸다면, 일반적인 직업 역시 충분히 주님의 일이 될 수 있다. 이러한 인식은 일반적인 직업에서 소명을 발견하는 중요한 근거가 된다. 하지만 그렇게 되려면 반드시 갖춰야 할 두 가지 요소가 있다. 이 두 요소는 비전을 찾지 못하는 이유와도 밀접하게 이어지는데, 바로 세상을 바라보는 기독교 세계관과 마음의 힘이다. 이 두 가지는 다음 장에서 다루겠다.

CHAPTER
06

비전의 첫 번째 조건, 기독교 세계관

●

거룩한 개입

청년기의 비전은 크게 세 가지로 나타난다. 첫 번째는 많이 갖는 것, 두 번째는 많은 사람에게 인정받는 것, 세 번째는 많이 누리는 것이다. 사실 이런 것은 세상 사람들의 비전이기도 하다. 다만 크리스천의 경우에는 '하나님의 영광을 위해'라는 문구가 하나 더 붙을 뿐이다.

    이런 목적 자체는 나쁘지 않다. 다만 여기에는 앞서 살펴본 관계성이 철저하게 배제되어 있다는 것이 문제다. "어떤 관계 안에서 소유를 추구할 것인가? 어떤 관계 안에서 인정받으려 하는가? 어떤 관계 안에서 누리고 싶은가?" 하는 질문들에 대한 답변이 없는 것이다. 하나님의 성품을 반영하는 관계성을 고려하지 않는다면, 우리가 주님의 일이라고 이야기하는 것들이 전부 인간의 야망으로 전락할 수 있다.

비전도 관계성을 기초로 하는 단어다. 비전과 유사한 뜻을 가진 단어에는 사명과 소명이 있다. 소명 교육을 진행하면서 가장 많이 접하게 되는 요구 중 하나는 비전과 사명, 소명의 차이를 설명해 달라는 것이다. 이 세 단어의 정확한 의미를 알기는 어렵다. 다만 확실한 것은 세 단어의 공통점이 관계라는 것이다. 세 단어 모두 본능을 따라가지 않고 거룩한 관계를 맺으려 할 때 따라오는 말들이다.

세상에서 가장 아름다운 정원을 상상해 보자. 축복과도 같은 햇볕이 내리쬐고, 현란한 색색의 꽃들 때문에 눈이 부시고, 생명의 소란함이 가득하다. 젊은 여인의 기를 죽이고, 이제 겨우 사물을 분간하는 아기의 울음마저 그치게 할 만큼 아름답다. 나비는 향기를 따라 날아다닌다. 꽃들의 아름다움을 시샘하는 바람의 살랑거림은 감탄이 절로 나오는 꽃 파도를 만들어 낸다. 그러던 어느 날, 갑자기 정원이 쑥대밭이 되어 버렸다. 향기 대신 악취가 진동하고 꽃들은 꺾이고 더럽혀졌다. 개들이 들어와서 정원을 훼손한 것이다.

이 비유에서 정원은 세상을 의미한다. 구체적으로 말하면 정치나 경제, 과학, 교육 분야 같은 사회의 다양한 영역이다. 이 세상은 하나님이 지으신 아름다운 정원과 같다. 하지만 어느날 갑자기 망가져 버렸다.

망가진 정원을 볼 때 '비전'이 생긴다. 비전(vision)이란, 단어의 뜻 그대로 '보는' 것이다. 대신 눈이 아닌 마음으로 보는 것이다. 망가진 정원을 보는 순간 원래의 아름다웠던 모습이 생생하게 떠오른다. 훼손의 정도가 심하면 심할수록 처음 모습에 대한 분노 섞인 그리움이 생기면서 예전의 아름다운 정원으로 회복시키고 싶은 마음이 점점 자라난다. 현재의 망가진 모습에서 원래대로 온전히 회복하는 것을 보고 싶은 것이다. 그래서 비전은 우리에게 이중적인 시각을 준다. 본래의 아름다움과 현실의 추함을 동시에 보게 하는 것이다. 이 두 시각의 간격은 비전을 실행에 옮기게 만든다. 망가뜨린 정원이 회복되길 바라는 마음으로, 누군가 거룩한 관계를 시작하는 것이다.

'사명'은 비전에 의해 자연스레 생긴다. 정원을 회복하려는 사람들은 각자 자신만의 방법으로 일하게 된다. 누군가는 개들을 내쫓고, 누군가는 배설물과 쓰레기를 치운다. 누군가는 받침대를 놓아 꺾어진 꽃을 다시 세우고, 누군가는 다시 꽃을 심는다. 누군가는 짐승의 침입을 막는 울타리를 치고, 누군가는 강아지 출입 금지 표지판을 만든다. 정원이 회복되기를 바라는 마음은 똑같지만, 참여하는 방식은 저마다 다르다. 각자 자신의 재능에 가장 잘 어울리는 역할을 찾아 망가진 정원에 '거룩한 개입'을 하는 것이다.

'소명'은 사명에 따라 이루어진 행동이 모두 하나님에게서 비롯되었다고 고백하는 것이다. 정원의 회복에 대한 소망이나 망가진 정원을 고치려는 행동 모두 자신에게서 나온 것이 아니라는 뜻이다. 원래부터 꽃을 사랑하는 사람이어서, 또는 망가진 정원을 그대로 보지 못하는 의로운 사람이어서가 아니라, 하나님이 그렇게 행동할 수밖에 없는 정서와 생각을 주셨기 때문에 소망을 품고 행동한 것이다. 무참하게 망가진 정원을 봤을 때 느껴지는 생각이 바로 하나님의 마음이다. 그분의 슬픔과 안타까움을 인식하는 것이다. 그래서 하나님이 우리의 마음에 그분의 마음을 주셨고, 우리 몸에 그분의 재능을 부어 주셨다고 고백하는 것이 바로 소명이다.

비전과 사명, 소명은 세상과 거룩한 관계를 맺는다는 같은 의미를 가지고 있다. 다만 이 셋에는 미묘한 차이가 있다. 비전은 전체적인 회복의 그림을 보고, 사명은 그 그림을 위해 자신이 감당해야 할 역할을 찾고, 소명은 그 그림과 역할이 하나님에게서 왔음을 나타내는 것이다.

비전의 조건, 기독교 세계관

정원 비유를 다시 생각해 보자. 망가진 정원을 보고 비전을 품을 수 있는 사람은 누구일까? 정원의 회복을 꿈꾸고 실제로 그 일에 뛰어드는 사람은 적어도 두 가지 조건을 갖추어야 한다.

첫째, 정원이 얼마나 아름다웠는지, 본래의 모습을 알고 있어야 한다. 그래야만 망가진 것을 보고 안타까움을 느끼고 회복시킬 생각을 할 수 있다. 망가진 것밖에 보지 못한 사람은 원래 그런 것이라고 생각하며 아무런 관심을 갖지 않을 것이다.

둘째, 망가진 정원을 회복하는 데 참여할 수 있는 건강함을 갖고 있어야 한다. 정원을 보고 안타까움을 느껴도, 건강하지 못하면 정원을 고칠 수 없다. 몸살감기를 앓고 있는 사람은 자신의 몸을 가누는 것만으로도 힘들어서 다른 일을 하는 것은 엄두도 내지 못한다.

마찬가지로, 세상을 보며 비전을 꿈꾸려면 원래의 세상이 얼마나 아름다웠는지 알아야 한다. 하나님이 세상을 만드실 때 품으신 선한 뜻을 알아야 세상을 보며 문제를 발견할 수 있다. 이것이 바로 기독교 세계관이다. 그리고 마음이 건강해야 세상에 거룩한 개입을 할 수 있다. 마음이 지치고 힘들어서 상실과 절망 가운데 있다면, 그저 쉬고만 싶을 것이다.

우리가 일반적인 직업을 주님의 일로 보지 못하는 것은 일반적인 직업을 통해 하나님 나라와 세상과 거룩한 관계를 맺을 수 있다는 가능성을 모르기 때문이다. 기독교 세계관과 마음의 힘이 없어서 그럴 수도 있다. 기독교 세계관, 즉 세상을 바라보는 기준이 없으니 문제의식이 없고, 문제의식이 없으니 회복을 생각하지 못하는 것이다. 마음의 힘이 없어서 안정적인 것만 찾다가 교회 안에만 머무르는 경우도 많다. 세상과 거룩한 관계를 맺으려면, 이 두 요소가 반드시 필요하다.

마음의 힘에 대해서는 다음 장에서 더 깊이 다루기로 하고, 이제부터는 기독교 세계관에 관해 나눠 보자. 그 무게나 내용 면에서 기독교 세계관은 간단히 나눌 수 있는 것이 아니다. 여기서는 기독교 세계관이 비전과 사명, 소명을 형성하는 데 어떤 역할을 하는지에 관해서만 살펴보자.

세계관은 현상을 해석하는 기준이다. 현상은 표면적으로 보이는 모습이고, 해석은 어떤 현상의 깊은 곳에 있는 내적 구조를 파악하는 것이다.

놀라운 수익을 올리는 커피숍이 있다. 그 커피숍의 매출과 늘어나는 점포의 수, 방문 고객의 수 등은 현상이다. 사람들이 그 커피숍을 찾는 이유를 파악하는 것은 내적 구조다. 그리고 무슨 이유로 이런 일이 일어나는지 정의하는 것은 해석이다. 즉, 해석은 '커피 맛이 다른 데보다 좋아서인가? 편안한 공간 때문인가? 매장의 조명과 음악 때문인가? 매장 주인이 기부를 많이 해서 사회적 인식이 좋기 때문인가? 아니면 이 중 두세 가지 요소가 합쳐져서 그런 것인가?' 등이다. 그런데 해석은 해석자의 기준에 따라 달라진다. 커피 맛을 중요하게 여기는 사람은 매장의 성공이 커피 맛에 있을 거라고 본다. 편안함을 중요하게 여기는 사람은 매장의 성공 요인으로 의자와 조명, 음악에 주목할 것이다.

사람들은 각자의 기준으로 사회현상을 해석하며 살아간다. 청년들의 자살률이 늘어나는 것은 사회적 현상인데, 이 현상을 해석하는 방식은 기준에 따라 각기 다르다. 진화론적 관점에서는 성장과 진보를 멈춘 이들이 스스로 자연 도태를 선택했다고 본다. 마르크스주의적 관점에서는 물질적 소외로 말미암은 결과물이라고 본다. 실존주의적 관점에서는 인간 의지의 또 다른 표현일 뿐이라고 본다. 미학적 관점으로는 죽음이라는 절대성과의 찬란한 조우로 보기도 한다. 이처럼 기준에 따라 똑같은 현상에 대한 해석이 전혀 달라진다.

기독교 세계관을 갖고 있다는 것은 하나님의 말씀인 성경을 기준으로 세상을 바라보고 해석한다는 것을 의미한다. 기독교적 관점에서 자살은 진화의 실패나 물질의 소외, 실존적 선택, 미학적 숭고가 아니라 깨진 관계에서 오는 상실감의 열매다. 이렇게 기독교 세계관은 올바른 문제의식을 제공한다.

기독교 세계관은 세상을 회복시키는 일에 올바른 방식을 제공한다. 현상을 어떻게 해석하느냐에 따라 대안이 달라진다. 만약 자살이 진화의 실패가 가져온 결과라면, 성장과 변화를 위한 기회를 많이 제공해야 한다. 물질적 소외에서 비롯된 것이라면, 물질의 분배에 더 많이 신경 써야 한다. 실존적 선택에서 비롯된 거라면 그 또한 존중해 줘야 하며, 미학적 숭고에서 나온 결과라면 그 찬란함을 노래해야 한다. 그러나 자살이 하나님의 형상인 인간이 깨어진 관계 때문에 절망적으로 선택한 고통의 열매일 뿐이라면, 그들을 품을 공동체가 필요하다.

    망가진 정원이 회복되길 소망하는 이들은 아름다운 정원에 대한 특정 그림을 갖고 있을 것이다. 마찬가지로 세상이 온전히 회복하길 꿈꾸는 이들은 하나님이 지으신 온전한 세상이 무엇인지에 대한 기준이 있다. 기독교 세계관은 세상에서 일어나는 일의 참된 의미가 무엇인지 깨닫게 하고, 우리가 그 세상과 어떻게 관계를 맺어야 하는지 보여 준다.

무의미한 곳에서 의미 있는 꽃이 핀다

기독교 세계관을 갖고 있다면, 성경적 기준으로 세상의 현상을 해석하고 문제를 발견하며 대안을 찾아야 한다. 이때 그 대안들은 종교적 영역에만 국한되지 않는다. 사회 전반에서 회복을 위한 다양한 방법이 시도되어야 한다. 그래서 기독교 세계관 안에서는 일반적인 직업 역시 이 땅의 회복을 위해 하나님이 사용하시는 도구가 될 수 있다.

    그래서 기독교 세계관을 가진 사람은 제아무리 무의미해 보이는 일과 상황에서도 의미를 발견할 수 있다. 그런 사람은 평범한 일도 주님의 일로 여긴다. 무의미해 보이는 현상에서도 중요한 의미를 발견할 수 있다는 뜻이다. 즉, 무의미한 곳에서 의미 있는 꽃이 피는 것이다.

    현대 사회에서 '의미 있다'고 인정받으려면, 몇 가지 조건에 부합해야 한다. 첫 번째 조건은 '주인공으로 주도하는가'다. 두 번째 조건은 '사람들에게 주목과 인정을 받는가'다. 세 번째 조건은 '소유하고 누릴 수 있는가'다. 이를 거꾸로 생각하면, 현대 사회가 의미를 두지 않는 것이 무엇인지 파악할 수 있다. 즉, 현대 사회는 내가 주도할 수 없고 사람들이 관심을 두지 않으며 써 먹을 수도 없는 것을 무의미한 것으로 여긴다.

계급과 서열이 사라진 이 시대 사람들은 개인이 주인공이 되는 사상과 이야기에 주목한다. 다들 주인공이 되려 하고, 사람들에게 주목받고 싶어 한다. 다들 그것이 멋있고 의미 있는 삶이라고 생각한다. 그러나 기독교의 가치는 다르다. 주도하는 것도 좋지만, 순종하는 것 역시 그에 못지않게 귀하다. 주목받고 관심 받는 것도 좋지만, 보이지 않는 곳에서 묵묵히 자리를 지키며 인내하는 것도 아름답다. 즐기고 누리는 것도 좋지만, 선을 위해 절제하고 권리를 포기하는 삶도 좋다.

기독교 세계관으로 바라보면, 현대적 관점에서 낮게 평가하는 것들이 하나님 안에서 가치 있는 것이 된다. 섬김, 고난, 기다림, 오래 참음, 용납, 책임지는 것, 잊혀짐, 존재감 없음 등도 아름다운 것이 된다. 의미 없어 보이는 현상의 뒤편에 존재하는 의미를 찾는 것이다. 그래서 짐처럼 여겨지던 일을 값진 보석으로 받아들일 수 있다.

"그 일은 제 전공도 아닐 뿐더러, 전 그 일을 한 번도 해본 적이 없어요. 경력과도 상관없는 일을 해야 하는 스트레스가 너무 심해요."

외국에서 많은 경력을 쌓고 우리나라에 들어와서 직장을 얻은 자매의 이야기다. "그동안 쌓은 경력과 어학 실력으로 새로운 직장에서 제 능력을 충분히 발휘하고 싶었어요. 하지만 제게 주어진 일은 사람들을 관리하는 것이었어요."

자매가 하는 일은 외국어를 사용할 필요도 없고 이전 경력과도 상관없는 업무였다. 함께하는 직원들이 문제를 일으키지 않고 원만하게 일하도록 통솔하고 관리하는 일이었다.

"너무 힘들어요. 업무 내용도 너무 낯설고, 부하 직원들은 신입 상사인 저를 못마땅하게 생각해요. 텃세를 부리며 저를 무시하고 따돌려요. 상사는 이 모든 것이 제가 부하를 잘 관리하지 못했기 때문에 생긴 일이라며 질책해요. 아무래도 직장을 옮겨야 할 것 같아요."

우리는 이 상황을 말씀의 관점에서 바라보기 시작했다. 차근차근 상황을 돌아보았고, 자매는 그 상황을 만든 책임이 자신에게도 있음을 깨달았다. 해본 적도 없고 원하지도 않는 일이라는 이유로 불만만 품고, 부하 직원을 섬겨야 할 책임을 등한시하고 그들을 싫어했다. 또한 늘 사랑을 받기만 하며 살아왔기 때문에 서먹하고 불편한 관계 속에서도 사랑을 베풀며 화목하게 지내는 훈련이 필요하다는 것도 깨달았다.

"이전에는 너무 교과서 같은 이야기라며 귀담아 듣지 않았고, 인정하지도 않았어요. 하지만 이제는 그것이 진리임을 깨달았어요. 저를 배척하고 싫어하는 사람들의 마음을 얻기 위해서가 아니라, 그들을 돕고 사랑하기 위해 낮아져서 그들을 섬기겠어요."

이렇게 상황을 해석한 덕분에 자매는 무의미하게 느꼈던 것들의 참 의미를 볼 수 있었다. 이것이 바로 성경적 관점으로 현상을 해석할 때 나타나는 변화다. 기독교 세계관은 지적 깨달음뿐만 아니라 정서적 변화와 행동까지 유발시키는 인식의 전환을 가져온다.

예를 들어 "도둑이야!"라고 외치는 소리를 들었을 때, 요즘 사람들은

'또 안 좋은 일이 일어났군'이라거나 '누군가 도와주겠지'라고 생각하며 무심하게 지나친다. 하지만 그 목소리의 주인공이 자신의 가족이나 친구라면 어떨까? 도움을 요청하는 다급한 목소리의 주인공이 내게 소중한 사람이었음을 인식하는 순간, 절대로 가만 있지 않을 것이다. 당황스러움과 놀라움, 걱정과 분노가 뒤섞인 심정으로 서둘러 달려갈 것이다.

기독교 세계관을 진정으로 이해하면, 이 세상과 그 안에서 살아가는 사람들에 대한 다양한 정서가 주체할 수 없을 정도로 쏟아진다. 하나님의 창조 섭리가 반영된 세상이 이토록 망가진 것을 보고 슬픔과 분노, 안타까움, 초조함, 절망, 미움, 긍휼, 연민이 생겨난다. 그리고 세상과 사람들을 위해 무언가 해보려고 움직이기 시작한다.

소명 교육을 하면서 누리게 된 가장 큰 축복은, 숨어 있는 소명자들을 만날 수 있었다는 것이다. 그런 만남 가운데 특히 기억에 남는 자매가 한 명 있다. 자매는 서른 살도 되기 전부터 농아 청소년을 위한 학교를 세웠다. 변변한 후원자도 없이 농아 청소년을 위한 열정만으로 만든 학교라 시설과 환경은 낙후되고 척박했다. 하지만 자매는 늘 엄마처럼 학생들을 먹이고 공부시키고 함께 여행을 다녔다.

자매가 이 일을 시작하게 된 계기는 의외로 단순했다. 돌봄을 받아야 하는 처지의 농아 청소년들이 사실상 아무런 돌봄도 받지 못하고 있다는 것을 알았기 때문이다. 농아 청소년은 지능 발달에는 아무런 문제가 없기 때문에 수화만 제대로 배우면 철학적인 대화까지 나눌 수 있다. 하지만 많은 농아가 그렇게 살지 못하고 있다. 그들을 수치스럽게 여긴 가족들이 집에 격리시키거나 그들의 지적 수준에 맞지 않는 교육을 시키기 때문이다. 또는 일반 학교에서 알아듣지 못하는 교육을 받는 경우도 있다. 자매는 우연히 이런 현실을 알게 되었고, 자기라도 농아 청소년을 섬겨야겠다는 마음으로 이 일에 뛰어들었다.

자매는 농아들을 섬기느라 경제적으로나 정서적으로 힘겹게 살아갔다. 그래서 주변 사람들은 너무 과한 일을 하는 것이 아니냐며 걱정과 핀잔을 주었다. 그래서 자매는 여러 번 그 일을 그만두려고 했지만, 그럴 때마다 안타까운 마음이 들어 다시 섬길 수밖에 없었다고 한다. 지금은 결혼을 해서 자녀와 함께 농아들을 섬기고 있다.

기독교 세계관은 지성을 사용해서 인생과 세상을 신학적으로 정리하고 정립하는 것이 아니다. 하나님의 깨지고 상한 마음이 우리의 마음에 전해지고 심겨지는 것이다. 그리고 그 마음으로 세상과 관계하는 것이다.

사람의 의식은 결코 빈 공간이나 진공 상태로 남아 있지 않는다. 결국에는 무언가로 채워진다. 하나님의 관점으로 채우지 못하면 세상의 기준으로라도 채워질 것이다. 즉, 자신의 가치관을 수시로 점검하고 말씀으로 교정하지 않는다면, 예수님과 동행하는 길도 무의미하고 패배감이 넘치는 분노의 길로 바뀔 수 있다. 따라서 모든 크리스쳔에게는 기독교 세계관으로 세상을 보는 훈련이 필요하다. 이 과정은 평생을 거쳐 이루어지는 일이기에, 기독교 세계관으로 보기를 아예 포기하는 사람도 있다.

그러나 적어도 자신의 직업과 전공만큼은 기독교 세계관으로 바라볼 줄 알아야 한다. 그에 관해서는 12장에서 세상과 문화, 직업을 분석하는 방식으로 소개할 것이다. 기독교 세계관이라는 렌즈로 자신의 전공과 직업을 바라보는 훈련이 어떤 것인지 맛볼 수 있을 것이다.

CHAPTER
07

비전의 두 번째 조건, 건강한 마음

●

지친 마음들

달려갈 곳을 찾지 못해 힘들어하는 것도 안타깝지만, 달려갈 곳을 알면서도 가지 못하는 것은 더 안타깝다. 이런 주제로 상담을 요청하는 이들에게 나는 '마음'의 문제를 상기시켜 준다. 그들은 처음에는 갑자기 무슨 마음 타령이냐며 황당해하지만, 결국 자신의 문제는 마음의 힘이 없기 때문이라는 것을 인정하게 된다.

우리는 거울을 자주 본다. 등교하거나 출근할 때, 한 번 이상은 꼭 거울을 보고 나간다. 세수할 때, 화장할 때, 옷을 입을 때, 그리고 가방을 매고서도 거울을 본다. 거울을 보고 얼굴에 뭐가 묻었거나 옷매무새가 이상하면 바로 고친다.

그렇다면 마음에 대해서는 어떤가? 우리는 수시로 외모를 거울에 비취 보지만, 마음은 거의 살피지 않는다. 마음이 배고프고 굶주려도 거의 돌보지 않는다. 들판의 잡초처럼 그냥 놔둬도 마음 혼자 알아서 클 것이라고 생각하는 듯하다. 그래서 우리의 마음은 힘이 없다. 마음의 힘이 없을 때 나타나는 증상은 다음과 같다.

첫째, 열정이 사라진다. 누구나 어떤 일을 시작할 때는 열정이 넘친다. 자신에게 꼭 맞는 일과 좋은 기회가 찾아오면 힘차게 일한다. 하지만 점점 열정이 사라지면 그 일이 지루하게 느껴진다. 마지못해 하다 보니, 어느 순간부터는 그 일을 하는 것이 고통이 되어 버린다. 마음의 힘을 잃었기 때문이다.

둘째, 감정이 무뎌진다. 마치 기계처럼 일한다. 기쁨과 슬픔에 둔감해진다. 분명히 기쁜 일인데 별로 좋아하지 않고, 슬픈 일인데 대수롭지 않게 여긴다. 직장에서는 늘 무덤덤한 포커페이스를 유지한다.

셋째, 마음이 역습을 당한다. 원인 모를 슬픔과 우울감에 수시로 사로잡힌다. 그러면서 마음은 점점 더 거칠어진다. 다른 사람을 향한 잔인함과 악독함이 자기도 모르게 튀어나온다. 마음이 힘을 잃어 거칠어질 때까지 방치한 대가를 치르는 것이다.

넷째, 자신의 은사를 발견하지 못한다. (은사에 대해서는 13장에서 자세히 설명할 것이다. 여기에서는 마음의 힘과 은사의 관계에 대해서만 간단하게 살펴볼 것이다.) 은사란 하나님이 각 사람에게 주신 독특한 능력이다. 이 능력은 다른 사람과 공동체를 섬기는 가운데 흥미나 즐거움, 몰입, 능숙함 등의 형태로 나타난다. 하지만 마음의 힘이 없을 때는 이런 것들이 사라진다. 우리 주변에는 자신에게 은사가 없다고 오해하는 크리스천 청년이 많다. 그러나 은사가 없는 사람은 없다. 마음의 힘이 없어서 자신만의 독특한 능력을 발견하고 발휘할 기회를 얻지 못하는 것뿐이다.

다섯째, 자신을 사랑해 줄 공간을 찾아 헤맨다. 우리는 사랑을 받아야 건강하게 살아갈 수 있는 존재다. 하지만 우리에게는 남을 사랑하고 섬겨야 할 의무와 책임도 있다. 마음의 힘이 없을 때는 남을 사랑하고 섬기는 대신 인정과 배려, 관심, 지지를 받기만 원하며, 그런 것을 찾아다닌다. 어디서든 자신을 거절하는 듯한 모습이 조금이라도 보이면, 금세 힘들어하고 떠나 버린다. 이때 겪는 부정적인 감정은 거의 공포에 가깝다.

엄밀히 말해, 이런 사람들은 일할 곳이 아니라 사랑받을 곳을 찾는 것이다. 자신을 인정해 주면 몸을 혹사시킬 정도로 무리하게 일하다가도, 인정을 받지 못하면 배반감에 치를 떨며 그곳을 떠난다. 특히 세상으로 나가기를 망설이는 크리스천 청년 중에는 교회처럼 사랑과 배려와 지지를 보여 주는 곳을 찾지 못해서 그러는 이들이 많다. 이런 사람에게 비전이나 사명, 소명은 너무도 버거운 말이다.

이처럼 마음의 힘이 없으면 비전이 생기지 않는다. 몸살감기를 앓고 있는 사람에게는 예배실을 청소할 기력이 없다. 몸을 가눌 수 없을 만큼 아픈 사람은 자기 자신 외에 다른 것을 생각할 여유가 없다. 마찬가지로 마음의 힘이 없으면, 세상을 아름답게 회복시키는 꿈을 품기 어렵다. 그저 자신을 안전하게 보호해 줄 공간만 찾을 뿐이다.

마음의 힘이 없으면, 비전이 있어도 이룰 수 없다. 종종 나는 큰 꿈을 품은 청년들을 만난다. 하지만 꿈이 크다고 다 이루어지는 것은 아니다. 그것을 감당할 수 있는 건강한 마음이 있어야 한다.

비전이 없는 사람도 마음이 건강하면, 언젠가 꿈이 생기게 되어 있다. 처음에는 아주 작은 꿈이지만 시간이 흐르면서 자연스럽게 자라고 커질 것이다. 마음의 힘은 자동차 엔진과 같다. 값비싼 수입 타이어를 장착한 최신형 디자인의 스포츠카라도 엔진 없이는 단 1센티미터도 움직이지 못한다. 마음의 힘이 없는 사람 역시 그러하다.

마음의 음식

그렇다면 왜 마음의 힘을 잃게 될까? 자신의 본질을 망각하고 마음의 음식 먹기를 게을리 했기 때문이다.

모든 존재에는 본질이 있다. 컵의 본질은 물을 담는 것이고, 의자의 본질은 그 위에 앉는 것이다. 스마트 기기의 본질은 다양한 프로그램을 저장하고 사용할 수 있는 휴대용 전자단말기다. 만약 요즘 젊은이들이 선호하는 스마트 패드로 호두를 내리치면 무슨 일이 벌어질까? 물론 호두는 깨지겠지만, 동시에 스마트 패드도 망가질 것이다. 스마트 패드의 본질과 다르게 사용했기 때문에 망가진 것이다. 본질과 다르게 사용하면 망가지게 되어 있다.

인간의 본질은 하나님의 형상인 '마음'에 있다. 그래서 마음을 돌보지 않고 열심히 공부만 하면 문제가 생긴다. 처음에는 별 문제가 없다. 하지만 시간이 지날수록 마음에 피로가 찾아온다. 탈이 난 것이다. 스마트 패드로 호두를 깬 것과 같다. 마음을 돌보지 않고 열심히 돈만 벌어도 마찬가지 결과가 나타난다. 처음에는 별 문제가 없다가 결국 마음의 모든 에너지가 사라진다. 마음의 본질과 다르게 살다가 탈이 난 것이다.

몸에 필요한 음식이 있듯 마음에도 필요한 음식이 있다. 물론 몸의 음식과 마음의 음식은 전혀 다르다. 마음의 음식은 사랑과 존중이다. 하나님은 우리와 깊은 친밀감을 나누시려고 그분의 형상을 따라 우리의 마음을 지으셨다. 그래서 우리는 하나님의 말씀을 들을 때 공감하고 그분과 깊은 관계를 맺을 수 있다. 마음은 사랑과 존중을 먹어야 한다. 그래야 힘과 생기를 얻는다. 그래서 우리에게는 하나님과 가족, 친구 같은 친밀한 이들이 필요하다.

인테리어 디자이너로 인정받는 자매가 있었다. 실력이 좋아서 여러 곳에서 스카우트 제의를 받았다. 하지만 자매는 주일에 예배 드리는 것을 보장해 주는 직장을 선택했다. 어느 날 주로 병원이나 학원 인테리어 일을 해 오던 자매에게 호프집 인테리어가 맡겨졌다. 모태 신앙인이어서 호프집조차 거의 가 본 적이 없던 자매에게는 무척 어려운 일이었다. 자매는 며칠 동안 망설이고 고민하다가 겨우 일을 시작했다. 그런데 이 모습을 못마땅하게 여긴 괴팍한 사장이 다른 직원 앞에서 자매를 심하게 질책했다. 그리고 며칠 뒤 일용직 노동자에게 돈을 주듯 그 자리에서 만 원권 지폐를 하나씩 세어 주며 자매를 해고하고 말았다.

이전에는 한 번도 겪어 보지 않은 일이었다. 자매는 큰 충격에 빠졌다. 물리적인 폭력은 아니었지만, 마음에 매질을 당한 것이나 다름없었다. 모멸감과 수치심에 사로잡힌 자매는 그대로 자취방에 틀어박혀 두 달을 눈물로 보냈다. 자신에게 왜 이런 일이 생겼는지 이해할 수 없었고, 이런 일에 당당히 대처하지 못한 자신이 미워서 견딜 수 없었다.

소명 상담에서 나와 처음 만났을 때, 자매는 인테리어 디자인을 그만두겠다고 단호히 못 박았다. 자신에게 잘 맞고 즐거운 일이었지만, 상처를 받아 마음의 열정이 식어 버린 것이다. 나는 자매에게 사랑과 존중이라는 마음의 양식을 먹지 못해 생긴 마음의 고통을 털어놓고 위로받을 수 있는 교회 공동체를 찾으라고 제안했다.

그리고 한참 후에 자매에게서 연락이 왔다. 다행스럽게도 교회 공동체 안에서 마음의 힘을 찾은 것이다. 또한 그토록 싫다고 했던 인테리어 디자인을 다시 시작했고, 새로 얻은 직장에서 상사와 동료들의 격려와 지지도 받고 있다고 말했다. 자취방에 틀어박혀 슬퍼하던 모습은 사라지고, 본래의 활기찬 자매로 돌아와 있었다.

사랑과 존중이란, '있는 모습 그대로 소중하다'고 표현해 주는 것이다. 사람은 그 자체로 소중하다. 기능적으로 유용해서 소중한 것이 아니다. 다른 사람에게 기쁨과 즐거움을 주기 때문에 소중한 것도 아니다. 사람은 그 자체로 소중하다. 하나님의 형상이기 때문이다. 그래서 우리는 자신이 그 자체로 소중하다는 메시지를 수시로 들어야 마음의 힘이 생긴다. 하지만 애석하게도 세상은 우리에게 이런 말을 해주지 않는다. 오히려 우리를 저주한다. 네 자신의 가치를 입증하라고 압박한다.

그렇다면 어떻게 자신의 가치를 입증할 수 있을까? 세상은 크게 두 가지 방법을 제시한다. 경쟁에서 이기거나 남들이 부러워할 만한 것을 갖는 것이다. 물론 이 두 가지를 모두 갖췄다면 완벽하다. 하지만 두 가지 중에 하나도 갖지 못한 사람은 무가치하고 쓸모없으며, 심지어는 그들이 없어도 세상에 아무런 문제가 없다고 이야기한다.

사람에 대한 이러한 평가 기준은 매우 설득력이 있다. 그래서 우리는 늘 이런 평가를 하거나 받으며 살아간다. 무심코 스쳐 지나가는 부모님의 이야기와 친구들과의 농담, 공부의 필요성을 강조하는 선생님의 말, 미디어에 소개되는 성공담을 보고 사람들이 하는 감탄, 치열한 입시 경쟁 속에 이러한 평가 기준이 담겨 있다.

우리는 늘 이런 소리를 듣고 살면서 마음이 굶주려 있다는 사실은 인식하지 못한다. 어쩌면 인식하지 않으려는 것인지도 모르겠다. 그러다가 마음이 지치면 결국 달려갈 힘을 잃고 쓰러질 것이다.

그 자체로 소중함

결론적으로 말해서 사람은 스스로 자신의 가치와 소중함을 입증할 수 없다. 자신의 소중함을 입증하려는 노력은 결국 전부 실패하고 만다. 소중한 존재가 아니라서 실패하는 것은 절대로 아니다. 오히려 인간의 가치가 너무나 커서 단순한 방법으로 그것을 담아낼 수 없기 때문이다. 하나님의 형상을 감히 무엇으로 표현할 수 있겠는가.

건물 외관 전체에 하나도 빠짐없이 불이 비춰져야 한다고 가정해 보자. 그러려면 많은 장비와 전문 기술을 동원해야 한다. 제법 큰 규모의 조명도 여러 개 필요하고, 그 조명을 정교하게 배치해야 건물의 전체 모습을 비출 수 있다. 그렇다면 동일한 조건에서 캄캄한 밤에 200층 건물의 외관을 비추는 것은 어떨까? 이것은 단순히 많은 조명과 노력을 동원한다고 해서 해결할 수 있는 문제가 아니다. 조명을 장착한 헬기를 수십 대 띄워도 어려울 것이다. 건물의 규모가 너무 크기 때문이다. 하지만 캄캄한 밤이 아니라면 방법은 있다. 아침에 떠오르는 태양이 있기 때문이다. 태양은 200층 건물 전체를 낱낱이 비출 것이다. 거대한 것을 비출 수 있으려면, 그에 걸맞은 거대한 빛이 필요한 법이다.

인간은 작다. 그러나 거대한 하나님을 닮았다. 그래서 작은 불빛과 같은 세상의 기준으로 인간의 소중함을 드러내기란 불가능하다. 세상의 기준은 거대한 하나님의 형상을 극히 일부분만 파악할 수 있을 뿐이다. 게다가 드러난 것조차 올바르게 이해하지 못한다. 커다란 그림의 아주 작은 부분만으로 전체 그림을 볼 수는 없다. 이렇듯 인간은 세상의 기준으로는 파악할 수 없는 존재다. 그래서 세상은 사람을 마구잡이로 잘못 판단해 버린다.

인간이 얼마나 소중한 존재인지 알려면 하나님께 돌아가야 한다. 태양보다 크신 하나님의 빛을 통해서만 인간의 가치를 드러낼 수 있다. 인간의 소중함은 오직 하나님을 통해서만 드러난다. 인간을 지으신 하나님은 그 모습을 보며 "정말 보기 좋다"고 말씀하셨다. 그 말씀 안에는 감격이 담겨 있었다. 우리 인간은 하나님의 창조에 조금도 기여하지 않고 그저 존재할 뿐이지만, 하나님은 이런 인간을 향해 감격하신다. 이렇게 하나님이 감격하시는 존재이기에 인간은 그분의 말씀 외에 다른 것으로는 절대로 만족할 수 없다.

있는 모습 그대로 소중하다는 것이 완벽하다는 의미는 아니다. 우리는 연약하고 부족하며 한계를 지닌 존재다. 그럼에도 우리는 하나님께 소중한 존재다. 비록 우리가 하나님을 떠나도 그분은 여전히 우리를 사랑하신다. 그분을 떠난 인간을 위해 하나님은 놀라운 일을 준비하셨다. 그것이 바로 예수님의 십자가다. 십자가는 하나님이신 예수님이 죽을 만큼 인간을 사랑하셨다는 증거다. 예수님은 인간의 소중함을 드러내시는 강한 빛이다. 인간은 오직 하나님과의 관계 속에서만 자신을 발견할 수 있다. 십자가에서 우리는 자기 자신에 대한 역설을 발견한다. 부족하고 연약하지만 하나님이 사랑해 주신다는 사실을 깨닫는 것이다. 이러한 역설적 진리를 발견한 이들이 바로 크리스천이다.

일정 기준에 도달해야만 소중함을 얻을 수 있다는 세상의 소리를 따라 자신을 학대하며 힘겹게 살아가는 이들이 많다. 하지만 그런 방법으로는 결코 소중함을 얻을 수 없다. 자신의 연약함과 한계를 더 뼈저리게 느낄 뿐이다. 그들조차 자신을 싫어하고 멸시하고 방치한다. 그러다가 십자가 이야기를 들으면 처음에는 그 이야기가 거북하고 불편하다. 나도 포기한 나인데, 그런 나 때문에 하나님의 아들이 왜 돌아가셔야 했는지 도저히 이해할 수가 없기 때문이다. 거짓말 같고 속임수 같고, 나를 이용해 먹으려는 사기 같다. 하지만 결국에는 그 사랑을 깨닫고, 내가 그 정도로 소중한 존재였음을 알게 된다.

한 수련회에 강사로 섬기러 갔을 때의 일이다. 폭력조직에 속해 있던 한 청년이 그 수련회에 참석했다. 자신을 조폭이라고 설명한 그는 회비까지 다 냈으면서도 수련회 프로그램에 일절 참여하지 않았다. 집회장은 물론 식당에도 오지 않고 혼자 행동했다. 가까스로 그를 붙들어 겨우 대화를 나누었다.

한참을 설득한 뒤에야 그의 슬픈 과거를 들을 수 있었다. 그는 어렸을 때부터 어머니에게 이런 말을 들으며 자랐다고 했다. "너는 태어나지 말았어야 했는데…. 너만 아니었으면 내가 이렇게 살지는 않았을 거야."

그의 출생을 기뻐하거나 환영한 사람은 어디에도 없었다. 그는 결국 불량한 친구들과 어울렸고, 조직폭력배가 되고 말았다.

"그러면 어떻게 이 수련회에 오게 된 거죠?"

"왠지 이곳에 오면 제가 태어난 이유를 알 수 있을 것 같았어요."

하나님이 그의 마음을 이끌지 않으셨다면 일어날 수 없는 일이었다.

"막상 오긴 했지만, 사람들과 어울리기가 너무 힘들더라고요. 다들 자신이 태어난 이유를 잘 알고 있는데, 저만 그렇지 않은 듯했어요. 저만 유별나고 이상한 사람처럼 느껴져서 어디에도 낄 수 없었어요."

우리는 함께 한 시간 반 동안 성경 말씀을 찾아가며 복음을 나눴다. 우리가 왜 태어났는지, 하나님의 사랑이란 무엇인지 이야기했다. 처음에 형제는 선뜻 받아들이지 못했다. 자신이 그토록 소중한 존재라는 사실을 믿지 못했다. 그러다 시편 139편을 읽다가 비로소 자신이 하나님의 시선에서 한순간도 벗어나지 않았음을 깨닫고, 자신이 가치 있는 존재임을 인정하기 시작했다. 그리고 예수님을 자신의 구주로 영접했다. 자신이 정말 소중한 존재라는 사실까지는 인식하지 못했지만, 자신을 소중히 여기시는 하나님의 관점을 받아들이게 된 것이다.

우리의 소중함은 우리 자신이 입증하는 것이 아니다. 우리는 그저 예수님의 십자가에 선포된 자신의 가치를 받아들일 수 있을 뿐이다. 그럴 때 우리는 십자가에서 우리의 참 모습을 발견할 수 있다. 소중함을 입증받기 위해 거짓된 관점과 기준으로 자신을 덕지덕지 장식하며 살아온 우리가 십자가 안에서 진정한 자기 자신을 찾은 것이다.

하나님께 우리는 한밤중에 잠을 깨우는 연인이며, 한시도 중단되지 않는 생각이며, 가슴을 멍들게 하는 그리움이며, 쉬지 않고 흐르는 눈물이며, 결코 포기할 수 없는 열정이며, 십자가의 고통이 달게 느껴지는 아름다움이다. 하나님께 우리는 사랑이고 노래이며 꽃이다. 하나님께 이런 메시지를 들어야 우리의 마음이 살아난다. 나를 향한 하나님의 사랑은 복음의 진리와 말씀, 기도로 경험할 수 있는데, 이는 공동체를 통해서 우리에게 전달된다. 마음의 힘을 찾도록 돕는 공동체의 역할은 14장에서 다룰 것이다.

03

구체적으로
진로 찾아 나서기

●
신앙과 현실 사이에서 갈등하는 청춘을 위한 '소명고민백서'
소명에 답하다

CHAPTER
08

선택이라는 이름의 광야

●
선택은 광야에 머무는 것과 같다

선택을 어려워한다는 것은 매우 건강하게 살고 있다는 뜻이다. 삶에 애정이 많을수록 선택을 하기가 어렵다. 자신과 자기 삶을 아끼는 마음이 없다면, 선택하기는 너무도 쉽다. '마음 가는 대로' 살면 되기 때문이다. 너무 일찍 자신의 삶을 포기한 청년들은 거리낌 없이 즉흥적이고 본능적으로 선택하며 살아간다.

선택에 관하여 많은 고민을 하게 되는 시기가 있다. 중학교 3학년생은 어느 고등학교를 갈지 고민한다. 고등학교 3학년 학생은 어떤 대학과 학과를 선택할지 고민한다. 대입에 실패한 고등학교 3학년 학생은 재수를 할지 고민한다. 대학교 신입생은 점수를 맞춰 들어온 학과를 계속 다닐지 고민한다. 대학교 졸업반 학생은 전공에 맞는 선택할지, 그렇게 한다면 어떤 직장을 선택해야 할지 고민한다. 즉, 어른이 되어 가는 것은 선택과 친해지는 과정이다.

하지만 선택은 어렵다. 선택 후에 찾아오는 결과는 돌이킬 수 없다. 결과는 고스란히 내가 책임지고 감당해야 한다. 잘못된 선택은 인생을 아주 오랜 시간 힘들게 한다. 금전적, 육체적 손실이 있을 수도 있고, 후회와 자책의 시간을 보낼 수도 있다. 선택은 무서운 것이다.

국제통상학과를 갓 졸업한 자매가 있었다. 별 생각 없이 무역회사에 이력서를 냈는데 덜컥 합격이 되었다. 뜻하지 않게 찾아온 취업이었기 때문에 자매는 혼란에 빠졌다. 자신의 생각보다 규모가 훨씬 작은 회사였기 때문이다. 자매는 생각에 빠졌다. '조금만 더 기다리면 더 큰 회사에 취업할 수 있지 않을까?' 하지만 요즘처럼 취업이 힘든 때에 기회를 놓치면 실업 상황이 계속 이어질 것 같아 걱정이 되기도 했다. 심지어 전공에 대한 고민까지 하기 시작했다.

사실 자매는 대학교 신입생일 때부터 전공 분야가 자신의 적성에 맞는 것인지 확신하지 못했다. 이대로 취업을 하면 자신에게 진짜 맞는 일을 찾을 수 없을 것 같았다. 지금 입사하는 것보다는 자신에게 맞는 일을 찾는 것이 먼저란 생각도 들었다. 하지만 대학교 4년 내내 찾지 못한 것을 이제 와서 고민한다고 찾을 수 있을지 회의가 들기도 했다. 수많은 경우의 수를 생각하느라 며칠 동안 잠도 자지 못한 상태에서 자매는 나를 찾아왔다.

크리스천들은 하나님이 구체적인 방향을 가르쳐 주시면 선택하기 수월할 거라고 생각한다. 하나님의 뜻이니 실패하거나 잘못될 일도 절대 없을 거라고 생각한다. 하나님을 이렇게 생각하는 사람들은 마치 그분을 낯선 여행지의 관광가이드처럼 여긴다. 길을 잃지 않고 어디로 가야 할지 제시하며 인생이라는 여행에 만족감을 주는 안내자 말이다. 물론 하나님은 우리의 길을 인도하시는 분이다. 따라서 이러한 이미지가 틀린 것은 아니다.

그러나 실제로 선택의 시기를 앞두고 하나님의 뜻을 구하면, 그분이 매우 불친절한 관광가이드임을 알게 된다. 그분은 속 시원하게 길을 제시하지 않으신다. 어떨 때 보면 복잡한 시장 한복판에 우리를 던져 놓고 어디론가 사라져 버리시는 것 같다. 아무리 불러도 우리의 기도를 못 들은 척하시는 것 같기도 하다. 하나님을 찾으면 찾을수록 점점 미궁 속으로 빠져든다.

하나님이 그분의 뜻을 시원하게 보여 주지 않으신다고 불평하는 사람들이 많다. 하나님이 길을 알려 주시면 우리는 그 길로 달려가기 위해 더 많이 준비할 수 있을 것이다. 혼돈과 방황으로 마음이 지치는 일은 피할 수 있을 것이다. 더 많은 평안과 안정을 느끼며 하나님의 사람으로 살아갈 수 있을 것이다. 하나님께 어떠한 실망이나 회의감도 품지 않을 것이다. 일견 이런 불평과 주장은 정당해 보인다.

그래서 사람들은 선택의 시간을 광야에 비유한다. 의지할 사람도 없이 건조하고 척박한 땅에 고립되어 있는 것 같기 때문이다. 물이 없어 목만 마르고, 무엇을 해야 할지 몰라 답답하기만 하다. 바람 소리만 들릴 뿐 아무런 지시나 안내도 없다.

선택이라는 이름의 광야에 임하는 방식은 다양하다. 선택에 아무런 신경을 쓰지 않는 회피형, 닥쳐서야 선택하는 즉흥 충동형, 다른 사람이 대신 선택해 주기를 바라는 의존형, 모든 경우의 수를 조사하고 탐색하는 신중형 등 수없이 많다. 하지만 어떤 형태이든 선택은 늘 긴장되며 어려운 것이다.

그러나 광야의 시간은 하나님을 더 깊이 만날 수 있는 시간이다. 광야는 그동안 잠자고 있던 우리의 중요한 감각을 깨운다. 바로 하나님을 향한 감각이다. 다윗은 사울을 피하면서 광야에 오래 머물렀다. 그곳에서 다윗은 무척이나 불안하고 두려웠을 것이다. 하지만 광야에서 그는 수많은 시편을 지었다.

하나님의 관심은 우리와는 다른 쪽을 향해 있다. 우리는 선택의 결과에 관심이 많지만, 하나님은 과정에 관심이 많으시다. 물론 하나님도 우리가 좋은 것을 선택하고 좋은 결과를 만들어 내기 원하신다. 하지만 그보다 선택의 과정을 통해 우리가 성장하는 데 더 초점을 맞추신다. 하나님을 만나고 동행하는 영적 감각이 더욱 성숙해지기 원하신다. 즉, 선택은 하루빨리 해치워야 할 숙제가 아니다. 성숙을 위해 성실하게 임해야 할 훈련이다.

그렇다면 선택의 과정을 통해 훈련해야 할 것은 무엇인가? 첫 번째는 마음을 드리는 훈련이고, 두 번째는 사랑으로 최선의 것을 드리는 훈련이며, 세 번째는 더 깊은 관계를 맺는 훈련이다. 이번 장에서는 마음을 드리는 훈련을 살펴보고, 다음 장에서는 최선의 것을 드리기 위한 완벽주의를 극복하는 것을, 그다음 장에서는 더 깊은 관계를 맺기 위한 소명의 네 가지 요소를 살필 것이다.

마음을 드리는 훈련

속성 학원이라는 것이 있다. 시험은 다가오는데 전과목을 공부할 시간이 부족한 학생들이 찾는 곳이다. 학원 선생님들은 시험에 나올 만한 것만 '찍어 주고', 학생들은 선생님이 짚어 준 것만 집중적으로 공부한다. 암기 과목의 경우에는 이런 속성 학원의 덕을 볼 때가 많다.

그런데 가만히 보면, 신앙생활에도 속성 학원이 있는 것 같다. 중요한 순간이 다가오면, 하나님의 뜻을 재빨리 분별해야 한다. 하지만 오랫동안 기도와 묵상을 하지 않은 탓에 속성 학원처럼 한꺼번에 몰아서 경건생활을 하는 이들이 있는 것이다. 그러나 이는 혼란만 가중할 뿐이다. 물론 기도를 아예 안 하는 것보다는 한꺼번에라도 몰아서 하는 게 더 좋다. 다만 급하게 기도하면 중요한 사실을 놓칠 수 있다. 그것은 바로 하나님이 인격적인 분이시라는 점이다.

인격은 에너지가 아니다. 일정한 법칙만 지키면 에너지가 발생하고 움직인다. 스위치를 올리면 불이 켜지고, 스위치를 내리면 불이 꺼진다. 하지만 인격은 일정한 법칙을 따라 움직이지 않는다. 사랑으로 움직인다. 하나님은 에너지가 아니라 인격이시다.

우리는 하나님이 인격적이신 분이라는 것을 쉽게 잊는다. 부지불식간에 그분을 우리가 충분히 '조종할 수 있는' 에너지로 여긴다. 이런 생각에서 나온 것이 바로 우상이다. 갈멜 산에서 엘리야와 대결한 우상 숭배자들은 자신들의 열심으로 신을 움직이려고 했다(왕상 18장). 그래서 소리를 지르고 몸에 자해를 하며 강렬하게 표현했다. 우상을 섬기는 데는 사랑의 사귐이 없다. 자신의 의지만 가득하다. 크리스천도 하나님을 요술램프의 지니로 여겨, 자신의 소원을 이루어 주시는 신으로 생각할 수 있다.

하나님은 인격적이신 분이다. 그래서 우리와 사귀기 원하신다. 그분은 듣는 이가 있든 없든 그저 혼자 소리를 내는 라디오가 아니다. 필요할 때 꺼내 쓰는 옷장 속 다리미도 아니다. 내 소망과 다짐을 기록하는 예쁜 일기장도 아니다. 길 가는 사람을 귀찮게 하며 자신의 물건을 한 번만 봐 달라고 호객 행위를 하는 상인도 아니다. 그분은 우리가 외면하면 마음 아파하시는 분이다. 자신의 음성을 듣지 않는 우리에게 침묵하시는 분이다. 우리에게 하고 싶은 말씀이 있으신 분이다. 우리가 그분을 바라보고 공감하며 그분의 말씀 듣기를 원하시는 분이다. 하나님은 우리와 깊은 교제를 원하신다.

그래서 하나님은 우리의 마음을 원하신다. 우리의 마음이 그분으로 가득 차기 원하신다. 우리의 목적이 그분만이 되길 원하신다. 그래서 그분께 마음을 고정한 사람만 느낄 수 있는 방법으로 다가오신다.

예수님은 이 땅에서 늘 비유로 말씀하셨다. 비유는 어떤 마음으로 주님 앞에 나아오는지를 구분하는 효과적인 방법이었다. 언뜻 보면, 예수님이 말씀하신 비유들은 그리 새로울 것이 없었다. 당시의 농부와 어부라면 모두 알고 있는 내용들이었다. 그래서 예수님의 비유에 실망하여 자리를 떠나는 사람도 있었다. 예수님을 향해 마음이 열리지 않은 사람들은 그분의 말씀이 시시하고 진부하다며 그냥 돌아가 버렸다. 그러나 예수님을 향해 마음이 열려 있던 사람들은 그 자리에 계속 머물렀다. 예수님은 "내가 그들에게 비유로 말하는 것은 그들이 보아도 보지 못하며 들어도 듣지 못하며 깨닫지 못함이니라"(마 13:13)고 말씀하셨다. 예수님은 주께 마음을 집중하는 자를 선별하여 가까이하신다.

마음을 집중하는 것은 우리의 내면 깊은 곳에 머무는 것이다. 내면 깊은 곳에서 성령의 음성이 흘러 들어온다. 우리도 성령님께 하고 싶은 말을 한다. 예수님의 십자가 은혜로 하나님의 자녀가 된 우리의 마음은 성령님이 거하시는 곳이다. 그곳에서 우리는 하나님께 우리의 마음을 드리고, 그분의 음성을 듣는다.

그러나 마음을 드리기란 쉽지 않다. 성령님을 만나는 것은 험난한 여정이다. 거친 땅을 헤쳐 나가야 한다. 우리의 주의를 빼앗으려는 몸의 감각과 끊임없이 솟아나는 생각들, 다루지 않은 정서, 혼자라는 외로움과 싸워야 한다.

육신의 감각은, 우리가 하나님께 집중하려고 할 때면 과거의 경험들을 떠올리게 한다. 유혹적인 시각과 풍부한 미각, 감미로운 청각 등이 산발적으로 떠오른다. 어느 순간 우리의 마음은 하나님이 아닌 감각의 기억 속에서 허우적댄다. 그러한 감각의 기억을 이겨 내고 하나님께 마음을 집중하려고 하면, 우리의 생각이 쉬지 못하고 있음을 깨닫는다. 진행하던 일과 사람들과의 만남이 떠오르고, 그것을 다시 생각하고 해석하고 의문을 품는다. 고장 난 영사기처럼 특정한 사건이 반복해서 머리와 마음에 흐른다. 결국 하나님을 잊어버리고, 머릿속은 해야 할 일과 계획으로 산만해진다. 쉬지 못하는 생각을 진정시키고 하나님께 집중하려고 하면, 아직 다루지 않은 정서가 올라온다. 슬픔과 불안, 서러움과 아쉬움, 후회와 미움 같은 것들이다. 가라앉은 침전물이 일시에 부유하는 것처럼 과거에

겪었던 고통이 되살아나기 시작한다. 다 정리했다고 생각했는데 여전히 마음속에 남아 있다. 대충 덮어 두고 살았기 때문에 아직도 우리 자신을 괴롭히고 있는 정서다. 이런 정서들을 누르고 하나님께 집중하려 할 때면 문득 외로움이 찾아온다. 사실 이것이 가장 큰 장애물이다. 하나님께만 집중하려고 고독함 가운데 머물렀는데, 문득 나 혼자라는 사실에 서러워지는 것이다. 아무 소리도 들리지 않는 캄캄한 방 안에 홀로 있는 자기 자신을 보는 것이다. 가족도 친구도 함께할 수 없는 자리다. 나는 철저하게 혼자다.

이렇게 하나님께 마음을 드리는 과정은 어렵고 힘들다. 육신의 감각 때문에 집중을 못하고, 쉬지 못하는 생각 때문에 자꾸만 무엇인가 하려 하게 되고, 다루지 않은 정서와 대면하는 것이 싫어서 머물지 못하게 되고, 죽음과도 같은 외로움에 무너진다. 마음을 하나님께 드리는 과정은 거친 파도 속에서 배의 방향키를 붙들고 견디는 과정이다. 몸의 감각이라는 거친 물살이 덮쳐 와도 하나님을 향한 마음의 방향을 놓치지 말아야 한다. 쉬지 않는 생각의 바람이 돛대를 심하게 흔들어도 방향키를 놓치지 말아야 한다. 해결되지 않은 정서가 뱃전을 때려 와도 악착같이 하나님을 향해야 한다. 고독의 외로움으로 배가 뒤집히더라도, 다시 배 위로 올라와 하나님을 향해 나아가야 한다.

이 훈련을 포기해서는 안 된다. 잠깐의 중단은 있어도 포기는 없다. 이 시기의 험난한 여정은 우리 마음속에 있는 하나님을 향한 사랑을 드러내는 시간이다. 우리가 가장 바라고 원하는 대상이 하나님이었음을 발견하는 자리다. 우리 안의 어떤 것으로도 막을 수 없는, 하나님을 향한 사랑의 생명력이 나타나는 과정이다.

그럴 때 비로소 하나님이 우리의 마음을 만지고 계심을 경험하게 된다. 피부에 촉감이 있듯이 마음에도 촉감이 있다. 그래서 하나님이 우리를 만지실 때 알아차릴 수 있다. 성경은 이러한 마음의 촉감을 깨달음이나 감사, 회개, 목마름, 평안, 가난함 등으로 표현한다. 이런 마음의 상태는 하나님의 손길 없이 인간 스스로 만들어 낼 수 있는 것들이 아니다. 이런 마음의 상태에서만 하나님께 마음을 드리고 그분 앞에 머물 수 있다.

선교단체 간사가 되는 것과 취업하여 직장인이 되는 것 사이에서 고민하는 자매에게 금식을 권한 적이 있다. 고려해야 할 문제들을 다양한 관점에서 분석하는 상담만 받아 온 자매로서는 전혀 예상치 못한 제안이었다. 자매는 매우 의아해했다. 나는 자매에게 우리 믿음의 선배들이 중요한 선택 앞에서 금식하며 하나님께 집중했던 것을 설명했다. 금식은, 몸으로 오는 메시지는 최대한 받아들이지 않고 오직 하나님의 음성에만 귀 기울이겠다는 영혼의 훈련이다. 음식 역시 우리 몸에 소리로 작용하여 우리를 산만하고 어수선하게 만들 수 있는 요소이기 때문에 금식하며 하나님만 향하는 것이다. 자매에게는 무엇보다 하나님께 간절히 기도하는 일이 필요했다.

금식은 첫날이 가장 고통스럽다. 배고픔도 힘들지만 앞서 이야기한 방해꾼(몸의 감각, 쉬지 못하는 생각, 다루지 않은 정서, 외로움)이 더욱 자매를 힘들게 했다. 잊었던 생각이 떠오르고 눌렀던 정서가 수면으로 올라왔다. 이런 복잡함이 몸의 허기와 만나면서 분노에 가까운 정서가 일어나 자매를 몹시 괴롭혔다. 첫날 금식을 마친 자매는 내게 전화를 걸어 화를 냈다.

"힘들어 죽겠어요. 하나님의 음성은커녕 마음만 더 복잡해지고, 뭘 어떻게 해야 할지 전혀 모르겠다고요!" 다음 날에는 마음이 더 복잡해졌는지 목소리가 혼탁했다. "얼른 금식을 마치고 그냥 아무거나 선택할래요. 이렇게 힘든 줄 몰랐어요."

그러던 셋째 날 저녁, 드디어 변화가 일어나기 시작했다. 이번에는 전화기 너머 자매의 목소리가 한결 차분했다. "아직도 하나님은 제게 아무런 말씀을 하지 않고 계세요. 하지만 그분을 기다리면서 중요한 것을 깨달았어요."

자매는 자신이 지금까지 하나님의 음성을 사모하며 집중해 본 적이 거의 없다는 사실을 깨달았다. 자매는 그동안 하나님 앞에 머물지 않았던 자신의 모습을 깊이 회개했다. "이런 기도를 하게 될 줄은 전혀 몰랐어요. 하지만 이 기도를 통해 하나님은 제게 가장 필요한 것을 주셨어요."

결국 금식이 끝날 때까지 자매는 무엇을 선택할지 결정하지 못했다. 하지만 이제 자매는 스스로 몇 주 금식을 마음먹을 만큼 하나님을 의지하는 사람이 되었다. 저녁마다 친구를 만나거나 TV 보는 일을 끊고, 하나님이 기뻐하실 만한 선택이 무엇일지 구하며 기도하게 되었다.

그리고 그 시간을 통해 자매는 자신이 쉽사리 결정하지 못하는 숨은 동기를 발견할 수 있었다. "저희 부모님은 격려나 인정의 말을 거의 안 하세요. 그래서인지 저는 늘 사람들에게 인정받고 싶어 했던 것 같아요."

마침내 자매는 하나님이 주시는 마음을 따라, 사람들의 인정이 아닌 섬김의 마음을 선택의 기준으로 삼게 되었다. 그러고 나니, 자신이 무엇을 선택해야 할지 명확해졌다. 자매는 선교단체 간사가 아닌, 취업을 준비하기로 결정했다. 오랜 과정을 통해 자매는 자신에게 합당한 선택이 무엇인지 발견할 수 있었으며, 하나님을 더 깊이 경험하는 영적인 감각도 기를 수 있었다.

이렇게 마음을 드리는 것은 힘든 일이다. 마음 없이 그냥 좋아하는 척, 친한 척만 하면 누구나 금세 눈치 챈다. 사람이란 오직 마음을 통해야만 만날 수 있는 인격적인 존재이기 때문이다.

우리는 영어 공부에 돈과 시간을 투자한다. 외국인과 의사소통하기 위해서다. 우리는 타인과 의사소통을 잘 하려면, 오랜 시간 훈련해야 한다는 것을 잘 안다. 그러면서 하나님과는 단번에 의사소통하길 원한다. 그러나 하나님은 인격적이신 분이다. 그분과 인격적으로 만나려면 영어 공부를 할 때보다 훨씬 더 많은 시간과 에너지가 필요하다.

하나님은 우리가 선택이라는 광야 속에서 그분께 마음을 드리는 훈련을 하기 원하신다. 비록 고통스러운 여정이지만, 그 시간을 통해 우리의 내면은 하나님께 집중하는 데 더 익숙해질 것이다. 그러므로 선택의 기로에서 '어떻게 하면 더 쉽게 결정할 수 있을까'를 고민하는 대신 마음을 드리는 훈련에 충실히 임하도록 하자.

CHAPTER 09

완벽주의, 선택할 때 가장 조심해야 할 것

사랑하는 이에게 주는 최선의 선물

선택을 통해 사랑으로 최선의 것을 드리는 것은 앞에서 언급한 마음을 드리는 훈련의 연장선상에 있다. 하나님을 사랑하기에 자신이 가진 것 중에 최선의 것을 드리는 것이다.

청년의 때에는 소명을 분별하는 것을 많이 궁금해한다. 많은 청년이 "어떻게 소명을 분별해야 하나요?" 하고 질문한다. 그럴 때마다 나는 이렇게 답한다. "하나님을 향한 사랑으로 그분께 가장 좋은 것을 드리면 됩니다." 그러면 청년들은 대부분 실망스러운 기색을 보인다. 너무 뻔한 답변처럼 들리기 때문이다. 사실 내가 생각해도 그렇다.

혹시나 해서 재차 질문하는 사람도 있다. "정말 그게 다인가요?"

그러면 나는 또 대답한다. "네, 그게 다입니다."

소명교육개발원이라는 단체까지 만들어서 오랫동안 연구해 온 사람이니 뭔가 신선하고 근사한 답을 해줄 거라 기대했는데, 이렇듯 너무 흔한 대답을 하니 다들 황당해하고 실망한다. 하지만 나는 정말 이러한 답밖에는 해줄 수 없다.

내가 만난 청년은 대부분 '최선'이라는 말을 우습고 하찮게 여긴다. 자신이 소명을 분별하지 못하는 원인은 최선이 무엇인지 몰라서가 아니라고 생각한다. 최선에 대해서는 이미 알고 있고 마음만 먹으면 언제든 최선을 다할 수 있으나, 그와는 뭔가 다른 이유로 하나님의 뜻을 찾지 못하는 거라고 생각한다.

하지만 가장 핵심적인 문제는 최선이다. 최선은 단순해 보이는 말이지만, 절대로 아무 때나 할 수 없는 것이다. 최선은 건강한 관계에서 비롯된다. 사랑을 바탕으로 상대방을 신뢰할 때만 최선을 다할 수 있다. 신뢰가 없이는 최선을 다할 수 없다.

최선이라는 말은 '한계'라는 의미를 내포한다. 한계가 있으므로 최선인 것이다. 그렇다면 한계가 없는 것은 무엇인가? 바로 완벽이다. 상대방에게 완벽을 주고 싶지만, 나에게는 한계가 있기 때문에 쉽지 않은 것이다. 그래서 부족하나마 내게 있는 최선을 주려고 한다. 물론 그 최선이 내가 보기에 너무 초라하고 볼품없을 수 있다. '최선을 다해도 이것밖에 안 되다니, 대체 내 수준은 얼마나 한심한가?'라며 자기 자신을 멸시할 수도 있다. 하지만 최선은 아무에게나 주는 것이 아니다. 진정으로 신뢰하는 대상에게만 주는 것이다. 상대방이 자신의 초라함을 보고도 비웃거나 놀리지 않을 거라는 신뢰가 있어야만 최선을 다할 수 있다.

그런데 문제는 완벽주의다. 완벽주의가 최선을 다하지 못하게 가로막는다. 완벽주의는 특정 사람에게만 있는 것이 아니다. 완벽주의가 나타나는 분야와 대상도 각기 다르다. 완벽주의가 강하게 작용하는 환경과 조건도 서로 다르다. 하지만 우리에게는 모두 완벽주의 성향이 있다.

하나님을 사랑하고 교회 공동체를 사랑하는 지혜로운 자매가 있었다. 이 자매는 수련회 강사였던 내게 찾아와 자신의 고민을 털어놓았다. "저는 큰일이든 작은 일이든 무언가를 선택하는 것이 너무 힘들어요."

최근 자매는 수련회 물품으로 빨래집게를 사러 갔다고 한다. 그런데 한 시간 동안 고르고 고르다가 결국에는 사지 못했다고 한다. 자매는 자신이 사용할 재정이 하나님의 돈이자 성도들의 헌금에서 나온 것이기에, 최소 비용으로 최대의 효과를 얻고 싶었다. 미리 생각해 둔 빨래집게가 있긴 했지만, 스무 가지 이상의 다양한 모양과 기능의 빨래집게들을 보니 무엇을 골라야 할지 엄두가 나지 않았다. 이걸 선택하면 이런 문제가 있을 것 같고, 그렇다고 저걸 선택하자니 또 다른 문제가 걸리는 것이었다. 그러니까 자매는 낭비하지 않으면서도 실수와 후회가 전혀 없는 완벽한 선택을 하고 싶었던 것이다.

완벽주의는 절대적인 기준 아래 자신의 것을 부정적으로 평가하는 것이다. 이러한 성향의 사람은 자신의 조건과 환경, 능력으로 할 수 있는 최선을 부끄러워한다. 자신의 능력과 그런 능력에서 나온 결과를 다 수치스러워하며, 분노하고 멸시한다. 그리고 자신의 최선을 포기한다. 완벽하지 않으면 아예 시작도 하지 않겠다고 생각한다. 그리하여 완벽하지 않은 이상 아무것도 할 수 없다는 극단적인 생각을 한다.

완벽은 가장 좋은 게 아니다

완벽에 집착하는 것의 큰 문제는 하나님도 완벽주의자로 인식한다는 데 있다. 그런 사람들은 하나님이 부족한 자신을 비웃고 조롱하실 거라 생각한다. 그래서 아예 그분께 아무것도 드리려고 하지 않는다. 뭔가 대단하고 엄청난 것이 아니라면 받지 않으실 거라고 생각해서, 그분을 위해 아무것도 하지 않으려 한다. 결국 완벽주의는 하나님과의 관계를 파괴한다.

완벽주의는 우리도 하나님처럼 될 수 있다는 사탄의 거짓말에서 시작되었다(창 3:4-5). 사탄은 교제의 대상인 하나님을 경쟁의 대상으로 만들었다. 인간도 하나님이 될 수 있다고 믿게 만들었다. 이 때문에 인간은 하나님을 떠났고, 자기 스스로 하나님이 되고 싶은 욕구를 갖게 되었다. 인간은 하나님을 만나는 것보다는 그분처럼 완벽해지는 데 더 관심이 있다.

결혼한 지 일주일밖에 안 된 신혼부부가 있다. 아내가 남편에게 이렇게 말했다. "여보, 내가 세상에서 제일 맛있는 된장찌개를 끓여 줄게요."

남편이 대답했다. "여보, 난 당신과 마주 앉으면 뭐든 맛있기만 하니까 아무거나 해도 돼요."

"아니에요. 전 세상에서 제일 맛있는 된장찌개를 끓일 거예요." 아내는 열심히 요리를 했다. 그런데 점점 표정이 어두워졌다. "여보, 미안해요. 세상에서 제일 맛있는 된장찌개를 만들지 못했어요."

"괜찮아. 당신과 함께 먹는 거라면 뭐든 세상에서 제일 맛있다니까."

하지만 아내는 고개를 저었다. "안 돼요. 전 이런 된장찌개를 식탁에 올릴 수 없어요. 내가 이것밖에 못한단 말이야?"

결국 아내는 된장찌개를 전부 쏟아 버렸다. 그리고 새벽 네 시까지 끓이고 버리기를 반복했다. "여보, 안 되겠어요. 오늘은 그냥 자고 내일은 진짜 세상에서 제일 맛있는 김치찌개를 끓여 줄게요." 안타깝게도 아내는 남편과 마주 앉아 식사하는 기쁨보다 자신의 완벽만을 추구할 뿐이다.

우리도 종종 하나님께 이런 태도를 취한다. 그분과 좋은 관계를 맺는 것보다 그분 앞에서 완벽한 사람이 되고 싶은 욕망이 더 강하다. 물론 더 나은 사람이 되려는 것은 아무런 문제가 없다. 문제는 완벽주의가 관계를 파괴한다는 데 있다. 완벽주의자는 자기 자신에게만 집중한다. 자신을 높이 세우고 완벽한 사람으로 만들려고 한다. 그래서 사랑도 우정도 모두 파괴해 버린다.

하나님이 기뻐하시는 것은 우리 자체다. 우리를 지으신 하나님은 우리의 연약함과 한계를 아신다. 그래서 우리의 연약함과 한계는 그분을 만나는 데 아무런 장애가 안 된다. 그분은 우리가 있는 모습 그대로 나아오기 원하신다. 오직 우리에게만 관심 있으시며, 우리와 만나길 원하신다.

하나님은 우리를 인간으로 창조하셨다. 천사나 신이 아니라 인간으로 창조하셨다. 그러므로 인간이기 때문에 생기는 부족함과 연약함은 흠이 아니다. 오히려 인간됨이라는 고귀한 정체성의 표현이다. 그런데 인간은 자신을 인간이 아닌 신으로 여기려 한다. 그래서 시편 기자는 "자기는 인생일 뿐인 줄 알게 하소서"(시 9:20)라고 기도했다. 즉, 우리의 일생은 우리의 인간됨을 받아들이는 시간이다.

그런 의미에서 본다면, 선택은 자신의 연약함을 받아들이는 것이다. 어떠한 선택 앞에서 우리는 자신이 한계를 가진 인간임을 깨닫는다. 그리고 절대 완벽할 수 없음을 인정한다. 자신의 연약함을 겸손히 받아들이고, 사랑하는 마음으로 하나님의 은혜를 수용한다. 그리고 하나님께 자신의 마음을 담은 최선을 드린다. 하나님은 우리가 완벽해서 우리의 마음을 받으시는 것이 아니다. 우리가 사랑을 담아 드리기 때문에 기뻐하고 행복해하며 받으시는 것이다.

하나님은 마음을 보신다

사랑의 관계는 상대방의 완벽함보다는 상대방의 따뜻한 마음에 감동한다. 가난한 신학생 시절, 나는 사랑하는 여인에게 생일 선물을 주고 싶었다. 하지만 내 주머니에 든 것은 오천 원짜리 지폐 한 장이 다였다. 오천 원으로는 내 마음을 표현하기가 어려웠다.

그래서 준비한 것이 자작시였다. 사랑하는 여인의 나이가 스물여섯인 것에서 착안하여, 스물여섯 편의 시를 쓴 것이다. 물론 난생처음 쓴 시였다. 객관적으로 보면 사실 그것은 시가 아니었다. 운율도 감동도 없는 그저 글 나부랭이였다. 그러나 그 속에는 사랑하는 여인과의 만남 속에서 관찰하고 느끼며 내 마음속에 쌓인 수많은 언어가 담겨 있었다. 스물여섯 편의 시를 한 장, 한 장 적어 내려가 파일에 넣고는 〈오직 한 사람을 위한 시집〉이라는 제목을 써 붙였다. 물리적으로 가격을 매기면 오천 원도 안 되는 초라한 선물이었다. 하지만 그것은 내 마음을 담은 최선의 선물이었다. 그 선물 덕분에 나는 그 여인과 결혼했다. 가끔 그 시집을 보면 무안

하고 창피하다. 말도 안 되는 표현과 과장, 억지가 지금도 나를 진땀 나게 한다. 하지만 그래도 좋다. 비록 완벽하진 않지만, 그것은 틀림없이 내 사랑을 담은 최선의 작품이었다.

그리고 그때의 경험은 이후 하나님과 나의 관계에도 큰 도움이 되었다. 때로는 하나님이 명확하게 말씀해 주시면 좋을 텐데, 그분은 그렇게 하지 않으실 때가 더 많다. 그럴 때마다 나는 하나님을 향한 시집을 만들라는 뜻으로 받아들이고, 그분을 사랑하는 마음으로 내가 할 수 있는 최선을 찾아 선택한다.

물론 '나의 최선'은 늘 아쉽고 찝찝하다. 너무나 많은 결점과 문제, 위험이 보이기 때문이다. 나의 선택을 부정적으로 보는 사람들도 있다. 하지만 어떤 선택을 하든 부정적인 평가는 늘 존재하기 마련이다. 부정적인 평가를 피하려고 너무 오래 망설이다가는 끝내 아무것도 할 수 없다.

그래서 나는 마음의 동기를 열심히 살핀다. 먼저 이 선택의 동기가 하나님을 향한 사랑에서 비롯된 것인지 점검하고, 그다음으로는 그것이 나의 최선인지 점검한다. 그리고 실행한다. 비록 완벽하지는 않지만 하나님을 향한 사랑이 담긴 내 최선의 시를 드리는 것이다. 물론 하나님이 분명하게 말씀하시면, 그대로 순종하여 드리면 된다. 하지만 그분의 뜻이 명확하지 않을 때는 사랑함으로 최선의 것을 드리는 것이 옳다.

다음 장에서는 최선을 선택할 때 고려해야 할 네 가지 요소를 살필 것이다. 이 네 가지 요소는 어떤 일을 선택할 때 하나님의 말씀에 따라 선택하기 원하는 이들이 자신을 점검하는 데 유익한 도구들이다. 때로는 하나님이 아닌 다른 곳에서 확실함이 오기도 하기 때문이다.

CHAPTER
10

소명을 찾는 여행자에게 필요한 네 가지 관계

●

네 가지 소명 나침반

선택이란 꼭 만나야 할 대상과 더 깊은 관계를 맺는 여정이다. 아내가 내게 이런 부탁을 한다고 생각해 보자. "여보, 집에 올 때 맛있는 것 좀 사 오세요."

나는 습관적으로 아내에게 그렇게 하겠다고 대답한다. 그런데 막상 '맛있는 것'을 사려고 하니 선택하기가 어렵다. '맛있는 것'이라는 추상적인 기준 때문이다. 이를 구체화하기란 쉽지 않다. 맛있는 것이 무엇인지 알려면, 다양한 대상을 깊이 묵상(?)해야 한다.

제일 먼저 자연스럽게 아내를 묵상한다. 아내가 좋아하는 것이 무엇인지 머릿속의 기억을 죄다 끄집어내어 살핀다. 아내는 기름진 것을 싫어하고, 담백하고 적당히 단 것을 좋아한다. 밤늦은 시간에는 밀가루가 들어간 것보다는 소화가 잘되는 가벼운 음식을 좋아한다. 바쁘게 지내는 일상 속에서 아내 얼굴을 떠올리며 아내의 간식 취향을 묵상해 본다. 그리고 다시 우리 동네 주변을 생각한다. 우리 동네에 무슨 가게가 있으며 무엇이 맛있는지 찬찬히 생각해 본다. 베이커리, 분식점, 과일 가게가 떠오른다. 얼마 전에 새로 문을 연 화덕구이 치킨 집도 생각난다. 결국 나는 딸기를 사서 집으로 간다(그 딸기를 본 아내의 반응에 관해서는 이야기하지 않겠다. 지금은 딸기를 선택하느라 그동안 생각해 보지 않았던 다양한 대상을 묵상하는 이야기를 하려는 것이기 때문이다).

  이러한 계기로 나는 내 주변에 더 깊은 관심을 두게 되었다. 아내를 더 묵상했고, 내가 사는 동네를 더 깊이 생각했다. 이렇듯 선택은 나를 둘러싼 주변의 대상들을 더 깊이 만나는 기회가 된다.

  그래서 하나님은 우리가 빨리 선택하기를 원하지 않으신다. 우리에게 허락된 대상들을 더 깊이 있게 만나길 원하신다. 선택 앞에서 생기는 혼돈들은 그 대상들과 깊이 있게 만나지 못했기 때문에 생기는 것이다. 선택 앞에서 우리는 이전보다 더 깊이 하나님이 허락하신 관계 속으로 들어가야 한다.

  하나님이 허락하신 관계는 크게 네 가지로 이야기할 수 있다. 이는 소명을 찾아 나서는 이들이 반드시 기억해야 할 나침반과 같다. 소명을 발견하려면 이 네 가지와 깊은 관계를 맺어야 한다. 그것은 바로 하나님의 말씀에 대한 인식과 세상에 대한 인식, 자신의 은사, 그리고 공동체다.

  말씀은 우리 행동의 테두리에 관한 것이다. 아무리 돈을 많이 벌어도 말씀의 범위를 넘어서면 하나님과 상관없는 일이 된다. 말씀을 알면, 하나님이 무엇을 기뻐하시고 무엇을 슬퍼하시는지, 그 기준과 원칙을 발견하여 선택에 적용할 수 있다.

세상은 말씀의 원칙을 구체적으로 적용하는 장이다. 그래서 우리는 지금 세상에서 무슨 일이 벌어지고 있는지, 사람들은 어떤 욕망 속에서 살아가는지, 누가 고통을 당하고 있는지 알아야 한다. 그래야 세상 속에서 구체적인 비전과 소명을 발견할 수 있다. 말씀을 많이 알아도 세상을 모르면 소명을 찾기 힘들다. 세상 속에서 하나님이 안타까워하시는 일이 무엇인지, 시급하게 회복되어야 할 일은 무엇인지 알아야 구체적으로 자신의 일을 찾을 수 있다.

은사는 하나님이 우리 각자에게 주신 선물이다. 세상에는 하나님이 기뻐하시는 일이 아주 많다. 하지만 우리는 그 모든 일을 다 할 수 없다. 하나님이 우리 안에 심어 주신 은사에 적합한 일을 찾아야 한다. 그래서 자신을 깊이 만나고, 자신 안에 있는 은사를 발견하는 것이 중요하다.

공동체는 소명을 발견하고 그 소명을 이루어 가는 중요한 장이다. 소명을 발견한다는 것은 하나님의 말씀으로 세상을 보는 훈련을 하고, 섬김을 통해 은사를 발견하는 것이다. 그리고 소명을 이루려면 공동체를 통해 마음의 힘을 회복해야 한다.

소명 나침반을 찾으라

우리는 소명 찾기의 네 가지 필수 요소인 하나님의 말씀과 세상에 대한 인식, 자신의 은사, 그리고 공동체를 통해 자신의 사명을 감당한다. 사무엘이 기름을 부었을 때 다윗에게 하나님의 말씀이 임했고(삼상 16:13), 세상에 대한 분명한 기준이 생겼다. 다윗은 형들에게 도시락을 가져다주러 왔다가, 골리앗이 하나님의 군대를 모욕하는 모습을 보게 되었다. 다윗에게는 물맷돌을 잘 던지는 은사가 있었고, 공동체가 다윗에게 싸움을 맡겼다. 다윗과 골리앗의 싸움에서도 말씀과 세상, 은사와 공동체의 네 가지 요소가 모두 등장한다.

사도 바울은 초대 교회를 박해하던 인물이다. 그러나 다메섹으로 가던 도중 예수님의 말씀이 그에게 임했고, 사흘 동안 시력을 잃고 헤매다가 아나니아라는 하나님의 사람에게 도움을 받았다. 그리고 예수님을 주님으로 고백했다. 그 이전까지는 바울에게 복음이 거짓이자 사회적 혼란을 일으키는 것이었다면, 이제 그에게 복음은 하나님의 놀라운 사랑이었다. 그래서 바울은 유대교의 전통 때문에 복음을 듣지 못하는 헬라 이방인의 상황을 안타깝게 여겨서, 로마 시민권과 전통 율법을 공부한 지식과 학문적 소양으로 이방인의 사도가 되었다. 하지만 그의 사역은 바나바로 대표되는 당시 교회 공동체의 인정과 후원 없이는 불가능한 것이었다.

초대 교회가 악명 높은 기독교 박해자의 개종 사실을 믿지 않으려고 할 때, 바울은 소명 찾기의 네 가지 필수 요소의 도움을 받았다. 성령의 능력으로 말씀과 은사를 받았고, 바나바의 도움으로 교회 공동체의 일원이 되었으며, 공동체의 복음 사역을 위한 지원과 승인도 받았다. 즉, 여기에도 말씀과 세상, 은사, 공동체를 찾아볼 수 있다. 이 네 가지 요소가 부족하면 선택은 어려워진다. 하나님은 선택의 기로에 선 우리가 말씀과 세상, 은사, 그리고 공동체와의 더 깊은 만남으로 나아가기 원하신다.

많은 크리스천은 이적이나 기적을 통해 소명을 발견하여 하나님의 일을 감당하게 되기를 소망한다. 하나님이 확실히 말씀만 하시면 모호함과 혼돈의 고통에서 벗어날 수 있을 거라 생각한다. 성경을 보면, 하나님이 사명을 맡기실 때 종종 이적과 기적이 나타났다. 물론 하나님은 우리에게도 이적과 기적으로 말씀하실 수 있다. 하지만 그분은 우리의 결점을 잘 아신다. 우리가 이적과 기적에만 집중하고, 하나님께는 관심이 없다는 사실을 아신다. 우리는 사랑하는 연인이 옆에 있는데도 눈길 한번 주지 않고 불꽃놀이의 폭죽만 실컷 바라보는 사람과 같다. 물론 이적과 기적도 중요하다. 그러나 하나님은 우리가 그분께 더 집중하기 원하신다. 그래서 우리가 하나님의 마음을 알고, 그분을 닮은 생각으로 세상을 보고, 하나님이 주신 은사를 발견하여, 공동체 안에서 소명을 발견하기 원하신다.

그럼, 이제부터 소명을 찾아 나서는 데 나침반 역할을 할 네 가지 요소를 하나씩 살펴보도록 하자.

04

소명을 발견하기 위한 네 가지 나침반

●
신앙과 현실 사이에서 갈등하는 청춘을 위한 '소명고민백서'
소명에 답하다

CHAPTER
11

첫 번째 나침반, 말씀의 원칙

●

말씀의 범위 안에서

무언가를 선택하는 방식은 사람마다 다르다. 어떤 사람은 정보에 의존하고, 어떤 사람은 느낌과 직관에 의존한다. 또 어떤 사람은 몸이 상할 정도로 오랫동안 고민하고, 어떤 사람은 선택 직전까지 기다렸다가 신속하게 결정한다. 사람들은 성향과 경험에 따라 저마다 다양한 방식으로 선택한다. 그러나 크리스천에게는 분명한 선택의 방식이 있다. 바로 말씀에 의한 선택이다.

오늘날은 감성 시대. 감성 시대의 특징은 옳고 그름보다는 좋고 싫음을 선호하는 것이다. 감성 시대는 개인 위에 존재하려는 권위를 배척하고, '개인의 감성'만을 중시한다. 그래서인지 오늘날 많은 크리스천 청년들이 말씀에 자신을 비춰 보는 것을 힘들어한다.

이러한 배경에는 많은 이유가 있지만, 가장 대표적인 이유는 이 시대가 인간을 중심으로 돌아가고 있다는 것이다. 그래서 개인의 느낌과 판단을 중시한다. 각자의 느낌을 무시하거나 멸시하는 것은 개인 위에 군림하려는 것으로 여겨지고, 개인을 지배하려는 악한 음모와 나쁜 권력으로 간주된다.

크리스천들 또한 이렇게 생각한다. 그래서 성경을 기준으로 자신의 모습을 점검하는 대신, 자신의 생각이나 느낌을 지지하고 격려해 주는 말씀에 집중한다. 그에 따라 성경을 통해 삶이 바뀌는 경험은 점점 줄어들고, 성경을 참고 서적쯤으로 대할 뿐이다. 지루한 말씀보다는 강렬한 정서적 느낌을 더 중요하게 여긴다.

그러나 크리스천은 이미 몇 가지의 사실을 전제로 받아들인 사람들이다. 첫째, 우리의 느낌이나 판단은 죄성으로 오염될 수 있다. 둘째, 판단의 주도권을 예수님께 이양했다. 셋째, 말씀에 반하는 개인의 느낌이나 판단은 하나님의 사랑을 신뢰하는 가운데 겸손히 내려놓아야 한다. 이러한 사실들은 의무감이 아닌, 십자가의 사랑을 신뢰하는 마음으로 받아들여야 한다. 예수님은 죄인 된 우리를 위해 돌아가심으로써 우리를 향한 하나님의 사랑이 어떤 것인지 입증하셨다. 오늘날도 동일하게 하나님은 우리를 사랑하시며, 우리가 알지 못하는 사이에 우리를 위해 가장 좋은 것을 준비하신다. 이 사실을 깊이 묵상해야 하나님 앞에 자신의 느낌과 판단을 내려놓고 그분의 말씀에 귀 기울일 수 있다. 특히 크리스천 청년들이 인생의 방향을 결정하거나 직업을 선택할 때 말씀의 원칙을 따르는 것은 필수적이다.

직업을 평가하는 기준은 매우 다양하다. 미래 성장에 대한 전망과 근무 조건, 복지와 혜택, 사회적 인식 등을 기준으로 직업을 평가한다. 그러나 크리스천에게는 직업을 생각할 때 놓쳐서는 안 되는 중요한 기준이 있다. 하나님이 지키라고 명하신 말씀의 범위 안에 그 직업이 있는가 하는 것이다. 겉으로 보기에는 화려하고 좋은 조건의 직업일지라도, 그 속을 들여다보면 말씀의 원칙에서 어긋나 있을 수 있다. 그래서 우리는 말씀의 원칙에 따라 자신의 방향과 선택할 직업을 살펴봐야 한다.

말씀의 원칙을 찾아

그러나 막상 말씀의 원칙으로 직업을 선택하려고 하면 난관에 부딪친다. 왜냐하면 성경에는 현대적인 삶의 모습이 나타나 있지 않아서 기준으로 삼을 만한 원칙을 찾기 어렵기 때문이다. 성경에는 산업화와 놀이 문화, 주거 환경과 노동 형태, 인터넷과 컴퓨터와 스마트폰이 존재하지 않는다. 그래서 성경 말씀을 오늘날에 적용하려면 큰 괴리를 느끼게 된다. 이스라엘의 역사와 전쟁, 열방에 대한 선지자의 예언, 제사법, 종들, 땅에 관한 사회 법 등은 우리와 무관하게 보인다.

하지만 예전이나 지금이나 삶의 구조는 동일하다. 하나님을 경외하기 위해 성경 시대의 사람들이 그랬던 것처럼, 오늘날의 우리도 자신들의 죄나 교만과 치열하게 싸워야 한다. 그리고 이웃을 사랑하고 섬겨야 할 책임이 있다. 하나님의 말씀에 순종하기 위해 자신을 쳐서 복종시켜야 하고, 이웃을 섬기기 위해 자신의 것을 포기해야 한다. 예수님은 율법학자들에게 하나님을 사랑하고 이웃을 사랑하는 것이 모든 계명의 핵심이라고 말씀하셨다(막 12:28-34). 하나님을 사랑하고 이웃을 사랑하기 위한 과제는 예전이나 지금이나 동일하다.

그래서 우리는 아주 오래전에 기록된 성경 말씀에서 현대 시대에도 하나님을 사랑하고 이웃을 사랑하라는 원칙을 찾을 수 있다. 그 원칙들은 겉으로 잘 드러나지 않아 유추해 내야 하는 것들이 많다. 우리는 이미 일상생활에서 많은 것을 유추하며 살아간다. 아내가 마트에 가서 반찬에 쓸 특정 브랜드의 달걀을 사다 달라고 부탁한다고 가정해 보자. 우선 우리는 마트에 간다. 그리고 열다섯 개가 넘는 달걀 브랜드 중에서 아내가 부탁한 것을 찾는다. 그런데 그 제품만 다 팔리고 없다. 이럴 때 어떻게 해야 하는가? 특정 브랜드의 달걀을 원하는 아내의 의도, 즉 달걀에 대한 아내의 기준을 유추해 내야 한다.

아내가 그 브랜드를 원한 이유는 겉으로 드러나지 않는다. 그래서 아내가 진짜로 원하는 것이 무엇인지 다시 생각해야 한다. 아내의 생활 방식과 평소에 한 말들을 토대로 몇 가지 기준을 유추해 내고, 가격이 조금 비싸도 친환경 제품이 좋겠다고 결정한다. 이 기준을 바탕으로 달걀을 살펴보면, 닭을 방목하여 얻은 달걀 중에서 다른 브랜드의 비슷한 가격대 제품을 선택할 수 있다. 집으로 돌아간 나는, 아내가 원하던 제품은 없었지만 친환경 제품이라는 기준에 맞는 다른 달걀을 사 왔다고 설명한다. 아내가 원하는 달걀이었다면 금상첨화였겠지만, 그렇지 않아도 아내의 마음을 충분히 반영한 선택을 한 것이다.

성경 시대는 오늘날과 많이 다르다. 하지만 그 속에는 오늘날에도 따라야 할 원칙이 있다. 이 원칙을 찾으려고 우리는 성경을 연구하고 묵상한다. 그리고 하나님을 사랑하고 이웃을 사랑하는 기준과 원칙을 찾아 우리 삶에 적용한다.

고린도전서 8장에서 사도 바울은 고기를 먹는 문제에 관해 상당 부분을 할애해서 설명했다. 그 당시 고기는 모두 우상 신전에 바친 제물에서 나왔다. 그래서 고기를 먹는 것은 곧 우상의 제물을 먹는 것이었다. 당시 우상에게 바친 제물을 먹는 것은 그 우상을 섬기는 것으로 받아들여졌기 때문에, 많은 이방 크리스천이 고기를 먹는 문제로 고민했다. 고기를 먹자니 우상 숭배에 참여하는 것 같고, 고기를 안 먹자니 살던 방식이 바뀌고 영양 상태도 나빠질 것 같았기 때문이다.

이때 사도 바울은, 고기는 우상이 아닌 하나님이 주신 것이기 때문에, 먹어도 된다고 설명했다. 단, 우상 숭배에 젖어 있다가 이제 갓 예수를 믿은 이들에게는 그 모습이 혼란을 가져올 수 있다고 경고했다. 우상 제물을 먹는 것을 보고 우상을 숭배하던 시절을 떠올리며 그때의 습관이 되살아난다면, 이제 막 신앙생활을 시작한 이들에게 큰 어려움이 될 수 있기 때문이다. 고기를 먹는 것 자체에는 아무런 문제가 없지만, 그 행동이 연약한 이들에게 그릇된 영향을 끼친다면 먹지 않는 것이 좋겠다는 이야기다. 여기에서 어떤 원칙을 유추할 수 있는가? 이 말씀에는 마땅히 해도 되는 일이어도, 그것을 감당할 수 없는 연약한 사람이 있다면 그를 위해 권리를 포기하자는 사랑의 원칙이 담겨 있다.

이러한 사랑의 원칙은 오늘날 우리의 삶 곳곳에 적용할 수 있다. 놀이 문화와 언어 사용 등을 비롯한 다양한 것을 결정할 때, 내게는 아무런 문제가 되지 않더라도 그것을 감당할 수 없는 연약한 지체가 있다면 그를 배려하는 마음으로 자제해 주는 것이다.

말씀 속에서 지금의 삶에 적용할 원칙을 찾기란 쉬운 일이 아니다. 그래서 우리는 성경을 꼼꼼하게 연구하고 묵상해야 한다. 성경의 배경과 상황을 더 많이 알수록 오늘날 지켜야 할 기준들을 더 잘 분별할 수 있기 때문이다. 출애굽한 이스라엘 백성에게 우상을 만들지 말라고 했던 말씀은 우리에게 별로 의미 있게 다가오지 않는다. 우리는 우상을 만들어 섬기지 않기 때문이다. 우리는 집에 불상이나 주술적인 물건을 두지 않는다. 그러나 이스라엘 백성에게 우상이란 지난 400년 동안 습관화되었던 삶의 체계였다. 옳고 그름을 판단할 수 없던 그들이 자연스레 받아들인 삶의 방식이었다.

금으로 화려하게 장식한 우상들은 신을 눈으로 직접 본다는 만족감과 신들이 자신을 지켜 주고 있다는 위안을 안겨 주었다. 따라서 우상을 만들지 말라는 것은 삶과 내면에 오랫동안 박혀 있던 문화와 관습을 포기하고 큰 위로와 안식을 주던 세상 것들과 결별하라는 의미로 유추할 수 있다. 이 말씀은 단순히 주술적인 조각물을 소유하지 말라는 뜻이 아니다. 삶 속에 깊숙이 뿌리내린, 옳은 것인지 잘못된 것인지도 모른 채 받아들인, 하나님이 아닌 다른 것으로 위안을 삼고자 했던 생각과 감정과 의지의 습관을 포기하라는 의미가 포함된다.

회사에 들어간 지 얼마 안 됐는데 자신의 처지를 비참하게 여기는 형제가 있었다. "저는 종처럼 팔려온 것 같아요." 그는 대학을 졸업한 뒤 수

십 통의 이력서를 보냈고, 그중 한 곳에 입사했다. 형제가 발령받은 부서는 고객 관리 지원 센터로, 사실 그가 지원한 업무와는 전혀 관계가 없는 일이었다. "무언가에 밀리고 끌려다니다가 결국 아무런 의미 없이 하게 된 일이었어요. 마치 누굴 주인으로 섬기게 될지 모른 채로 끌려온 종 같다고나 할까요?"

이러한 상황에서 그는 어떻게 크리스천으로서 영향력을 발휘할 수 있을지 고민했다. 그런데 우연히 사도 바울이 에베소 교회에 보낸 편지를 통해, 이런 상황에서도 자신이 할 수 있는 것이 있음을 깨달았다.

> 종들아 두려워하고 떨며 성실한 마음으로 육체의 상전에게 순종하기를 그리스도께 하듯 하라 눈가림만 하여 사람을 기쁘게 하는 자처럼 하지 말고 그리스도의 종들처럼 마음으로 하나님의 뜻을 행하고 엡 6:5-6

형제는 사도 바울이 에베소서를 기록할 당시 초대교회 성도들 대부분이 종이었음을 다시금 깨달았다. 그 당시에 종은 혹독한 상황과 대우를 받으며 살았다. 그래도 사도 바울은 사람이 아닌 하나님을 섬기듯 상전에게 순종하라고 권면했다. 그 형제는 자신의 의지와는 다른 삶을 힘겹게 살았던 종을 떠올렸다. 그리고 비록 타의로 직장생활을 하는 것은 자존심이 상하지만, 그래도 사람이 아니라 하나님 앞에서 사는 법을 훈련하기로 다짐했다.

성경에는 이렇듯 오늘날 우리의 상황 속에서 하나님께 순종하는 데 필요한 원칙들이 숨겨져 있다. 이를 위해서는 개인이나 소그룹, 혹은 공동체의 묵상과 성경 연구를 게을리 하지 말아야 한다. 삶의 빛과 길이 되는 말씀을 연구하는 일임에도, 많은 사람이 시간과 여유가 없어 그렇게 할 시간이 없다고 말한다. 그러나 그것은 핑계일 뿐이다. 우리는 스마트폰이나 까다로운 전자 제품을 구입하면, 설명서를 꼼꼼히 읽고 인터넷에 올라온 사용 후기를 검색한다. 그런데도 성경 말씀을 볼 시간이 없다는 것은 말씀이 아닌 자신의 느낌과 판단으로만 살겠다는 주장일 뿐이다.

사실 말씀 묵상과 성경 연구를 하지 않아도 사는 데는 별다른 지장이 없다. 그러나 성경을 보지 않으면, 촌각을 다투는 결정적인 순간에 선택의 어려움을 겪을 수도 있고, 잘못된 선택을 할 가능성도 높아진다. 반대편 차선의 차가 중앙선을 넘어온 위기 상황에서, 사람은 머리가 아니라 몸에 밴 습관대로 행동한다. 이와 같이 평소 말씀을 통해 하나님의 원칙을 마음속에 가득 담아 둔 사람은 어떤 선택과 결정을 해야 하는 순간에 자신이 따라야 할 원칙들을 바로 떠올릴 것이다. 혹 명확히 생각나지 않더라도, 말씀으로 형성된 우리의 양심이 무엇이 옳고 그른지 직감적으로 떠올리게 해줄 것이다. 그러나 평소 성경에서 삶의 원칙을 찾는 훈련을 하지 않은 사람은 선택 앞에서 많은 혼란을 겪는다. 인생의 모든 순간뿐만 아니라 직장에서 하게 되는 모든 업무 활동 역시 선택의 연속이다. 이런 가운데 말씀의 원칙으로 준비된 사람만이 당당하게 자신의 길을 갈 수 있는 법이다.

CHAPTER
12

두 번째 나침반, 세상 알기

●

직업에 관한 정보를 적극적으로 찾다

소명을 찾는 과정에서 청년들이 가장 많은 관심을 보이는 부분이 바로 은사다. 대개 은사를 발견하면 소명을 발견할 거라고 생각한다. 물론 은사는 소명을 찾아가는 과정에서 중요한 위치를 차지한다. 그러나 탁월한 은사가 있어도 세상을 모르면, 사람들이 일반적으로 찾는 대표적인 직업군에만 집중하면서 치열한 경쟁에 빠질 수 있다. 결국 그런 경쟁 때문에 많은 이들이 마음과 에너지를 소진한다. 반면에 탁월한 은사가 없어도 세상을 바로 알면, 자신이 섬길 수 있는 일을 의외로 손쉽게 찾을 수 있다.

시장은 수요와 공급이 이루어지는 곳이다. 그러나 실제로는 그것이 전부는 아니다. 작은 시장의 경우에는 조금 다르겠지만, 큰 시장은 정보를 통해서도 거래가 이루어진다. 정보를 갖고 있으면 다른 곳보다 훨씬 저렴하게 물건을 살 수 있지만, 정보가 없으면 터무니없이 비싼 가격으로 바가지를 쓸 수도 있다. 취업 시장도 마찬가지다. 나보다 똑똑하고 능력 있는 사람은 많다. 하지만 나보다 우월한 이들을 순차적으로 취업시켜 주는 기관은 존재하지 않는다. 학점이나 영어 실력, 스펙이 좋은 사람과 별개로 나만의 특정 성향이나 재능이 필요한 곳도 많다. 이런 상황 인식은 구체적인 정보를 통해서 얻는 것이다.

그러므로 세상을 아는 것에 시간과 노력을 기울여야 한다. 세상을 안다는 것에는 크게 두 가지 의미가 있다. 취업 준비생으로서 세상을 아는 것, 그리고 크리스천으로서 세상을 아는 것이다.

취업 준비생으로서 세상을 아는 것은 다양한 직업 정보와 채용 정보, 앞으로의 경제 동향을 이해하는 것이다. 이 부분에 관해서는 시중에 많은 책이 나와 있으니, 여기에서는 이러한 정보를 대하는 크리스천 청년들의 태도와 노동부가 만든 워크넷 활용에 관해서만 간단히 다루겠다.

정보를 알아보지도 않고 취업을 준비하는 것은 어리석은 짓이다. 그런데 크리스천 청년 중에는 이러한 어리석은 친구들이 종종 있다. 그들은 취업 정보에 아무런 관심을 기울이지 않는다. 관심 있는 특정 직업이 있어도 그와 관련한 정보를 찾아볼 생각도, 그 일에 종사하는 사람을 만나 볼 노력도 하지 않는다.

그들은 왜 정보를 찾지 않을까? 수많은 청년과 대화하고 상담하면서 깨달은 바로는, 그들 안에 아직도 유아기적 게으름이 남아 있다는 것이었다. 유아기적 게으름이란, 내가 하지 않아도 결국 누군가 해결해 줄 것이라고 생각하는 것이다. 내가 할 일을 엄마가 대신 챙겨 주던 경험이 아직 남아 있는 것이다. 그들은 영화 한 편을 보기 위해서는 한없는 인터넷 검색을 마다하지 않으면서도, 직업을 찾는 일은 아직 자신이 나설 때가 아니라고 생각한다. 다 자란 성인이 되었는데도 아직 자신의 실제 나이를 제대로 알지 못하는 듯하다. 이런 친구들은 나중에 세상의 냉정함과 치열함을 몸소 겪는 가운데, 정보를 찾고 준비하지 않은 것을 후회하게 된다.

직업 정보를 찾지 않는 두 번째 이유는 잘못된 믿음 때문이다. 하나님보다 앞서 움직여 능동적으로 무언가를 찾고 준비하는 것은 인간적인 행위일 뿐이며, 수동적으로 하나님의 전적인 역사를 기다리는 것이 믿음이라고 생각하는 것이다. 그들은 직업을 찾는 과정을 하나님의 인도하심을 기다리는 과정으로 바꾸어 놓고는, 간증할 만한 놀라운 사건만 기다린다.

물론 우리는 하나님의 인도하심을 기다려야 한다. 그러나 무엇보다 중요한 것은 하나님이 이미 주신 것을 적극 활용하면서 기다려야 한다는 점이다. 영어 공부를 할 때 모르는 단어가 나오면 그 단어에 손가락을 얹고는 뜻을 가르쳐 달라며 하나님께 기도하는가? 그것은 건강하지 못한 믿음이며 잘못된 태도다. 하나님은 우리에게 사전을 주셨다. 그리고 사전을 찾아 단어의 뜻을 이해할 수 있는 지성도 주셨다. 우리의 지성과 정보를 적극 활용하는 것은 분명히 하나님이 원하시는 일이다. 따라서 취업 정보를 부지런히 찾는 것 또한 믿음의 행위다.

직업 정보를 찾지 않는 세 번째 이유는, 자신이 소망하는 일을 할 수 없을 거라는 생각 때문이다. 어떤 이유에서인지 사람들은 자신이 오랫동안 그려온 꿈을 절대 닿을 수 없는 실현 불가능한 것으로 인식한다. 그들은 마음속으로 이미 자포자기한 상태다. 마치 크리스마스 선물로 간절히 원하던 공주 인형 대신 곰 인형을 받았을 때 느끼는 절망감 같다. 공주 인형이 아니면 다 싫다며 밥도 안 먹고 방문을 잠그고서 우는 것과 같다. 원하는 것을 얻지 못할 바에는 아무것도 갖지 않겠다는 것이다.

하지만 가만히 살펴보면, 이루기 힘들다고 생각하는 직업으로 나아가는 '중간 사다리' 같은 직업이 있을 수 있다. 그리고 그 직업을 통해, 하고 싶어 했던 일을 다른 직종에서 경험하게 되는 경우도 많다. 세상에는 우리가 상상조차 못해 본 직업들이 많다. 당장은 원하는 직업을 갖지 못해도, 실망감을 추스르고 적극적으로 직업 정보를 찾아야 한다.

직업 정보를 찾는 청년들을 위해 노동부에서 운영하는 워크넷 사이트를 추천한다(work.go.kr). 우리의 세금으로 만들어진 직업 사이트로, 취업과 직업에 관련하여 다양한 정보가 있다. 무엇보다 다양한 종류의 직업심리검사를 제공하는데, 검사를 할수록 결과가 누적되어 자신의 검사 정보를 계속해서 살펴볼 수 있다. 막연하게 알고 있는 직업의 업무 형태와 내용을 구체적으로 소개하며, 구인 구직과 채용 현황을 살필 수 있는 직업사전도 있다. 그 외에도 이색 직업이나 직업 훈련에 관한 다양한 정보가 풍성하다.

TV 드라마 한 편 보는 시간만 할애하면 워크넷의 간단한 검사와 다양한 정보를 누릴 수 있다. 그런데 홍보가 잘 안 된 탓에 막대한 비용과 인력, 전문성을 투자해서 만들어 놓은 훌륭한 도구가 외면받고 있다. 최근에는 연예인까지 동원해서 광고하고 있지만, 아직도 많은 청년이 워크넷을 잘 알지 못하는 것 같다.

워크넷과 더불어 가장 확실하게 직업 정보를 얻을 수 있는 방법은 그 일을 하는 곳에 가서 자원봉사를 하거나 종사자들을 만나 보는 것이다. 인터넷에서 물건을 보고 구매하면 실망할 때가 많다. 판매자가 속이기 때문이 아니라, 모니터 화면으로 보는 것과 실물로 보는 것이 다르기 때문이다. 그러므로 실제로 관심 있는 기업이나 일터에 가서 자원봉사를 하거나 그 일에 종사하는 사람을 만나 직업 정보도 듣고 그 직업에 관한 자신의 생각도 나눠 보는 것이 필요하다. 물론 이런 과정에는 용기가 필요하다. 거절당할 수도 있고 직업 현장에 있는 사람들에게 실례가 되는 행동을 할 수도 있다. 하지만 대부분 직장인은 자신의 일에 관심을 보이는 젊은이들에게 관대하다. 용기 있는 사람은 실제적인 정보를 얻고, 그만큼 실수를 덜하게 될 것이다.

크리스천으로서 세상 알기

크리스천으로서 세상을 안다는 것은 무엇일까? 그것은 기독교 세계관으로 세상을 살피는 것을 의미한다. 하나님이 세상에 진정으로 원하시는 바가 무엇인지 말씀을 통해 살펴보는 것이다. 그래서 하나님의 의도와 달리 무너지고 망가진 세상의 모습을 발견하는 것이다. 또한 진행 중인 다양한 논의와 대안을 깊이 이해하며 세상의 회복을 추구하는 것이다.

그러나 기독교 세계관으로 세상을 살피기란 쉬운 일이 아니다. 미술관에 들어가서 어느 화가의 작품을 평가하려면, 먼저 회화의 역사와 그림의 구도, 색감과 붓 터치가 의미하는 바를 꼼꼼히 알아야 한다. 마찬가지로 세상을 기독교 세계관으로 살필 수 있으려면, 세상에서 일어나는 현상을 적절히 평가할 수 있는 안목과 통찰력이 필요하다. 이러한 관점은 순식간에 얻어지는 것이 아니다. 오랜 훈련과 연구를 통해서만 얻을 수 있다. 따라서 크리스천 청년들이 자신의 소명을 발견하고 세상을 올바르게 보는 훈련을 하려면 기독교 세계관과 상치되지 않는 선에서 좀 더 간략한 방법이 필요하다. 그것은 바로 필요의 관점에서 세상을 보는 것이다.

예를 들어 순대를 먹고 싶다고 가정해 보자. 우리는 그럴 때 어떻게 하는가? 새끼 돼지를 집에 데려와서 먹이를 주고 성장하기를 기다렸다가 순대로 만들어 먹지는 않는다. 그냥 순대를 사 먹으면 된다. 여기서 사 먹는다는 것은 누군가 순대를 공급하는 사람이 있다는 의미가 된다. 즉, 순대를 먹고 싶은 내 필요를 누군가가 채워 준다는 것이다.

우리가 사는 사회에서는 개인이 자신의 모든 필요를 채울 수 없다. 입고 있는 옷도 우리 자신이 만든 것이 아니고, 먹는 음식 재료도 우리가 직접 재배한 것이 아니다. 대중교통을 이용하고 노트북을 사용하는 것 모두 누군가가 우리의 필요를 채우려고 물건과 서비스를 제공한 덕분이다.

모든 문화와 직업은 필요에 의해 생겨난다. 새로운 기술을 개발하면서 이전에 채우지 못한 필요가 충족되기도 하고, 반대로 특정 필요를 채우려고 새로운 기술을 개발하기도 한다. 오랫동안 사람들의 필요를 채워 주던 문화와 상품이 기호의 변화나 획기적인 대체물 때문에 설 자리를 잃고 도태되기도 한다.

필름 카메라가 발명되었을 때 사람들은 놀라움을 금치 못했다. 그러나 디지털 카메라가 대중화되면서 필름 카메라를 만드는 회사가 위기에 처했다. 그리고 디지털 카메라 역시 스마트폰 때문에 뒷전으로 밀려나기 시작했다. 스마트폰도 더 새로운 기능과 기술로 무장한 또 다른 스마트폰에게 자리를 내주고 있다. 이 모든 것은 사람들의 필요 때문에 일어나는 변화들이다. 그래서 시장을 주도하고 경제적 이익을 많이 창출하려는 사람들이 늘 필요에 민감하게 반응하는 것이다.

미국에는 트렌드와처(trend-watcher)라는 직업이 있다. 와처들은 미국 전역에서 벌어지는 다양한 파티와 전시회를 찾아가 사람들의 필요를 분석하고, 그 데이터를 한 곳으로 보낸다. 그렇게 모인 정보는 잡지로 만들어져 또 다른 기업에 비싼 값으로 판매된다. 사람들의 필요를 정확히 알고 그것에 적절하게 대응하는 것에 기업의 사활이 걸려 있기 때문이다.

크리스천 청년들도 필요에 민감해야 한다. 경제적 활동을 위해서도 그래야 하지만, 비전을 발견하고 소명을 찾는 측면에서도 그래야 한다. 하나님은 크리스천들에게 비전을 부어 주실 때 세상의 필요도 함께 보게 하신다.

세상에는 많은 필요가 있다. 그것들은 크게 정당한 필요와 부당한 필요, 두 가지로 나눌 수 있다. 정당한 필요는 인간으로 살아가는 데 꼭 필요한 모든 것을 뜻한다. 먹고 입고 주거하는 필요에서부터 자신을 아끼고 타인과 교제하며 하나님을 예배하는 모든 필요가 여기에 해당한다. 부당한 필요란 인간의 죄성이 요구하는 필요를 뜻한다. 욕망을 절제하지 못해 중독되거나 자기 마음대로 타인을 억압하려는 폭력 등이 여기 해당된다. 물론 부당한 필요와 정당한 필요는 서로 연결되어 있다. 즐거움이라는 정당한 필요를 지나치게 탐닉하다가 중독이 되기도 하고, 타인과의 깊은 만남이라는 정당한 필요가 왜곡되어 지배와 집착이 된다. 부당한 필요는 결국 정당한 필요를 왜곡된 방법으로 채우는 것이다.

기독교 세계관으로 세상을 보려면, 세상에 정당한 필요가 제대로 채워지고 있는지 살펴보는 것부터 시작해야 한다. 이를 위해 두 가지 관점이 필요하다. 첫 번째는 정당한 필요가 무시되고 있는지 살피는 것이고, 두 번째는 정당한 필요가 잘못 채워지고 있지는 않은지 살피는 것이다. 두 가지 모두 크리스천들이 사명을 가져야 할 영역이다.

첫 번째, 세상에는 정당하지만 채워지지 못하는 필요가 많다. 공부 말고는 자신의 재능을 발견할 길이 없는 청소년들, 대기업의 횡포로 피해받고 있는 중소기업, 범죄에 노출되어 있는 사람들, 기본적인 의식주를 박탈당한 사람들, 복음을 들어보지 못한 미전도 종족들, 마실 물이 없어서 고통 받는 아프리카의 한 부족, 내전이 가져온 폭력에 무방비로 노출된 아프리카 어린이들, 에탄올 생산 때문에 파괴되고 있는 아마존 등 모두 정당하지만 채워지지 못하고 있는 필요들이다.

왜 이런 일이 벌어지는 것일까? 여기에는 몇 가지 이유가 있다. 먼저, 정보의 부족이다. 이런 일들이 언제 어떻게 벌어지고 있는지 세상에 제대로 전달되지 않기 때문이다. 다음은 사람들이 특정 영역에만 관심을 갖기 때문이다. 경제적 이익을 얻고 유명해질 수 있는 분야에만 눈길을 주기 때문에, 필요가 채워지지 않는 상황을 보고도 외면하는 것이다.

두 번째, 세상 가운데는 정당한 필요를 잘못 채우는 이들이 많다. 공부와 일 때문에 생긴 스트레스를 잘못된 방식으로 푸는 사람, 친밀감을 누리고 싶어서 성매매를 하는 사람, 특정 집단을 위해 정보를 왜곡하는 사람, 안보라는 명분 아래 권력으로 개인의 삶을 침해하는 사람, 가난한 사람을 돕는다는 명목 아래 살인적인 고금리로 돈을 빌려 주는 사람, 즐거움을 위해 중독적인 물질을 유통하는 사람, 먹으면 안 되는 물질을 먹거리에 집어넣는 사람, 편리함을 제공하는 물건들로 환경을 오염시키는 사람 등 많은 이들이 잘못된 방법으로 정당한 필요를 채우고, 이는 오히려 더 큰 문제를 만들어 낸다.

우리는 왜 필요를 잘못 채우는가? 첫 번째는 필요를 채우는 방법이 그것뿐이기 때문이다. 많은 청소년이 게임 중독에 빠지는 이유는 무엇인가? 밤늦게 학원에서 돌아와 즐거움을 채울 수 있는 가장 쉬운 방법이 게임이기 때문이다. 즐거움을 채울 다른 방법이 없기 때문에 게임에 몰두하는 것이다. 두 번째는 의도하지 않았지만 결과적으로 필요를 잘못 채우게 되었기 때문이다. 일회용 기저귀의 사용은 여성들의 사회 진출을 돕는 데 크게 기여했다. 그런데 일회용 기저귀가 땅에서 썩기까지 500년이 걸린다는 사실을 아는가? 잠깐 동안의 평안을 위해 자연을 파괴한 셈이다. 자연을 파괴할 생각으로 일회용 기저귀를 만든 것은 아니었지만, 그것은 분명 자연에 나쁜 영향을 미치고 있다. 그래서 지금은 일회용 기저귀를 빨리 분해되는 수용성으로 제작하고 있다. 의도되지 않은 문제를 개선하기 위해 노력을 하는 것이다.

세 번째, 세상에는 처음부터 악한 동기로 필요를 채우는 경우도 많다. 소비자를 전혀 고려하지 않고 오직 자신의 경제적 이득만을 위해 상품과 서비스를 제공하는 이들이 있는데, 이런 경우는 대체로 범죄 행위로 규정되지만 법의 테두리 안에서 자행되는 악한 일도 많다.

하나님은 우리에게 비전을 주실 때, 정당한 필요와 관련해서 세상을 보게 하신다. 채워져야 할 필요를 올바르게 채우는 모습과 채워져야 할 필요를 잘못 채우는 모습을 보게 하신다. 이런 세상의 모습을 바로 볼 때 비전이 시작된다.

나 역시 대학생 시절, 기독교 세계관 수업 시간에 교수님이 들려준 이야기로 세상을 바라보고 비전을 발견하게 되었다.

1980년대에 웨슬리 웬트 월스라는 하수 처리 엔지니어가 한국에 왔다. 당시 농촌진흥원과 함께 다양한 일에 참여하던 그는 정치적 혼란 속에서 방황하는 크리스천 청년들을 보았다. 그가 만나는 청년들마다 그리스도와 전공의 관계에 무슨 의미가 있는지 묻기 시작했다. 월스 씨는 자비를 털어, 크리스천답게 사고하는 법을 다룬 책을 크리스천 대학생들에게 나눠 주었다. 그는 책을 나눠 주는 일을 자신의 사명으로 여기고, 수많은 사람에게 각 분야의 기독교 세계관 서적을 선물했다. 이때 선물받은 책을 읽고 도전을 받은 크리스천 청년들 중에는 더 깊이 공부하려고 유학을 떠났다가 기독교 지성을 가르치는 교수가 된 사람이 많다.

교수님은 웨슬리 웬트 월스의 이야기를 들려주면서, 그분이 우리나라에 기독교 세계관 운동을 처음으로 시작했다고 강조하셨다. 평범한 크리스천의 섬김이 동시대의 젊은이들에게 크리스천의 눈으로 세상을 보는 필요를 제공한 것이다.

나도 월스 씨의 섬김을 롤모델로 삼아 사역하고 있다. 예전에 한 기독교 잡지에서 월스 씨를 인터뷰했는데, 마침 담당 기자가 내 제자였다. 그분을 직접 만나고 싶었던 나는 제자를 졸라 인터뷰 현장에 참관했다. 하수 처리 엔지니어에서 은퇴한 월스 씨는 일흔이 넘은 고령에도, 한 출판사 건물의 작은 공간에서 젊은이들에게 소개할 좋은 책을 찾고 있었다. 인터뷰를 마치면서 월스 씨에게 기도 제목을 나눠 달라고 요청하자, 하나님이 예비하신 배우자를 만나게 해 달라는 기도를 부탁하셨다. 농담 섞인 진담이었다. 그는 독신으로 묵묵히 자신의 길을 걸어왔다. 이름도 빛도 없이 이 땅의 젊은이들의 필요를 채우기 위해 수고한 그의 발자취는 지금의 나를 존재하게 했다.

세상에서 정당한 필요들이 어떻게 채워지고 있는지를 살피는 것과 함께 필요를 채우기 위한 준비도 생각해야 한다. 어떤 필요는 조금만 준비해도 채울 수 있는 반면, 어떤 필요는 오랜 기간 준비해야 한다. 강남역에서 전단지를 나눠 주는 것은 준비하지 않고도 가능한 일이다. 그러나 그 전단지를 아름답게 디자인하는 것은 색감과 구도, 인쇄, 종이 질감의 효과를 알아야 하는 전문적인 일이다. 전문적인 일은 그만큼 필요를 채우는 데 오랜 시간이 필요하다.

그러므로 짧은 기간 준비해서 사회에 나가는 것만 생각할 게 아니라, 오랫동안 준비하여 한 분야에서 전문성을 갖추는 것도 생각해 보기 바란다. 정부에서 사회복지 예산을 1조 늘리거나 삭감하는 일처럼 파급 효과가 큰 일들은 전문가 집단의 자문을 통해 이뤄진다. 과거에는 신분과 혈통이 사회에 큰 영향을 미쳤지만, 이제는 전문성이 그 자리를 대신하고 있다. 나는 크리스천 청년 중에서도 오랜 준비를 통해 국가와 사회의 중요한 향방을 결정하는 데 참여하는 전문가들이 많이 나와야 한다고 믿는다. 단기간에 인기와 인정을 받는 트렌드에 종사하는 사람도 필요하지만, 주목받지 못해도 우직하게 자신의 분야를 지켜 낼 줄 아는 사람도 필요하다. 그래서 하나님의 역사 가운데 찾아올 결정적 순간에 '지금까지의 모든 것이 이때를 위함이 아닌가!'라고 고백하며 자신의 역할과 전문성을 발휘해야 한다(에 4:14).

경쟁이 점점 치열해지는 세상이다. 그러나 아직도 채워지지 않은 필요와 잘못 채워지고 있는 필요가 사회 곳곳에 존재한다. 앞으로 다가올 시대와 사회에 더욱 늘어날 필요를 크리스천의 시각과 관점으로 미리 준비해야 한다. 이 모든 것은 보물을 찾는 자의 심정으로 세상을 바라볼 때 얻게 될 것이다.

CHAPTER

13

세 번째 나침반, 은사

●

일이 치유한다

일은 하나님이 인간에게 주신 기쁨이다. 우리는 일을 통해 하나님의 놀라운 창조 세계와 손길을 경험한다. 그리고 하나님은 각 사람에게 특정 영역을 잘 관리하고 운영하며 큰 기쁨을 누릴 수 있는 특별한 감각을 주셨다. 그것이 바로 은사다. 은사는 각 사람에게 주신 저마다의 섬김 방식이다. 그래서 은사를 잘 알아야 일의 기쁨을 누릴 수 있다.

물론 일은 힘든 것이다. 아무리 좋아하는 일도 그것을 업(業)으로 하게 되면 고통과 어려움이 따라온다. 춤을 좋아하는 사람도 직업상 의무적으로 춤을 계속 춰야 한다면 분명 힘들어질 것이다. 그러나 진정 자신과 맞는 일을 하고 있다면, 일이 사람을 치유할 것이다. 일을 통해 고통과 어려움이 생기더라도, 일을 통해 다시 치유받을 수 있다. 일을 통해 아픔을 얻기도 하지만 삶의 고통과 상처를 치유할 수도 있다. 나는 지금 일중독을 조장하려는 것이 아니다. 은사와 일이 공명할 때 그 안에 놀라운 회복이 있다는 말을 하려는 것이다.

공명이란 울림이다. 특정한 일을 만났을 때 자신 안에 무언가가 꿈틀거리는 것을 경험할 때가 있다. 그 분야에 대해 많이 배우고 공부하고 알기 때문이 아니라, 자신 안에 있는 무언가가 그렇게 반응한다. 바로 은사가 그 일에 공명하는 것이다.

은사와 어울리는 일을 할 때 우리는 '나'로 채워지는 충만함을 경험한다. 지극히 나다운 일을 나답게 하는 것이기에 너무나 자연스럽다. 그 일을 따라가려고 허덕일 필요도 없다. 일과 화목하며, 일 때문에 에너지를 소진하지 않는다. 그래서 에너지가 남는다. 우리는 남는 에너지로 세상을 더 많이 보게 되고, 능숙함으로 더 많이 섬길 수 있다. 그로 말미암아 깊은 성취감이 생긴다. 현상 유지에 머물지 않고 더 나아가 새로운 것을 만들어 내는 창조의 기쁨을 경험한다. 이런 충만함과 성취감, 창조의 기쁨은 일이 아니고서는 경험할 수 없는 것들이다.

그리고 이런 경험이 우리의 아픔을 어루만진다. 삶의 고통을 해소하기 위해서 사람들은 술을 비롯한 다양한 자극에 빠져들거나 여행이나 게임을 대신해서 현실에서 벗어나려 한다. 그러나 일만큼 자연스럽게 자신을 정화해 주는 것은 없다. 일은 현실의 고통 속에서도 세상을 향해 무언가를 만들어 냈다는 의연한 카타르시스를 제공한다. 삶의 거친 파도 속에서도 끝까지 위치를 지키며 제 몫을 다했다는 승리감을 제공한다. 일이 몰입과 성취감, 쾌감을 주기 때문이다. 그래서 일을 통해 사람의 아픔이 치유될 수 있다.

일은 큰 기쁨을 준다. 단 일과 사람이 맞아떨어질 때 그렇다. 은사가 그 일과 어울려야 한다. 물론 은사와 일이 안 맞아도 기쁨을 누릴 수 있다. 하지만 은사와 일이 안 맞으면 일에 적응하기 위해 많은 시간과 노력을 들여야 한다. 게다가 그 일이 전문성을 요구하는 것이라면 그 일을 다스릴 수 있는 감각이 반드시 필요하다.

은사 발견의 어려움

누구나 자신의 재능을 알고 싶어 한다. 하지만 자신 안의 재능을 발견하기란 쉽지 않다.

그 이유는 크게 네 가지다. 첫 번째는 낮은 자존감 때문이고, 두 번째는 직업이 주는 혜택에 정신이 팔려 자신을 제대로 알지 못하기 때문이다. 세 번째는 자신을 돌아볼 시간이 없었기 때문이며, 네 번째는 은사에 대한 오해 때문이다. 자아 존중감이 낮으면 은사를 발견하기 어렵다. 자아 존중감이 낮다는 것은 자신을 부정적으로 평가한다는 것이다. 자신의 능력을 평가절하하며, 자신이 가진 것은 남들도 다 갖고 있거나 그다지 좋은 것이 아니라고 생각한다. 다른 사람이 아무리 은사라고 이야기해 줘도 받아들이지 않는다. 심지어 어떤 이들은 일찌감치 자신의 재능 찾기를 포기해 버린다.

일을 통해 누릴 수 있는 혜택만 생각하는 것도 은사를 발견하기 어렵게 만든다. 경제적 안정과 사회적 인정 때문에 특정 직업을 가지려고 하는 것이 잘못된 생각은 아닐 것이다. 하지만 그 일이 자신에게 맞는지 안 맞는지 꼼꼼히 점검하지 않은 채 급여나 사회적 이미지만으로 결정해 버리는 것은 어리석은 일이다.

예를 들어, 결혼을 하면 생기는 것이 많다. 홀로 있을 때 생기는 정서적 문제가 해결된다. 부모보다 가까운 '내 편'이 생긴다. 부모의 간섭을 받지 않는 자신만의 공간이 생긴다. 가정과 생활을 원하는 대로 꾸밀 수 있다. 그러나 결혼할 상대가 자신과 잘 맞는지 고려하지 않는다면 그 결혼은 불행해질 것이다. 직업도 마찬가지다. 대가나 혜택에만 집중하지 말고 일 자체의 맛을 발견해야 한다. 그러려면 자신이 갖고 있는 은사를 발견해야 한다.

자신을 돌아볼 시간이 거의 없는 경우에도 은사를 발견하지 못한다. 이 시대의 많은 청소년과 청년을 둘러싼 환경은 자신을 돌아볼 여유를 전혀 주지 않는다. '국영수'에 대해서는 탐구할 시간을 많이 주면서도, 자기 자신을 아는 일은 불필요하게 여긴다. 그들에게 가장 중요한 것이 입시와 취업이라고 생각하기 때문이다. 그런데 입시와 취업이야말로 자기 성찰이 가장 필요한 일들이다. 자신을 돌아보고 온전히 파악하지 않은 채 입시와 취업에 임한다면 어떤 일이 벌어질까? 자신과 맞지 않는 옷을 입는 것처럼 치열한 경쟁을 뚫고 어렵게 들어간 학과와 직장이 자신과 안 맞는 낭패를 경험하게 될 것이다.

그런데도 많은 청소년과 청년은 자신이 어떤 사람인지, 어떤 은사를 가졌는지 모른 채 전공과 취업을 향해 달려간다. 하지만 그토록 어렵게 얻은 것이 자신과 맞지 않아 고통스러워하다가 결국 포기해 버리는 경우가 많다.

은사에 관한 오해들

그런데 정말 은사라는 것을 '발견할' 수 있기나 한 걸까? 재능이나 성향, 강점, 장점 등을 발견할 수 있는 테스트와 심리검사가 있다. 방법이나 형태가 매우 다양해서 일일이 열거하기가 불가능할 정도다. 여기서는 크리스천 청년들이 주로 갖고 있는 은사에 대한 오해들을 점검하고, 관계적이며 공동체적인 은사를 발견하는 방법을 제시하도록 하겠다.

은사에 대한 첫 번째 오해는 은사를 재미있는 기술 정도로 여기는 것이다. 누군가의 집에 처음 가서 서재에 들어가면 사람들은 무심코 어떤 책이 꽂혀 있는지 둘러본다. 특별한 목적이 있다기보다는 심심하거나 호기심 때문에 하는 행동이다. 읽고 싶거나 찾는 책이 있어서가 아니다. 그런데 은사를 이런 모습으로 대하는 이들이 있다. 자신의 은사를 꼭 찾고 싶어서가 아니라 흥밋거리 정도로만 생각하는 것이다.

그러나 은사는 호기심만으로는 발견하기 어렵다. 은사는 세상과 남을 섬기라고 하나님이 주신 것이다. 심리적 만족을 얻거나 능력자임을 자랑하라고 주신 것이 아니다. 그러므로 은사를 발견하고 싶다면 섬김의 환경 속으로 들어가야 한다. 공동체와 사람을 그리스도의 마음으로 품어야 하는 불편하고 힘든 상황 말이다. 그럴 때, 내면 깊이 가라앉아 있던 은사들이 떠오른다.

두 번째 오해는 은사를 자기 혼자서도 발견할 수 있을 거라는 생각이다. 은사는 섬김을 통해 드러나게 되어 있다. 그래서 은사는 대개 공동체의 다른 사람에 의해 발견된다. 내게는 당연한 재능이었던 것이 얼마나 귀하고 특별한 은사였는지 다른 사람이 먼저 알아차리는 것이다. 누군가가 자신의 은사가 무엇인지 알고 있다면, 그것은 혼자 발견한 것이 아니라 그 은사를 관찰하고 확인해 준 주변 사람이 있다는 것이다. 은사는 나를 사랑하고 아껴 주는 사람들의 격려와 관찰 속에서 발견하는 것이기에, 그 속에는 늘 사람들과의 아름다운 추억이 존재한다. 사람의 거울은 사람이다. 혼자서 은사를 발견하려고 하지 말고, 오랫동안 옆에서 지켜본 사람들에게 조언과 도움을 청해야 한다.

세 번째 오해는 다른 사람들을 압도하는 탁월한 능력이 은사라고 생각하는 것이다. 그렇게 생각하는 사람들은 평범한 능력은 은사로 보지 않는다. 하지만 탁월한 은사를 가진 사람은 희귀하다. 대부분 평범해 보이는 재능을 열정이라는 도구로 탁월하게 사용하며 살아간다. 평범한 재능을 탁월하게 사용하려면 자신의 재능이 잘 맞는 곳을 찾아야 한다. 바늘은 매우 작다. 그러나 한의학에서는 병을 호전시키는 침으로 중요하게 사용된다. 이처럼 작은 것도 적절한 공간에서 대단한 위력을 발휘하는 법이다. 그리고 평범함은 다른 것과 함께할 때 시너지를 발휘한다. 각각 놓고 보면 평범해 보이는 것도 잘 합해 놓으면 놀라운 일을 일으킬 수 있다. 초석과 유황, 목탄 등은 특별할 것 없는 평범한 물질이다. 하지만 이것들을 잘 배합하면 엄청난 파괴력을 지닌 화약을 만들 수 있다.

탁월한 기획력은 없지만 꾸준히 메모하는 습관 덕분에 끊임없이 새로운 아이디어를 만들어 내는 기획자나 수줍음이 많아 영업에는 재능이 없지만 진실성과 차분함 덕분에 실적 왕이 된 재무 설계사, 사진 실력은 평균 수준인데 사람들을 편안하게 해주는 친절함과 부드러움 덕분에 모델의 가장 자연스러운 모습을 담아내는 사진작가는 평범한 재능이 적절한 조합을 이룰 때 탄생하는 것이다.

피아노 연주에 재능이 있어서 열심히 레슨을 받던 중학교 2학년 여학생이 있었다. 그러던 어느 날 여학생이 갑자기 피아노 레슨을 그만두었다. 딸의 갑작스러운 변화가 걱정이 된 엄마의 부탁으로 나는 여학생과 대화를 나누게 되었다.

"피아노 연주하는 것을 좋아하는 줄 알고 있었는데 왜 갑자기 그만둔 거니?"

"간단해요. 저한테는 재능이 없어요. 그런데 뭐하러 계속 레슨을 받겠어요. 그냥 흥미가 없어진 것뿐이에요."

"갑자기 그렇게 생각하게 된 이유가 있을 것 같은데, 내게 들려줄 수 있겠니?"

"하루는 인터넷에서 피아노를 연주하는 UCC 동영상을 찾고 있었어요. 그러다가 여섯 살 꼬마가 신들린 듯 피아노를 연주하는 모습을 봤어요. 그런데 동영상을 본 뒤부터 자꾸만 저에게는 피아노 연주자로서의 재능이 없다는 생각이 들었어요."

결국 그 여학생은 이 생각을 기정사실로 받아들이고 말았다. 이 친구 역시 은사를 남들보다 월등한 것이라고 생각한 것이다. 자신보다 피아노 연주 실력이 안 좋은 사람들과 있으면 자신에게 피아노 연주자로서의 은사가 있다가, 자신보다 실력이 뛰어난 사람들과 있으면 갑자기 그 은사가 사라지는 것일까? 어떻게 하면 이 여학생에게 피아노 연주의 은사가 있음을 확신시켜 줄 수 있을까? 여학생보다 피아노를 잘 연주하는 사람을 모두 없애 버리면 될까?

그렇지 않다. 훌륭한 피아노 연주자는 피아노를 연주하는 실력과 재능을 자신이 갖고 있는 또 다른 은사들과 멋지게 조합해서 사용하는 사람이다. 예를 들면 피아노 연주 실력에 작곡이라는 취미와 영화 음악에 대한 관심, 심리에 대한 이해력, 목표를 꾸준히 추구하는 성실함을 조합할 수 있을 것이다. 그렇게 되면 아무리 평범한 피아노 연주라도 그 사람만의 독특한 색깔로 귀하고 아름답게 변화될 수 있다.

네 번째 오해는 은사를 만능으로 여기는 것이다. 그래서 열 가지를 잘해도 딱 한 가지 못하는 것 때문에 위축되어 버린다. 그러나 모든 것을 다 잘할 수는 없는 법이다. 도움을 청하는 것도 은사다. 그것 역시 다른 사람의 은사를 자신의 은사로 삼을 수 있는 강력한 은사다.

다섯 번째 오해는 은사를 머리로만 찾으려는 것이다. 사람들은 대부분 자신의 재능을 발견하기 위해 적성과 심리, 흥미 등의 검사를 활용한다. 심리검사는 임의로 상황을 설정하고 그 상황 속에서 어떤 행동을 할 것인지 묻는 것이다. 이 검사에 임하는 사람은 자신이 그런 상황에서 어떻게 행동할지 예측하고 상상한다. 이것은 모두 머릿속에서 일어나는 일이다. 실제로 그 상황을 만나면 생각했던 것과 다르게 행동할 수도 있다.

문제는 재능을 발견하기 위해 이렇게 머리만을 사용하는 경우가 많다는 사실이다. 그런 식으로 은사에 접근하면, 경험해 보지도 않고 너무나 쉽게 자신과 맞지 않는 일이라고 판단하게 된다. 반대로 해본 일만 자신에게 맞는다고 생각할 수도 있다. 실제로 해보지 않은 채 머릿속으로만 계산해서 단정 짓는 것이다.

머리는 몸을 다 알지 못한다. 춤을 춰 본 적이 없으면 춤을 잘 추지 못할 거라고 생각하게 마련이다. 하지만 들려오는 음악에 팔과 다리가 자연스럽게 리듬을 맞추는 것을 어떻게 설명할 수 있을까? 단순해 보여서 지루할 거라고 생각했는데 막상 해보니 즐겁고 흥겨워지는 것은 어떻게 설명할 수 있을까? 자신은 낯선 사람을 두려워한다고 생각했는데, 막상 만나 보니 오히려 만남의 모험을 즐기고 있는 자신의 모습을 어떻게 설명할 수 있을까? 머리만으로는 내 안에 숨겨진 신비를 모두 알 수 없다. 머리는 자신에 대해 스스로 내린 속단과 편견을 성실히 반영할 뿐이다.

은사는 몸으로 발견하는 것이다. 머리로는 이해할 수 없는 능력이다. '배운 적도 없고 그렇게 하라고 강요받은 적도 없는데 어떻게 이걸 잘하지?'라는 의문이 생기는 것이 은사다. 머리로는 이해할 수 없지만 우리의 몸은 그것을 잘 해낼 수 있는 능력을 타고 태어났다.

개그맨이 되고 싶어서 대학로의 개그 전용 극장에 들어간 형제가 있었다. 평소 그의 애드리브에 주변 사람들이 '빵빵 터지며' 쓰러져 배꼽을 잡곤 했다. 그래서 그 형제는 개그맨이 자신의 천직이라고 생각했고, 전용 극장에 들어가 개그를 짜고 무대에 섰다. 그런데 이게 웬일인가? 웃어야 할 순간인데 관객이 웃지 않는 것이다. 냉랭한 분위기 때문에 진땀이 솟았다. 처음이라 그렇다고 자신을 위로한 뒤 다시 도전해 보았지만, 결과는 똑같았다. 현장에서 보는 개그와 텔레비전으로 보는 개그가 완전히 달랐던 것이다.

결국 그 형제는 자신에게 개그맨으로서의 재능이 없다는 것을 인정했다. 하지만 개그 전용 극장을 떠나지 않고 계속 일하다가 다른 재능을 발견했다. 바로 영업이었다. 대개 신입 개그맨들은 거리에 나가 티켓을 판매하는 일을 하는데, 그는 언제나 다른 사람보다 월등한 판매율을 보였다. 비록 개그맨으로서 빛을 보지는 못했지만, 그는 자신의 유머 코드가 무대가 아닌 영업 현장에 적합하다는 것을 알게 되었다. 그래서 전공을 경영으로 정하고 다시 대학에 들어갔다. 2년 동안의 시간을 통해 몸으로 자신을 발견한 것이다. 오래 걸린 것 같지만, 앞으로 살아갈 인생에서 유용하게 사용될 은사를 찾았다면 그 정도는 값싼 대가일 것이다.

지금까지 살펴본 은사의 특징을 정리하면 다음과 같다.

은사는 섬기기 위해 하나님이 주신 것으로, 평범한 능력을 탁월하게 사용할 수 있도록 몸에 새겨진 능력이며, 섬김을 통해 공동체 가운데 나타난다.

사랑이 능력이다

여기서 예외 사항을 언급할 필요가 있겠다. 때론 은사와 맞지 않는 일을 통해서도 기쁨을 얻을 수 있다. 이 말이 내가 앞서 이야기한 것과 상충되어 보이는가? 자신의 은사와 맞는 일에 진정한 기쁨과 치유가 있다고 해

놓고서, 은사와 맞지 않는 일을 통해서도 기쁨과 치유를 누릴 수 있다니?

그러나 이것도 은사다. 그것이 어떻게 가능한가? 일과 재능이 맞지 않으면 분명히 어려움이 있다. 그럼에도 만족과 감사를 누릴 수 있는 것은 '사랑' 때문이다. 사람들은 자신과 맞지 않거나 어울리지 않는 일에 오직 사랑으로 뛰어든다.

예를 들어 보겠다. 한 청년이 있었다. 그는 어느 날 뉴스를 보다가, 방글라데시에서는 자녀가 열 살이 되면, 부모가 그 아이를 거리에 내다 판다는 기사를 접했다. 청년은 안타까운 마음이 들었고, 방글라데시의 어린이들을 위해 기도했다. 누군가를 보내어 그들을 도와 달라고 하나님께 기도했다. 하지만 아무도 이 일에 관심을 보이지 않았고, 아이들은 여전히 고통 가운데 있었다. 청년은 자기라도 나서야겠다고 마음먹었다. 하지만 청년은 해외선교나 어린이 사역, 복지 사역에 아무런 지식이 없는 평범한 직장인일 뿐이었고, 그래서 걱정이 앞섰다. 하지만 방글라데시 어린이들을 향한 마음이 컸기 때문에, 무능하고 자격이 없다고 생각하면서도 그들을 돕는 일을 시작했다. 자신 같은 사람을 통해서라도 그 아이들의 고통이 멈추기를 바란 것이다.

물론 재능이 없는 일이었기에 익히고 배우는 데 이 형제는 남들보다 더 많은 시간과 에너지를 들여야 할 것이다. 그 선택을 후회하고 낙담할 때도 있을 것이다. 하지만 자신을 통해 아이들의 고통이 조금이라도 줄고 있다는 사실에 하늘의 기쁨을 누릴 것이다. 비록 이 일에 적합하고 필요한 역량과 기능은 없었지만, 청년은 괜찮았다. 사랑이야말로 가장 강력한 은사이기 때문이다. 그리고 어린이들을 섬기면서 청년은 자신에게 어린이를 돕는 은사가 있음을 발견하게 되었다. 갖고 있던 은사가 섬김으로 나타난 것인지 없던 은사가 사랑으로 생긴 것인지는 모르지만, 뒤늦게 새로운 은사를 발견하게 되었다.

이 이야기는 하나님 아버지의 마음만을 가지고 선교지로 떠난 수많은 선교사의 이야기다. 스스로 은사가 없다고 생각하면서도 자신의 능력 없음을 한탄하지 않고 사랑으로 나라와 열방을 품은 이가 많다.

사랑이 진정한 능력이다. 사랑은 자신이 가진 것이 초라하다는 사실도 잊고 세상을 감싸 안게 한다. 사랑은 자신의 힘으로는 불가능하고 어렵다는 것을 계산하지 않고 세상을 품게 만든다. 가슴에는 상처가 생기고 온몸에는 멍이 들어도 사랑 때문에 세상을 품는다. 자신에게 돌아오는 것도 없고 오히려 손해를 본대도 포기하지 않고 무조건 품는다. 그래서 사랑은 무모해 보인다. 하지만 결국 사랑이 세상을 변화시킨다. 사랑은 평범함을 원자탄으로 바꾸는 기폭제다.

이미 본 영화를 다시 보면 처음에는 긴장감이 없다. 그러나 계속 보고 있으면, 내가 정말 이 영화를 보았던가 하는 의문이 들 때가 많다. 대략적인 줄거리만 이해하고 있었을 뿐 영화의 숨은 진짜 의미는 몰랐던 것이다. 등장인물의 표정과 대사, 사건 전개의 흐름처럼 영화의 주제를 부각시키는 또 다른 의미가 발견된다. 그 영화를 세 번째로 볼 때는 어떨까? 단언하건데 또 다른 영화를 보게 될 것이다.

하물며 하나님의 손길이 닿은 우리 자신은 어떨까? 우리는 자기 자신을 지나치게 속단하는 경향이 있다. 이미 본 영화처럼 거들떠보지 않는다. 누군가가 우리에게 관심을 보이면 고개를 저으며 자기 자신을 무시한다. 은사의 발견은 나에 대한 편견을 버리고 본 영화를 또 보듯 계속해서 나를 관찰하는 것이다. 그러면 이해할 수 없던 내 모습 속에서, 영화감독인 하나님이 자신을 왜 이렇게 지으셨는지에 관한 섬세한 의도를 알게 될 것이다.

칭찬 사전

앞서 살핀 것처럼 은사는 공동체의 격려 속에서 발견하는 것이다. 그런데 막상 격려와 칭찬을 하려고 하면, 사용할 수 있는 격려와 칭찬의 어휘가 절대적으로 부족하다는 사실을 절감하게 된다. 그래서 여기 칭찬 사전이라는 것을 소개한다. 다양한 책 속에서 칭찬으로 사용될 만한 문구를 발췌하여 모아 놓은 것이다.

  먼저는 자신을 칭찬하자. 다음에 제시한 문장을 읽으면서 자신에게 해당된다고 느껴지는 것에 밑줄을 그어 보라. 이때만큼은 넉넉하고 여유 있게 자기 자신을 바라봐도 좋다. 조금이라도 해당 사항이 있다고 생각되는 부분에는 사정없이 밑줄을 긋자. 그리고 밑줄 친 것을 읽으면서, 확실하다 싶은 것에 다시 한 번 밑줄을 그어 보자. 자신을 향한 탐색이 될 것이다. 그리고 가능하면 공동체 구성원이나 리더를 찾아가서 칭찬 사전에서 당신에게 해당되는 것을 찾아봐 달라고 부탁하라. 여러 사람이 공통적으로 인정하는 것이 있다면 분명 당신이 갖고 있는 은사일 것이다.

가까이에 있는 이들의 소중함을 알고
그들에게 최선을 다한다

가능성을 추구한다

가르치는 데 탁월하다

가정적이고 따뜻하다

가치 있는 일이라면 실패를 두려워하지
않고 실행한다

갈등을 풀어 가는 능력이 뛰어나다

감수성이 풍부해서 작은 것에도 감탄한다

감정이입을 잘한다

강요가 아닌 솔선수범으로
타인의 마음을 움직인다

강철 같은 의지로 자신이 하는 일을
밀고 나간다

검소하다

겉과 속이 투명하다

결단력이 있다

결정을 내리기 전에 신중히 검토하고
행동한다

고통을 잘 견딘다

공감을 잘한다

공동체와 개인의 이해관계가 다를 때
기꺼이 자신을 희생한다

공정하다

과거의 것을 문제 삼지 않는다

관대하다

구성원들이 원만한 관계를 유지하도록
중재한다

규칙과 규정을 잘 지킨다

근면하다

기계나 도구를 잘 다룬다

기발하다

기쁨과 슬픔 등의 감정을 잘 표현한다

기획력이 탁월하다

꼼꼼하다

끼가 많다

나서야 할 때와 물러서야 할 때를
정확히 안다

나중에 후회할 만한 말이나 행동을
하지 않는다

낙관적이다

날카로운 통찰력을 지니고 있다

남들 앞에 나서는 것을 두려워하지 않는다

남의 눈치를 보지 않고 맡은 일을
훌륭히 완수해 낸다

낭만적이다

낯선 경험을 두려워하지 않는다

낯선 사람에게도 자신의 연약함을 나눈다

누구도 시도하지 않는 분야를 잘 개척한다

누군가 힘들어할 때
기꺼이 자신의 시간을 할애해 준다

느긋하다

늘 웃는 얼굴이어서 보는 이들을
웃게 만든다

능동적이다

다른 사람과 자신을 비교하지 않는다

다른 사람들에게 선행을 베푸는
일을 즐긴다

다른 사람들이 능력 이상의 일을
해내도록 격려한다

다른 사람들의 특징을 잘 찾아낸다

다른 사람에게 자신의 재능을

즐겁게 나눈다

다른 사람의 기쁨을
자신의 일처럼 좋아한다

다른 사람의 입장을 헤아릴 줄 안다

다른 사람이 자신의 비전에 동참하도록
끌어들이는 능력이 있다

다양한 분야에 관심사를 가지고
삶을 즐긴다

다양한 의견에 개방적이다

다재다능하다

단체를 조직하고 관리하는 능력이
뛰어나다

대범하다

더 큰 목적을 위해
눈앞의 이익을 절제할 줄 안다

덕이 있다

도움이 필요한 이들을
훈련시키는 데 탁월하다

도전 의식이 강하다

독립심이 강하다

독창적이다

동물을 사랑하고
교감하는 능력이 뛰어나다

동정심이 많아 타인을 잘 돕는다

뒤끝이 없다

뚝심이 있다

리더십이 있다

말에 힘이 있다

멀리 보고, 깊이 생각한다

명랑하다

모든 사람에게 똑같은 기회를 준다

모든 사람에게 친절하다

모임을 주관하고 대접하는 것을 즐긴다

모험심이 많다

목적 달성을 위해
새로우면서도 타당한 방법을 찾는다

목표를 향해 힘차게 나아간다

무한한 인내심으로 타인을 격려할 줄 안다

문장력이 탁월하다

문제 해결 능력이 뛰어나다

물건을 살 때 흥정을 잘한다

반복되는 일을 어려워하지 않는다

배울 기회만 있으면 어디든 찾아간다

보고 경험한 것에 대한 묘사력이 뛰어나다

봉사 정신이 투철하다

분석적이다

불분명한 것을 그냥 지나치지 않는다

불의에 대항하여 기꺼이 싸운다

붙임성이 있다

비조직화된 것을 조직화하는 능력이 있다

비합리적인 것을 고치려고 노력한다

사건의 전후 관계를 파악하는
능력이 뛰어나다

사람들에 대한 선입견이 없다

사람들을 고무시킨다

사람들을 반가이 맞이한다

사람들의 기분을 정확히 간파한다

사람들이 자신의 이야기를 꺼내도록
만드는 재주가 있다

사람들이 침체될 때 분위기를 잘 띄운다

사람의 이름과 얼굴을 잘 기억한다

사려 깊다

사소한 것에서도 무언가 새로운 것을
발견할 줄 안다

삶에 대한 열정을 타인에게 전염시킨다

삶을 즐길 줄 안다

삶의 목적이 뚜렷하다

삶이 균형 잡혀 있다

상대방에 대한 배려가 뛰어나다

상대방이 어떤 이야기도 할 수 있을 정도로
수용적이다

상대방의 눈높이에 맞춰 대해 준다

상대방의 감정을 금방 알아채고
그에 맞게 반응할 줄 안다

상상을 구체적인 물건으로 만들어 내는
능력이 있다

상식이 풍부하다

새로운 환경에 쉽게 적응한다

서로 이해가 상충될 때
모두 만족하는 방법을 찾아낸다

서정적이다

섬세하다

세상의 평가에 기죽지 않는다

소박하다

소소한 것을 잘 기억한다

소중한 것을 위해 돈을 아끼지 않는다

손재주가 좋다

솔직하다

수완이 좋다

순발력이 있다

순수해서 어린아이와도 잘 놀아 준다

신체적으로 강인해서 힘쓰는 일을 잘한다

실제적이다

심오하다

아름다움을 느끼고 표현할 줄 안다

아무리 큰 시련이 닥쳐도 당황하지 않고
평정심을 유지한다

애교가 많다

양심적이다

어느 누구와도 친근하게 이야기를
나눌 정도로 사교성이 좋다

어떠한 상황에서도 밝고 쾌활해서
타인들에게 평안함을 준다

어떠한 현상과 이론에 대한 이해력이 빠르다

어떤 사물이나 대상에 대한 관찰력이 뛰어나다

어떤 일도 자발적으로 임한다

어려운 개념도 쉽게 설명하는 재주가 있다

언제나 기꺼이 도움을 주려 한다

연약한 자를 보호하려 애쓴다

열심히 노력하면 좋은 일이
꼭 일어날 것을 믿는다

예견력이 뛰어나다

옳고 그름에 대한 분별력이 정확하다

외국인들에게 거리낌 없이 잘 다가간다

요리를 잘 해서 타인들을 잘 섬긴다

운동 신경이 좋아서 못하는 스포츠가 없다

위기의 순간에 기지를 발휘해서
문제를 척척 해결한다

윗사람을 대할 때 무례하지 않고 예의 바르다

유머 감각이 있다

유행을 앞서 간다

윤곽을 빨리 파악한다

응용력이 뛰어나다

의로운 분노를 지니고 있다

의지가 강하다

의협심이 강하다

이해관계에 의해서가 아닌,
상대방 자체를 보려고 노력한다

인상이 좋아서
다른 사람들에게 편안함을 준다

일관성이 있다

일단 시작한 일은 끝을 본다

일을 맡기면 상황을 정확히 분석하여
신속하게 처리한다

일을 할 때 사적인 감정을 조절할 줄 안다

입이 무거워서 비밀을 잘 지킨다

자기 내면의 소리를 민감하게 파악한다

자기 주관이 분명하다

자기의 생각을 조리 있게 표현할 줄 안다

자료를 시각화하는 능력이 뛰어나다

자료를 잘 정리한다

자상하다

자신감이 있다

자신과 다른 상대의 의견을 존중하려 노력한다

자신도 모르는 타인의 강점을 알아본다

자신에게 불이익이 돌아오더라도
약속을 반드시 지킨다

자신에게 소중한 것을
기꺼이 타인에게 물려준다

자신에게 잘못한 사람에게

잘못을 만회할 기회를 준다

자신에게 주어진 시간에 의미를 부여하고
최선을 다하려고 노력한다

자신을 낮출 줄 알며 자만하지 않는다

자신을 잘 가꾸고 꾸밀 줄 안다

자신의 감정을 잘 다스린다

자신의 문제를 기꺼이 타인에게 알리고
조언을 구한다

자신의 미래를 구체화시키는 능력이 있다

자신의 일에 몸과 마음을 다 바쳐
헌신적으로 임한다

자신의 잘못을 고치는 데 적극적이다

자신의 잘못을 변명하지 않는다

자신의 재능과 능력을 개발하려 애쓴다

자신의 한계를 넘어서기 위해 늘 도전한다

자신이 책임져야 할 대상은 끝까지 책임진다

자연을 소중히 여기고 보호한다

작은 것에도 감사할 줄 안다

잔정이 많다

재치 있는 말과 행동으로 분위기를
즐겁게 만든다

정리정돈을 잘한다

정보를 객관적이고 이성적으로 분별할 줄 안다

정보를 찾아내는 능력이 뛰어나다

정의롭다

정중하다

정직하다

정확하고 철저해서 웬만하면 실수하지 않는다

조심성이 있다

조언을 구하러 오는 사람이 많다

주변 사람과 깊은 관계를 맺으려고 노력한다

지적인 호기심이 많다

직관력이 탁월하다

진취적이다

집중력이 뛰어나다

책임감이 강하다

청결하다

추리력이 뛰어나다

충성스럽다

침착하다

카리스마가 있다

타인과 소통하기 위해 노력한다

타인과 일을 할 때 기꺼이 협력한다

타인에게 신뢰감을 준다

타인을 볼 때 항상 긍정적인 면을
먼저 본다

타인을 향한 긍휼한 마음이 가득하다

타인의 가능성을 본다

타인의 관심과 사랑에 감사를 잘 표현한다

타인의 긍정적인 면을 잘 찾아내어
칭찬한다

타인의 말을 경청할 줄 안다

타인의 비언어적인 표현을 잘 파악한다

타인의 사랑을 자연스레 받아들일 줄 안다

타인의 의견과 말에
적극적으로 호응하고 반응한다

타인의 필요를 정확히 파악하는
능력이 있다

타인이 상상하지 못하는 것들을 상상한다

특별한 날에 마음이 담긴 선물을 잘한다

판단력이 뛰어나다

평화롭다

포용력이 있다

풀리지 않는 문제를 치밀하게 물고
늘어지는 근성이 있다

필요한 곳에 늘 있다

한결같다

함께 있는 것만으로도 위로가 된다

합리적인 해결책을 모색한다

헌신적이다

현상을 파악하여 언어로 전달하는
능력이 뛰어나다

현실을 정확하게 인식하여 합리적으로
결정을 내린다

환경에 압도당하지 않고
극복하려고 노력한다

활기 넘치고 정열적이다

CHAPTER
14

네 번째 나침반, 공동체와 리더

●

하나님의 놀라운 계획 속에서 태어난 우리는 삶의 진정한 의미를 찾고 싶어 한다. 무의미한 삶을 거부한다. 그래서 세상은 우리를 공격한다. 안타깝게도 이 공격에 많은 사람이 쓰러지며, 자신의 정체성과 삶의 목표를 잃어버리고 만다.

세상은 우리를 지속적으로 공격한다. 사회 전반에 걸쳐서 광범위하게 소나기처럼 공격을 가한다. 세상이 공격하는 방식은 크게 네 가지다.

첫 번째는 거짓말이다. 세상은 우리의 의식에 거짓말을 심어 놓는다. 그중 대표적인 말이 "너는 쓸모없는 존재야"라는 것이다. 세상은 우리가 가치 없고 소중하지 않은 존재라며 반복해서 거짓말한다. 이 말을 마음에 받아들이는 사람은 자신을 멸시하며 자아 존중감을 잃어버리게 된다.

두 번째는 7장에서 살핀 것처럼 자신을 사랑하고 존중하지 못하게 만드는 것이다. 우리가 마음의 힘을 잃는 것도 그 때문이다.

세 번째는 다양한 자극으로 우리를 유혹하여 자기 학대에 빠뜨리는 것이다. 이러한 자기 학대에 빠지면 현재와 미래의 자신에게 치명적인 고통을 주게 된다. 자기 학대는 우리를 하나님의 사람으로 준비되지 못하게 만든다.

네 번째는 혼란을 통한 무질서다. 잘못을 저지르지 않았는데도 문제가 생기는 것이다. 우리는 오염된 환경과 그릇된 먹거리 때문에 병을 앓고, 어릴 적부터 폭력에 노출된다. 그리하여 마음과 몸에 장애를 안고 살아간다.

이러한 세상의 공격은 우리의 진정한 정체성과 삶의 목적을 잃게 하고, 우리를 향한 하나님의 계획과는 무관한 삶을 선택하게 만든다. 이 공격을 피할 수 있는 사람은 없다. 모든 사람이 이 공격에 위협받고 있다.

하지만 감사하게도 이 공격을 막아 낼 수 있는 하나님의 선물이 있다. 바로 공동체다. 세상의 강력한 공격을 방어할 수 있는 하나님의 선물이 공동체라고 말할 때면, 많은 청년이 웃음을 터트린다. 하나님의 선물이 너무도 뜻밖의 것이기 때문이다. 곁에 있는 형제자매는 나보다 별로 잘나 보이지도, 신앙적으로나 지적으로도 그리 대단해 보이지 않는다. 마음과 몸을 잘 관리하지 못해서 힘들어할 때가 나보다 더 많다. 그런데 이런 사람들이 세상의 공격을 막아 낼 하나님의 선물이라니!

실제로 우리는 공동체를 별로 대수롭지 않게 여긴다. 오히려 힘겹고 피곤하고 골치 아픈 문제만 가져다주는 대상으로 여긴다. 신앙생활의 많은 문제가 공동체에서 생겨나며, 그것 때문에 힘과 에너지가 소진되기 때문이다. 공동체에서 도움을 받은 것보다 잃어버린 것이 더 많다고 생각하고, 그래서 공동체를 떠나거나 아무도 모르는 곳에 가서 조용히 신앙생활을 하려는 사람들도 있다. 그러나 이런 모든 문제가 있음에도 부인할 수 없는 진리가 있다. 공동체는 하나님이 우리에게 주신 선물이라는 것이다. 예수님을 닮아 가는 과정에 있는 미성숙한 사람들은 서로 아픔과 상처를 주지만, 이는 우리가 공동체 안에 있다는 증거이기도 하다.

공동체에서 말씀을 선포하고 함께 묵상할 때 우리 마음속에 있는 거짓말이 드러나고 제거된다. 만남을 통해 사랑과 존중을 연습하게 되며 깊은 연합을 경험한다. 혼자 있을 때는 죄에 가까운 자기 학대가 튀어나오지만, 공동체 안에서 이런 마음을 다스리는 훈련을 해 나갈 수 있다. 세상의 혼란과 무질서가 가져온 고난을 공동체 지체들의 도움으로 충분히 이겨 낼 수 있다.

또한 공동체는 소명을 발견하고 이루어 가는 여정에서도 필수적인 요소다. 아무리 소명이 명확하다고 해도 세상의 공격을 이길 수 있는 환경이 없으면 그것을 감당할 수 없다. 분명히 공동체는 불편하고 힘든 곳이지만, 세상의 공격을 함께 이겨 내며 우리를 향한 하나님의 뜻을 발견해 가는 데 최적의 장소이기도 하다. 이번 장에서는 공동체가 소명을 찾아 나서는 여정에서 구체적으로 어떤 역할을 하는지 살펴보겠다.

소명과 공동체

세상의 공격에서 우리를 지켜 주는 공동체의 기능은 소명을 찾아 나서는 여정에서도 매우 중요하다. 구체적으로 살펴보면, 공동체는 소명의 여정에서 적어도 다섯 가지의 역할을 감당한다. 한 문장으로 요약하자면 다음과 같다.

> 공동체는 우리에게 마음의 힘이 생기도록 지원해 주고, 은사를 발견하는 데 도움을 주며, 간접적으로 사회를 경험할 수 있게 해주고, 다양한 정보와 지원을 제공하며, 선택에 필요한 분별력을 길러 준다.

첫 번째, 공동체는 마음의 힘을 준다. 교회 공동체는 하나님의 사랑과 존중이 구체적으로 실현되는 곳이다. 하나님의 사랑을 받은 이들이 그분을 닮기 위해 서로 사랑하고 존중하는 곳이다. 지체 사이의 깊은 친밀감은 서로에게 마음의 힘을 제공한다.

친밀감은 같은 시간과 공간에 있다고 해서 무조건 생기는 것이 아니다. 친밀감이란 상대를 향한 헌신을 통해 생긴다. 이를 잘 보여 주는 성경 본문이 창세기 2장이다. 이 본문은 남녀가 결혼 제도에서 어떤 친밀감을 누릴 수 있는지 보여 준다(23-25절). 또한 친밀감의 내용에 대해서도 잘 보여 준다.

친밀감은 먼저 동질감을 통해 생긴다. 함께 책임지며 무조건적으로 수용하는 태도가 있어야 친밀감이 생긴다. 깊은 친밀감을 누리며 마음의 힘을 얻는 관계를 나무에 비유해 보자. 사람들은 저마다 관계 생태계를 이룬다. 누군가는 깊은 친밀감을 누리는 건강하고 튼튼한 나무이고, 누군가는 나무가 아예 없거나 한 그루뿐이다. 나무가 많아야 가뭄과 홍수를 잘 극복하듯 관계 생태계에서도 깊은 친밀감을 누리는 좋은 관계가 많아야 세상이 주는 부정적인 소리를 이겨 낼 수 있다. 마음속 이야기를 나누며 동질감을 느끼게 해주고 수용해 주는 사람들이 주변에 없다면, 이는 소명을 찾는 여정에서 가장 먼저 해결해야 할 문제다.

두 번째, 공동체는 개인의 은사를 분별할 수 있는 장이 되어 준다. 누군가가 자신의 은사를 인식하고 있다면, 그것은 심리검사 같은 것이 아니라 공동체와의 아름다운 추억을 통해 얻은 것이라고 앞서 나누었다. 아름다운 추억이란 격려와 칭찬을 받은 따뜻한 기억들을 말한다.

교회에서는 소그룹이나 다양한 봉사 활동을 통해 서로의 모습을 다른 사람에게 전달한다. 그러다가 나도 몰랐던 내 모습이 공동체 사람들에게 좋은 영향을 미칠 때가 있다. 사람들은 나의 어떤 모습이나 특성 덕분에 도움과 격려를 받고 기쁨을 얻었다고 이야기해 준다. 처음에는 예의상 하는 말일 거라 여기지만, 공동체 안에서 동일한 이야기를 반복해서 듣는다면 생각이 조금씩 달라진다. 나의 어떤 모습이 다른 사람을 돕는 은사가 된다는 것을 깨닫고, 공동체 안에서의 아름다운 만남과 기억이 누적되면서 은사를 발견하는 것이다.

자신의 은사를 못 찾겠다며 안타까워하는 청년들을 종종 만난다. 흥미로운 것은 그들 대부분 아름다운 기억을 만들 공동체에 속하지 않았다는 사실이다. 물론 그들은 공동체에 몸담고 있다. 그들은 가족과 친구, 교회와 학교 등의 공동체에 속해 있다. 하지만 자신을 주의 깊게 살피고 기쁨과 격려를 표현해 주는 공동체는 없다. 아무리 많은 은사가 있어도 그것이 다른 사람에게 좋은 영향을 주고 있다고 누군가 말해 주지 않는다면 그것을 은사로 인식하기란 절대로 쉽지 않다.

소명 세미나를 할 때면 나는 참석자들에게 불편한 숙제를 내준다. 학교나 교회 친구들에게 몇 가지 질문을 하고 답을 적어 오게 하는 것이다. 예를 들면 이렇다.

"저와의 아름다운 추억이 있다면 어떤 것이 있습니까? 제게 도움을 받은 적이 있다면 어떤 것이었습니까? 제게 어떤 직업이 어울릴 거라고 생각하십니까?"

이 숙제에 대한 반응은 제각각이다. 친구들의 답변을 기대하며 설레어하는 사람도 있고, 염려하며 시무룩해하는 사람도 있다.

유독 이 숙제를 걱정하던 자매가 있었다. 자매는 자신의 담당 교역자와 동기들, 소그룹 멤버들이 제대로 대답해 주지 않을 거라고 굳게 믿고 있었다. 그리고 드디어 숙제를 마감해야 하는 주간이 되었다. 자매는 예상대로 자신의 질문에 응답해 준 사람이 별로 없었다고 투덜댔다. 오늘까지 숙제를 제출해 가야 하니 생각나는 대로 보내 달라며 열다섯 명에게 문자를 보냈는데 한 명에게만 응답이 온 것이었다. 말은 하지 않았지만, 자매는 크게 실망한 표정이었다. 교회 공동체 안에서 자신의 존재감이 이 정도인가 싶어 쓸쓸했던 모양이다.

그런데 교육이 시작되고 얼마 지나지 않아 계속해서 문자가 들어오기 시작했다. 다들 어떻게 답을 해야 할지 생각하느라 늦었다는 말과 함께, 자매의 질문에 관해 길거나 짧은 답변을 보내 왔다. 그들의 답변을 보면서 자매는 자신이 다른 이들에게 어떤 영향을 끼치고 있었는지를 보게 되었다. 예상한 것도 있었고, 미처 생각하지 못한 부분도 있었다. 격식과 체면을 중시하는 유교 문화권에 속한 우리나라는 격려와 칭찬에 인색하다. 일상생활에서 칭찬을 잘하지 못할 뿐만 아니라, 할 기회도 별로 없다. 그러므로 적극적으로 자신을 칭찬할 기회를 상대방에게 주기 위해서라도, 평소 자신의 모습이 어떤지 묻는 것이 좋다.

자신에게는 공동체의 칭찬과 격려를 받을 만한 점이 없어서 공동체가 칭찬해 주지 않는다고 생각하는 청년들이 간혹 있다. 그러나 이는 잘못된 생각이다. 칭찬은 받는 사람이 아니라 하는 사람에 의해 나오는 것이다. 누군가 엄청나게 대단한 일을 했어도 칭찬하는 사람이 없으면 그만이다. 하지만 결과는 많이 아쉬워도 그 속에서 아름다움과 가능성을 찾으려는 의지를 가진 사람이 있으면 칭찬이 나오게 된다. 칭찬이 나오지 않는 것은 나의 부족함 때문도 있지만, 칭찬하겠다는 의지를 가진 사람이 주변에 없기 때문이다.

그렇다면 격려와 칭찬에 인색한 공동체에 속한 사람은 어떻게 해야 할까? 먼저 다른 사람에게 칭찬해 달라고 부탁해야 한다. 간곡한 부탁에는 사람을 움직이는 강력한 힘이 있다. 지금 나의 은사를 발견해 가는 과정이니, 그동안 옆에서 지켜보며 느낀 장점과 강점을 말해 달라고 부탁하라. 의외로 기다렸다는 듯이 칭찬해 주는 사람들이 많을 것이다. 그런데도 칭찬해 주는 사람이 없다면(그럴 일은 거의 없으리라 믿지만), 그 공동체 사람들이 칭찬하는 법을 아예 모르거나 당신이 그 교회에서 밉상이 된 것이리라.

자기 자신을 격려할 수도 있다. 쑥스럽지만 효과적인 방법이다. 자신을 격려할 줄 모르는 사람은 남이 해주는 격려를 받아들이지 못한다. 자기 자신에게조차 격려받아 본 적이 없으니, 다른 사람의 격려 앞에서 표정이 어두워지고 거북할 수밖에 없다. 이런 모습을 본 사람들은 당신이 격려를 싫어한다고 생각해서, 다음부터는 격려를 하지 않을 것이다.

다른 사람을 먼저 격려하고 칭찬하는 것도 좋은 방법이다. 사람에 대한 감격이 없는 분위기의 공동체라면, 격려가 얼마나 좋은 것인지 서로 경험해야 한다. 교회 공동체가 동창 모임만도 못할 정도로 서로 무관심하거나 거친 관계에 있을 수도 있다. 그렇다면 누군가 공동체의 분위기를 격려와 지지로 바꾸려는 시도를 해야 한다.

세 번째, 공동체는 사회에 대한 간접경험을 제공한다. 현대는 탈권위주의 시대다. 사람들은 인생의 선배나 리더를 불편해하고, 그들이 자신을 통제하지 못하도록 권위에 대한 강한 거부감을 드러낸다. 잘못된 권위에는 저항해야 하지만, 영적 리더와 선배는 반드시 가까이 모시며 만나야 할 사람들이다. 리더와 선배가 있으면 실수를 줄일 수 있다. 우리보다 앞서 인생을 살았고 나름대로의 통찰력이 있는 이들이기에, 삶과 사람을 더 넓고 깊게 바라볼 것이다. 그들을 통해 내가 미처 깨닫지 못한 나의 문제와 실수의 원인을 찾을 수도 있다. 어떻게 준비하고 개선해야 불필요한 실수를 없앨 수 있는지 조언을 받을 수도 있다. 아예 처음부터 실수가 생겨나지 않도록 미연에 방지할 수도 있다. 그러니 불편하고 아프더라도, 리더가 하는 말을 주의 깊게 듣고 수용하는 것이 좋다.

공동체는 리더뿐 아니라 구성원들과도 함께 지내면서 우리의 연약함을 간접적으로 경험하는 곳이다. 그래야 우리의 모습을 정확히 알 수 있다. 공동체에서 문제가 되는 것은 분명 사회에서도 문제가 된다. 무언가를 하고 싶다면 주변 사람들에게 의견을 구하라. 그들의 반응이 곧 사회의 반응일 것이다. 물론 이때는 공동체 안에 각자의 모습을 충분히 잘 드러내야 한다는 전제 조건이 있다. 공동체 안에서 좋은 모습을 보여 준다면, 사회에도 그러할 것이다. 물론 그 반대도 성립된다. 공동체에서 안 좋은 모습을 보여 준 사람은 사회에서도 동일한 모습을 보여 준다. 때와 장소만 바뀔 뿐 사람은 그대로이기 때문이다.

사회와 달리 공동체 안에서는 다른 사람이 내 모습을 다각도로 바라볼 여지가 많다. 그래서 내 실체가 적나라하게 드러날 수도 있다. 사회에서는 내 모습을 어느 정도 숨길 수 있다(물론 오랜 시간이 흐르면 사회에서도 내 자신의 진면목이 드러나겠지만). 그래서 우리는 공동체 가운데 드러난 자신의 모습과 정직하게 대면하고, 더욱 성숙해지기 위한 훈련을 해야 한다. 가까이에 있는 공동체 사람들에게도 감동을 주지 못하는데 어떻게 낯선 곳에서 함께 일할 사람들에게 감동을 줄 수 있겠는가.

따라서 자신이 하려는 직업을 놓고 공동체 사람들에게 조언을 구하는 것은 좋은 방법이다. 누구보다 더 오랜 시간을 함께 보낸 이들이기에, 내가 하려는 일이 적합한지 유익한 조언을 해줄 수 있다.

네 번째, 공동체는 직업에 관한 실제적인 정보를 제공한다. 교회에는 다양한 직업을 가진 믿음의 선배들이 있다. 나의 관심 분야와 직업에 관한 정보를 그들에게서 얻을 수 있다. 물론 내가 관심을 두는 분야의 일을 하는 사람이 있다면 금상첨화겠지만, 그렇지 않더라도 많은 정보를 얻을 수 있다. 사회생활을 하는 믿음의 선배들은 다른 직업에 대해서도 인터넷에서 만날 수 없는 실제적인 정보를 많이 알고 있다. 그들은 친구들이나 거래처, 직장 동료들의 경험을 통해 다양한 정보를 많이 안다. 또한 직업은 분야가 달라도 돈이 굴러가는 시장 속의 일이기에 그 구조가 거의 유사하다. 그래서 우리는 그들을 통해 많은 정보를 얻을 수 있다.

다섯 번째, 공동체는 선택에 필요한 분별력을 길러 준다. 신앙 공동체는 하나님이 말씀하시는 곳이다. 하나님은 개인에게도 말씀하시지만 공동체에도 말씀하신다. 그래서 자신의 선택을 공동체의 지체들과 리더들에게 상의하는 것도 필요하다. 아무리 확신이 있어도 공동체가 걱정하고 반대하면 잠시 멈춰야 한다. 영적인 선배와 리더들에게는 당신이 알지 못하는 더 넓은 관점이 있으며, 당신이 모르는 위험을 감지할 수도 있다. 이럴 때는 개인의 선택이 공동체 안에 기쁨이 되도록 함께 기도하고 설명하고 대화하는 일을 멈춰서는 안 된다.

이처럼 공동체는 소명을 발견하고 소명을 이루어 가는 중요한 장이다. 개인주의는 자신의 세계를 다른 사람이 침범하지 못하도록 경계하는 것이다. 개인주의자들은 공동체를 향해서도 보이지 않는 선과 벽을 만들어 개인주의를 지켜 낸다. 그러나 공동체는 우리가 상상하는 것 이상으로 값진 하나님의 선물이다. 처음의 어색함과 불편함을 참고 기꺼이 공동체 지체들을 내 삶에 초대해 꿈을 공유하고 함께 고민하며 도움을 받는 훈련을 해야 한다.

두 발로 태어난 사람이 어느 순간 한쪽 다리만 사용한다고 생각해 보자. 처음부터 다리가 하나였다면 몰라도, 두 다리 중 한쪽만 사용하는 것은 문제가 있는 것이다. 그럴 때는 두 다리를 사용하도록 재활치료를 해 주어야 한다. 공동체는 우리의 다리다. 내가 한쪽 다리라면 공동체는 오랫동안 사용하지 않은 반대쪽 다리다. 불편하다고 계속 한쪽 다리로만 걷는다면, 삶은 그만큼 더 불편해질 것이다. 그래서 공동체라는 다리가 익숙해지는 훈련을 멈춰서는 안 된다.

05

일할 장을 어떻게 찾을 것인가?

●
신앙과 현실 사이에서 갈등하는 청춘을 위한 '소명고민백서'
소명에 답하다

CHAPTER
15

소명선언문을 쓰다

●

 소명을 찾아가는 여정은 네 가지 요소와의 깊은 관계를 통해 이루어진다는 것을 앞에서 살펴보았다. 그렇다면 이제 무엇을 해야 할까? 네 가지 요소를 더 깊이 알아 가고 확신할 때까지 기다려야 할까? 목표가 확실해지면 그때 선택을 해야 할까? 일단, 우리는 네 가지 요소와 더 깊은 관계를 맺고 알아 가야 한다. 하지만 직업 선택은 지금 해야 한다. 아직 확실하지 않더라도, 할 수 있는 최선에서 목표를 정해야 한다.

 확실하지 않아도 할 수 있는 선에서 미리 직업을 선택해야 하는 이유는 무엇인가? 청년 시절에는 인식의 폭이 아직 좁다. 그래서 이 시기에 자신에게 맞는 일을 확실하고 완벽하게 찾아내기란 쉽지 않다. 청년 시절은 하나님의 말씀과 세상에 대한 인식, 자신에 대한 탐구를 하는 시기이지, 완성하는 단계가 아니다. 그래서 청년 시절에는 마음을 흡족케 할 것을 찾기가 어렵다.

오히려 청년 시기에 비전을 찾았다는 사람들이 더 위험할 수 있다. 자신과 세상에 대해 충분히 알지 못하고 있음에도 확실하다고 믿는 것은 실제와는 다른 감정적 느낌에서 온 것일 경우가 많다.

그러나 확실하지 않아도 지금 최선을 다해 결정해야 한다. 내가 만나는 청년들 중에는 소명 상담을 통해 자신의 사명을 충분히 발견할 때까지 아무런 선택을 하지 않겠다는 이들이 종종 있다. 하지만 이런 경우는 선택이 두려워서 미루는 것과 같다. 어떤 하나를 선택하는 순간, 더 좋은 다른 가능성을 잃게 될까 봐 선택하지 않는 것뿐이다.

확실하지 않아도 일단 최선의 목표를 설정하면 오히려 많은 것을 얻을 수 있다. 불확실하지만 방향을 잡으면, 고쳐 나갈 수 있는 근거나마 마련하는 것이다. 그러나 선택하지 않으면 모든 고민은 늘 원점에서 시작된다. 가능성만 반복해서 살피기 때문에 고민의 내용은 발전하지 않고 정서적 소진만 일어난다. 이런 가운데 소명을 찾아 나서는 여정의 네 가지 요소를 깊이 탐색하는 것은 불가능하다.

지금 상황에서 어떤 직업을 선택할지 정하면 소명을 찾아 나서는 여정의 네 가지 요소를 더 깊이 인식하고, 그 결과 자신에게 어울리는 일과 역할을 찾는 데 도움이 된다. 다음의 그림이 그 이유를 설명해 준다.

그림에서 A는 직장인들에게 자기 계발을 가르치는 강사라는 직업이다. B는 학교에서 중고등부를 가르치는 교사라는 직업이다. 이 중에서 나에게 맞는 직업은 A다. 두 선은 말씀과 세상과 나를 바라보는 내 관점의 범위다.

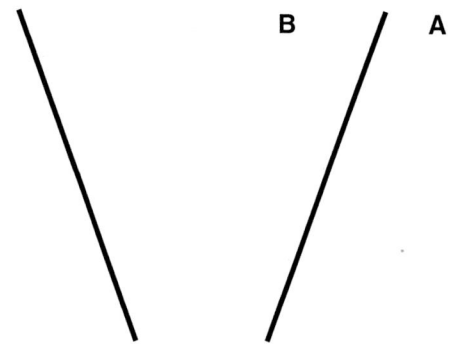

말씀과 세상, 나를 바라보는 내 자신의 관점

그런데 내 좁은 관점으로는 아직 A가 보이지 않는다. 그렇다면 A가 확실하게 보일 때까지 목표 설정을 보류해야 할까? 그래서는 안 된다. 일단 내가 아는 가르치는 직업 중에서 근사치인 B를 목표로 삼는다. 물론 B를 선택하기에는 뭔가 석연치 않다. 가르치는 일에 관심은 많지만 교사가 되고 싶지는 않다. 그러나 일단 내가 알고 있는 인식의 범위에서는 가르치는 직업으로 분류할 수 있는 것이 교사뿐이니, 교사를 목표로 삼는다. 그리고 그 방향으로 달려간다.

이렇게 목표를 잡고 달려가면, 소명을 찾아 나서는 여정의 네 가지 요소인 말씀과 세상, 은사, 공동체를 깊이 만날 수 있다. 예전 같으면 그리 집중하지 않았을 가르침에 관한 성경 말씀들에 더 관심이 가고, 말씀을 통해 가르치는 일의 소중함이 눈에 들어 올 것이다. 스쳐 지나가는 텔레비전 프로그램에서도 가르친다는 말이 나오면 한 번 더 보게 된다. 그리고 자신의 은사 중에서 가르치는 데 유용한 것은 무엇인지 생각하게 된다. 공동체 사람들도 내 목표에 대해 조언과 정보, 권면을 더 많이 해준다.

이렇게 확실하지는 않아도 목표를 설정하고 준비할 때, 이전보다 더 인식의 폭이 넓어진다. 인식은 지향점이 있다. 무엇을 생각하고 어디로 향하느냐에 따라 그것에 관련된 정보를 더 빨리 습득할 수 있다.

마음에 썩 들지 않는 목표라도 일단 정하고 나면, 소명을 찾아가는 여정의 네 가지 요소를 깊이 만나고 이해하는 데 큰 도움을 준다. 목표를 정한다는 것은 마치 마음속에 그물을 치는 것과 같다. 이전에는 무심코 지나쳐 버린 다양한 정보나 이해 또는 통찰력들이 마음속 그물에 걸려들기 때문이다.

이런 과정을 통해서 인식의 폭이 넓어지면, 그때 A가 보인다. 대부분 사람이 처음부터 A를 발견하고 직선으로 걸어가는 것은 아니다. A에 가장 가까운 B를 정하고 준비하다 보니 어느 순간 A가 보이기 시작하는 것이다. 그래서 대부분 자신의 소명을 정확하게 인식하기까지 곡선을 형성한다. 일단은 임시적인 목표를 향해서 가다가 더 확실한 목표가 보이면, 그때 방향을 변경하게 된다.

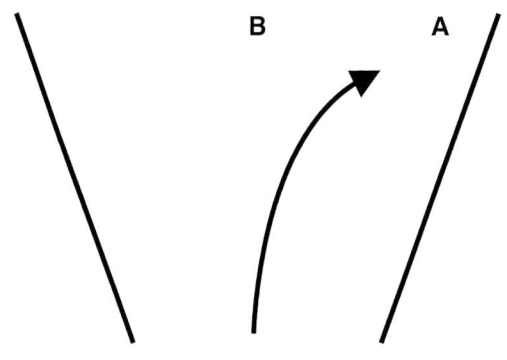

말씀과 세상, 나를 바라보는 내 자신의 관점

한편, A를 쉽사리 만나지 못할 수도 있다. 그러나 확실하지 않은 목표라도 있으면, 눈길을 잡아끄는 것들 앞에서 마음을 쉽게 추스를 수 있다. 이해를 돕기 위해 예를 들어 보겠다.

C는 '내가 선택한 직업' B와 '나와 맞는 직업' A와는 전혀 상관없는 직업이다. 어떤 사람은 아무런 목표 없이 지내다가 C를 만나기도 한다. 그러나 이는 임시 목표인 B가 없는 것보다 위험한 일이다. B가 없는 사람은 마음이 끌리는 대로 무작정 C를 향해 간다. 다행히 그 C가 나에게 딱 맞는 것이었다면 모르겠지만, 나의 길이 아님에도 끌린 것일 수도 있다. 그럴 때는 곧 C를 향한 열정이 식으면서 방황하게 된다. 그러나 만약 임시 목표인 B가 있다면, C와 비교할 수 있다. 비교하다 보면, B가 그리 마음에 안 들어도 결국에는 C보다는 낫다고 판단할 수 있다. 그래서 다시 B를 향해 가면서 A를 발견하게 된다. 임시 목표인 B가 없었더라면, 자신의 마음을 통제할 수 없어 이리저리 방황하며 계속 기웃대기만 했을 것이다.

대체로 청년들은 확신을 가져야 선택을 한다. 그러나 선택은 확실해지기 위해 하는 것이다. 그동안 하나님이 주신 말씀과 지금 자신이 경험한 세상의 인식, 나의 은사 그리고 공동체와의 만남을 통해서 일단 방향을 정하는 것이다. 확실하지 않아도 가장 근사치 목표를 정하고, 그것을 향해 열심히 달려가다 보면 지금보다 더 깊은 정보와 지식을 습득하게 되고, 그러면서 더 확실한 방향을 찾게 된다. 이를 위해서 다음의 소명선언문에 관한 글이 큰 도움을 줄 것이다.

수원에 있는 한 교회에서 청년들을 대상으로 소명 세미나를 인도한 적이 있다. 나는 세미나의 마지막에는 항상 소명선언문을 만들게 한다.

그러나 청년들은 특성상 숙제를 잘 해 오지 않는다. 그래서 강사인 내가 모두 검사하겠다는 강한 압력을 가하며 문장을 만들어 오게 했다.

그들 중에는 간호사가 되려는 자매가 있었다. 강사가 하도 성화를 부리니 그 자매도 못 이기는 척 문장을 만들어 왔다. 그런데 문장을 만들고 보니, 뭔가 자신의 삶에 나름의 방향이 생긴 것 같았다. 그러나 만족스럽지는 않았기 때문에 나중에 시간을 내어 더 정교하게 고치기로 했다. 그러다 이내 그것을 잊어버렸고, 얼마 후 자매는 간호사가 되었다.

어느 날 자매가 가고 싶어 하던 의학연구소에서 모집공고가 떴다. 오랜 경력자를 모집하는 것이었기에 경력이 많지 않은 그 자매는 별다른 기대 없이 지원했고, 그곳에서도 별 기대 없이 면접이나 보자고 했다. 면접관이 우스개 섞인 질문을 던졌다. "자매는 왜 사는 거죠?" 자매는 당황했다. 그때, 자매의 머릿속에 숙제로 대충 작성한 소명선언문이 떠올랐다. 그래서 그것을 외우듯 담담히 말했다. 자매의 말이 끝나자 면접장이 조용해졌다. 짧은 문장에 묵직한 인생의 가치관을 담아 말하니 다들 숙연해진 것이다. 그리고 자매는 예상과 달리 그곳에 합격했다. 그 후 자매는 내게 장문의 편지를 보내 왔다. 자매는 소명선언문이라는 숙제를 해 오라며 협박 아닌 협박을 해준 것이 감사하다며, 소명선언문을 작성할 필요성에 대해 이야기했다.

소명선언문은 아주 짧은 문장이다. 그러나 각자 삶의 가치가 담긴 무게가 있는 문장이며, 자신의 삶의 의미를 다른 사람들에게 효과적으로 전달할 수 있는 문장이다.

소명선언문

다음은 소명선언문의 기본 형식이다. D는 삶으로 하나님의 성품을 닮아가려는 나의 인격적인 모습을 표현한 것이다. E는 하나님의 성품을 구체적으로 표현하기 위한 직업의 한 분야다. F는 그 분야에서 어떤 전문성을 가질 것인가에 대한 것이다.

샘플

소명선언문

나 (이가을)은 하나님 나라를 위해

(D 사랑)하고, (D 섬기)고, (D 보살피)며 살 것인데,

이를 위해 (E 영상) 분야에서

(F 기획)하고 (F 촬영)하고 (F 편집)하는

전문성을 위해 기도와 헌신을 다하고 있습니다.

소명선언문에서 괄호에 들어갈 부분을 당신만의 소명으로 채워 보라. 그러나 이렇게 제시하면 많은 사람이 빈칸을 완성하지 못한다. 언어 철학자들은 언어가 생각의 그릇이라고 한다. 우리의 머릿속에는 수많은 생각이 늘 떠다닌다. 이 생각을 잘 표현할 수 있으려면, 언어라는 도구가 필요하다. 모든 사람은 각자 바라는 바가 있고, 이를 잘 표현하기 위해서는 어

휘력이 필요하다.

소명선언문의 빈칸을 잘 채울 수 있도록 D, E, F에 들어갈 만한 단어들을 제시해 두겠다. 각 단어를 보면서 마음에 드는 것에 체크를 하고, 각 빈칸에 맞게 최종적으로 선택해 보라.

D 단어집 – 인격적인 태도

다음 단어 중에서 당신의 삶에 나타나기 원하는 하나님의 성품과 관련된 단어를 세 개 선택하라.

ㄱ 가까이하다. 가능하다. 가다듬다. 가득 차다. 가르치다. 가볍게 하다. 가속화하다. 가슴을 울리다. 가열 차다. 가져다주다. 가치 있다. 각별하다. 각성시키다. 간소화하다. 간편하다. 갈구하다. 갈망하다. 감격하다. 감동시키다. 감사하다. 감소시키다. 감싸다. 강구하다. 강화하다. 갖추다. 개선하다. 개척하다. 갱생하다. 거듭나다. 걱정하다. 건립하다. 건전하다. 걸머지다. 검소하다. 격려하다. 격찬하다. 견고하다. 견디다. 견인하다. 견지하다. 결단하다. 결합시키다. 경건하다. 경배하다. 경애하다. 경외하다. 경이롭다. 경종을 울리다. 경청하다. 계몽하다. 계속하다. 계획하다. 고뇌하다. 고내하다. 고도화하다. 고생하다. 고안하다. 고수하다. 고양시키다. 공감하다. 공정하다. 관대하다. 교육시키다. 교훈하다. 구별되다. 구체화하다. 구현하다. 굳건히 하다. 권면하다. 권유하다. 귀속시키다. 규정하다. 균형을 잡다. 근면하다. 근절시키다. 기념하다. 깨끗하다. 끊임없다. 끌어안다 ㄴ 나누다. 내면화하다. 너그럽다. 노래하다. 녹이다. 논증하다. 놀다. 눈물짓다. 느끼다 ㄷ 다가가다. 다스리다. 다정하다. 단련하다. 단합하다. 달성하다. 담당하다. 대면하다. 대접하다. 대화하다. 덮어 주다. 데려오다. 도움되다. 독립시키다. 돌보다. 돌파하다. 동반하다. 동원하다. 동정하다. 되돌리다. 드리다. 들추어내다. 떠올리다. 똑바르다. 뜨겁다 ㅁ 마련하다. 마음을 쓰다. 마주보다. 말끔하다. 맞이하다. 매진하다. 열매를 맺다. 먹이다. 명심하다. 목숨을 걸다. 몰두하다. 물려주다. 뭉클하다. 미덥다. 믿다 ㅂ 바라다. 바라보다. 바로잡다. 반복하다. 반성하다. 받아들이다. 바치다. 발달시키다. 발산하다. 배려하다. 배우다. 벗어나다. 변화시키다. 변화되다. 보람되다. 보살피다. 보필하다. 보호하다. 본받다. 부각시키다. 부드럽다. 부지런하다. 부흥시키다. 북돋우다. 비분강개하다. 비상하다. 비추다. 비판하다. 뿌듯하다. 뿌리 뽑다 ㅅ 사랑하다. 사로잡다. 살리다. 살아가다. 상기시키다. 상담하다. 상상하다. 생각하다. 섬기다. 성숙시키다. 성실하다. 성원하다. 성장하다. 세우다. 소리내다. 소생하다. 소원하다. 소중하다. 소통하다. 수련하다. 수용하다. 수호하다. 순교하다. 순결하다. 순전하다. 순종하다. 순화시키다. 숭고하다. 숭엄하다. 습관화

하다. 승리하다. 승화하다. 시중들다. 신실하다. 심화시키다. 싸움하다. 씩씩하다 ㅇ 아끼다. 아름답다. 안식을 주다. 안전하다. 안정되다. 안타깝다. 앞당기다. 약속하다. 양성하다. 양육하다. 어루만지다. 어울리다. 역전하다. 연습하다. 열망하다. 열중하다. 영광스럽다. 영접하다. 영향을 주다. 열정을 가지다. 온전하다. 온화하다. 완결하다. 완성시키다. 용감하다. 용서하다. 움직이다. 웃기다. 은혜롭다. 이루다. 이웃이 되다. 이해하다. 인간답다. 인내하다. 인도하다. 인식시키다. 인자하다. 인정이 있다. 일깨우다. 일생을 바치다. 일으키다 ㅈ 자극하다. 자랑하다. 자립하다. 자연스럽다. 자원하다. 자유롭다. 자족하다. 장만하다. 재미나다. 재생시키다. 저지하다. 전개시키다. 전념하다. 전하다. 전진시키다. 점진하다. 접대하다. 정겹다. 정당하다. 정성스럽다. 정열적이다. 정정당당하다. 정직하다. 정중하다. 정화하다. 제거하다. 조성하다. 조화하다. 존속하다. 존중하다. 좇아가다. 주다. 주목하다. 주의하다. 주체적이다. 중요시하다. 즐겁다. 증가시키다. 지속시키다. 지원하다. 지지하다. 지켜보다. 직시하다. 직면하다. 진실하다. 진솔하다. 진전시키다. 진취적이다. 질서를 잡다. 집중하다. 짚고 넘어가다. 짜릿하다. 짠하다. 쫓아가다 ㅊ 차단하다. 차분하다. 착실하다. 착하다. 찬양하다. 창성하다. 찾다. 찾아오다. 청순하다. 청아하다. 초연하다. 초월하다. 초지일관하다. 추스르다. 추진하다. 춤추다. 치료하다. 치밀하다. 친밀하다. 친절하다. 침착하다. 칭송하다 ㅋ 캐내다. 키우다 ㅌ 탐구하다. 탐험하다. 태평하다. 터놓다. 통일시키다. 통쾌하다. 통합시키다. 투명하다 ㅍ 파고들다. 파송하다. 팽창하다. 편안하다. 평정되다. 포기하다. 포옹하다. 표현하다. 피어나다 ㅎ 하나 되다. 한가롭다. 한결같다. 합리적이다. 합법적이다. 합심하다. 행복하다. 허물없다. 허심탄회하다. 헌신하다. 혁명하다. 혁신하다. 현대화하다. 현명하다. 현숙하다. 현실화하다. 형상화하다. 형성하다. 호응하다. 화답하다. 화려하다. 화목하다. 화합하다. 화해하다. 확립하다. 확산하다. 확신하다. 확장하다. 확정하다. 환기시키다. 환호하다. 활기차다. 활성화하다. 활약하다. 황송하다. 회개하다. 회복하다. 후원하다. 훈련하다. 훌륭하다. 흥겹다. 흥미롭다. 흥분되다. 흩날리다. 희생하다. 힘쓰다

E 단어집 – 직업 분야

다음 단어 중에서 당신이 꿈꾸는 직업을 하나 선택하라.

ㄱ 가구디자이너. 가수. 가스공급관리. 가스제조기술자. 가전제품수리기사. 가축사육사. 가축인공수정사. 간병인. 간호사. 감정평가사. 건물제작자. 건축감리사. 건축사. 검사. 게임기획자. 게임프로그래머. 경기장아나운서. 경마기수. 경영컨설턴트. 경제분석가. 경찰관. 경호원. 고객상담원. 고분자화학연구원. 곤충연구원. 교수. 경매사. 공동주택관리소장. 공연기획자. 공예가. 공항검역관. 공항세관원. 관광여행기획자. 관광통역원. 그래픽디자이너. 광고기획자. 광통신연구원. 교구교재개발사. 교도관. 교육감. 교장. 구두디자이너. 국방과학연구원. 군인. 국제경제분석가. 국제회의기획자. 귀금속가공사. 금융기관감독관. 기관사. 기록보관원. 기상연구원. 기상캐스터. 기업인수합병가. 긴급대처요원 ㄴ 네일아티스트. 네트워크관리자. 노동연구원. 노무사.

놀이치료사 ㄷ 다이어트프로그래머, 대학교총장, 데이터베이스관리자, 데이터분석가, 도료제조원, 도서관관리자, 도시계획설계자, 독서치료사, 동물조련사, 동화작가, 디지털음성처리전문가 ㄹ 레크리에이션진행자 ㅁ 마술사, 만화가, 머천다이저, 멀티미디어기기개발자, 모델, 모형제작자, 목공사, 목사, 무기소재연구원, 무대감독, 무대디자이너, 무술감독, 무용수, 문화재감정사, 물리치료사, 물리학자, 뮤지컬배우, 미래학자, 미생물연구원, 미술감독, 미술품감정사, 미술치료사, 미용사 ㅂ 바텐더, 박물관관리자, 반도체연구원, 방송기술자, 방송리포터, 방송아나운서, 방송연출가, 번역가, 범죄분석가, 범죄심리분석관, 법무사, 벽지디자이너, 변리사, 변호사, 보석감정사, 보석디자이너, 보안시스템기술자, 보험중개인, 부동산중개인, 북디자이너, 분장사, 비서 ㅅ 사서, 사진사, 사회복지사, 사회자, 산후도우미, 상품기획자, 생체인식전문가, 생화학연구원, 생활체육지도자, 서예가, 서체디자이너, 석유기술자, 선교사, 선물거래중개인, 선원, 선물포장디자이너, 선박기관사, 섬유가공기술자, 성우, 성악가, 세무사, 소방관, 소품제작원, 쇼핑호스트, 수의사, 수족관다이버, 수중생물전문가, 수화통역사, 스킨아티스트, 스포츠사회학연구원, 시스템관리자, 시장조사분석가, 시추기술자, 식품분석연구원, 식품위생감시원, 신용평가관리사, 실내장식디자이너, 스포츠 심판, 스튜어디스 ㅇ 악기제작, 악단지휘자, 안경사, 안마사, 안전관리원, 애널리스트, 애니메이션 기획자, 애완동물미용사, 약사, 약학연구원, 언어치료사, 여론조사분석가, 역무원, 여행안내원, 역사학자, 연기자, 연극연출가, 열차기관사, 염료개발자, 영상감독, 영양사, 영화감독, 영화배급원, 유치원교사, 와인감별사, 외식업체매니저, 외환딜러, 운동감독, 운동선수스카우터, 운동선수트레이너, 운동처방시, 원예치료사, 원자력기술자, 웨딩플래너, 웹디자이너, 웹마스터, 웹엔지니어, 웹프로듀서, 위폐감정사, 위험평가사정관, 유적발굴자, 은행출납원, 음반기획자, 음반프로듀서, 음식메뉴개발자, 음식물모형제작자, 음악치료사, 응급구조사, 의료기기술자, 의사, 의상디자이너, 의약품제조자, 이미지컨설턴트, 인명구조원, 인적자원컨설턴트, 인테리어디자이너, 일러스트레이터, 임상심리사 ㅈ 자동차설계사, 자동화설비연구원, 자산관리사, 자재관리사, 작가, 작곡가, 작사가, 장난감모형제조원, 장학사, 장애인보조기구제작자, 재무설계사, 저작권관리원, 전시기획자, 정보보호컨설턴트, 제빵사, 제품디자이너, 조각가, 조경사, 종교단체종사자, 종이제품연구원, 주식시황투자전략가, 주식시황분석원, 중장비운전원, 교사, 증권분석가, 지리모형제작자, 지질기사, 직무분석가, 직업상담원, 직업연구원, 직업재활사, 직업훈련교사 ㅊ 창업컨설턴트, 채색원, 천문학연구원, 청소년지도사, 체육의학연구원, 초음파검사기사, 초콜릿공예가, 촬영장소섭외자, 출입국심사관, 출판물편집자, 측량사, 치과기공사, 치과의사 ㅋ 캐릭터디자이너, 캐스팅디렉터, 캘리그라퍼, 커리어코치, 커플매니저, 컴퓨터수리사, 컴퓨터프로그래머, 코디네이터, 콘티라이터, 클레이애니메이터 ㅌ 탐사기술자, 탑승수속사무원, 토목기술자, 토양관리연구원, 통계학연구원, 통역가, 특수교사, 특수분장사, 특허사무원 ㅍ 파티플래너, 판사, 펀드매니저, 페디큐어리스트, 편집디자이너, 평론가, 포장디자이너, 폰트디자이너, 푸드스타일리스트, 품질관리기술자, 프로운동선수, 플라이트마스터, 플로리스트 ㅎ 하우스매니저, 학원강사, 학예연구가, 한복연구가, 한의사, 한지제조원, 항공기정비사, 항공기조종사, 항공운항관리원, 항해사, 해설위원, 해양환경연구원, 핵연료연구원, 향료제조원, 홍보기획원, 화가, 화공기술자, 화약류관리원, 화장품개발연구원, 화재감식전문가, 화학분석연구원, 화훼연구원, 환경공학자, 환경컨설턴트, 회계사, 휴대전화벨소리제작자

F 단어집 – 전문성

다음 단어 중에서 당신이 계발하고 싶어 하며, E 단어집에서 고른 직업 분야에 요구되는 전문성을 나타내는 단어를 세 가지 선택하라.

ㄱ 가공한다. 가동한다. 가르친다. 가열한다. 각색한다. 간행한다. 감독한다. 감시한다. 감싸준다. 감정한다. 강의한다. 개념화한다. 개발한다. 개선한다. 개최한다. 개통한다. 갱신한다. 건의한다. 검색한다. 검수한다. 결합한다. 경고한다. 경작한다. 계량한다. 계산한다. 계약한다. 고르게 한다. 고정한다. 고착한다. 공급한다. 공시한다. 공연한다. 관람한다. 관리한다. 관장한다. 관찰한다. 교육한다. 교정한다. 교환한다. 구분한다. 구상한다. 구축한다. 구현한다. 굽는다. 권유한다. 권장한다. 규명한다. 그린다. 글을 쓴다. 기록한다. 기획한다. 깎는다 ㄴ 납품한다. 녹음한다. 녹인다. 논의한다. 놓는다. 늘린다 ㄷ 다듬는다. 다진다. 닦는다. 담는다. 답변한다. 답사한다. 대조한다. 대책을 강구한다. 대처한다. 대체한다. 대표한다. 대피시킨다. 대행한다. 도모한다. 도안한다. 독려한다. 돌려준다. 돌본다. 돕는다. 뒤집는다. 등급을 매긴다. 등록한다. 떼어 낸다 ㅁ 마련한다. 마무리한다. 만든다. 맞춘다. 매입한다. 메모한다. 모니터링한다. 모색한다. 모집한다. 묘사한다. 묶는다 ㅂ 반복한다. 반영한다. 반응시킨다. 받아쓴다. 발간한다. 발굴한다. 발급한다. 발송한다. 발표한다. 밝힌다. 방지한다. 배달한다. 배양한다. 배열한다. 배치한다. 배포한다. 변론한다. 변호한다. 변환한다. 보강한다. 보고한다. 보관한다. 보급한다. 보도한다. 보살핀다. 보수한다. 보조한다. 보존한다. 복구한다. 복제한다. 봉사한다. 부과한다. 부착한다. 분담시킨다. 분류한다. 분배한다. 분별한다. 분석한다. 분양한다. 분할한다. 분해한다. 붓는다. 붙인다. 비교한다. 비치한다. 빼낸다. 뽑는다 ㅅ 사용한다. 사육한다. 사후 관리한다. 산정한다. 산출한다. 살핀다. 삶는다. 삽입한다. 상담한다. 상상한다. 상영한다. 상의한다. 생산한다. 서비스한다. 섞는다. 선발한다. 선별한다. 선정한다. 설계한다. 설득한다. 설명한다. 설정한다. 설치한다. 섭외한다. 성형한다. 세워 준다. 소개한다. 소성한다. 손질한다. 수리한다. 수립한다. 수매한다. 수선한다. 수용한다. 수주한다. 수집한다. 수확한다. 숙달시킨다. 숙지한다. 순찰한다. 순환시킨다. 스케치한다. 시공한다. 시술한다. 시연한다. 시합한다. 시험한다. 신장시킨다. 실시한다. 실험한다. 심는다. 심사한다 ㅇ 안내한다. 알린다. 암기한다. 압력을 가한다. 억제한다. 연결시킨다. 연구한다. 연기한다. 연락한다. 연마한다. 연습시킨다. 연주한다. 오려 낸다. 요리한다. 요약한다. 요청한다. 운영한다. 운전한다. 운행한다. 원활하게 한다. 위임한다. 유도한다. 유지한다. 응대한다. 응용한다. 응원한다. 의논한다. 의뢰한다. 이끌어 준다. 이미지화한다. 익숙해지도록 돕는다. 인계한다. 인쇄한다. 인지시킨다. 인화한다. 입력한다. 입안한다. 입증한다. 입힌다. 잇는다 ㅈ 자른다. 자문한다. 작곡한다. 작동한다. 작성한다. 잡아당긴다. 장착한다. 재단한다. 재배한다. 재생한다. 저술한다. 저장한다. 적발한다. 적용한다. 전달한다. 전산화한다. 전시한다. 절충한다. 점검한다. 접목시킨다. 접착한다. 정리한다. 정립한다. 정비한다. 정신한다. 정상화한다. 정정한다. 정지시킨다. 정형한다. 정화한다. 정확도를 높인다. 제거한다. 제공한다. 제시한다. 제어한다. 제작한다. 제재한다. 제조한다. 제출한다. 조각한

다. 조련한다. 조리한다. 조립한다. 조사한다. 조언한다. 조율한다. 조작한다. 조절한다. 조정한다. 조제한다. 조직한다. 조합한다. 조회한다. 주관한다. 주문한다. 주선한다. 주입한다. 주장한다. 주조한다. 중개한다. 중심을 잡는다. 즐겁게 한다. 증명한다. 증언한다. 증진시킨다. 지급한다. 지도한다. 지원한다. 지정한다. 지휘한다. 진단한다. 진열한다. 진정시킨다. 집계한다. 집행한다. 징수한다. ㅊ 참여한다. 창작한다. 찾아낸다. 채굴한다. 채용한다. 채운다. 채점한다. 채취한다. 책임진다. 처분한다. 청취한다. 체결한다. 촉구한다. 촉진한다. 총괄한다. 촬영한다. 최소화한다. 최적화한다. 추론한다. 추진한다. 추천한다. 축출한다. 출동한다. 출연한다. 출원한다. 출하한다. 춤춘다. 충전시킨다. 측정한다. 치료한다. 칠한다 ㅌ 탐지한다. 탑제한다. 통계화한다. 통제한다. 투입한다. 투하한다 ㅍ 파악한다. 판독한다. 판매한다. 판정한다. 편성한다. 편집한다. 편찬한다. 평가한다. 평론한다. 포장한다. 포착한다. 표시한다. 표출한다. 표현한다. 피로를 덜어 준다 ㅎ 하역한다. 함께 생활한다. 합성한다. 해결한다. 해석한다. 해체한다. 향상시킨다. 협의한다. 협조한다. 형성한다. 홍보한다. 화장한다. 확보한다. 확산한다. 확인한다. 환기시킨다. 활성화시킨다. 활용한다. 회수한다. 효율성을 높인다

각 단어집의 단어들을 보고, 당신에게 해당하는 것을 체크해 보았는가? 그렇다면 이제 당신의 소명선언문을 작성해 볼 차례다.

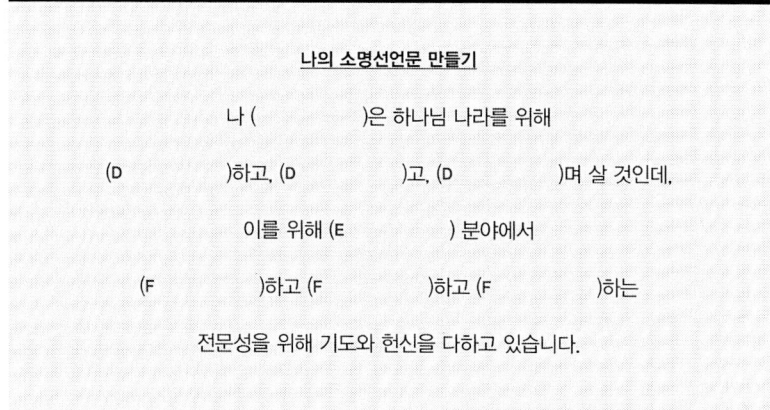

소명선언문 활용하기

많은 사람이 처음에는 자신의 소명선언문에 만족하지 못한다. 자신이 살고 싶어 하는 삶을 시원스레 다 표현하지 못한 것 같은 아쉬움 때문이다. 그래서 소명선언문은 계속 수정해 나가야 한다. 혹시 완성한 문장이 마음에 들고 좋더라도 마찬가지다. 우리는 계속 성장하며 변해가는 존재들이기에, 일정한 시기마다 문장을 계속 수정해야 한다. 그러다 보면 문장이 바뀌지 않는 때가 찾아온다. 오랜 시간 담금질을 통해 만든 마음의 고백이 완성된 것이다.

책을 읽다가 마음에 드는 단어나 표현이 있으면 따로 메모를 하라. 목사님의 설교를 듣거나 성경 공부를 할 때도 마음을 울리는 표현을 만나면 메모를 하라. 그리고 그것을 당신의 소명선언문에 반영하라. 처음에는 내가 제시한 기본 형태로 단순하게 만들다가, 점차 당신 마음의 고백이 담긴 문장으로 발전시켜 나가라. 이를 위해 일 년에 한 번, 또는 반년에 한 번씩 문장을 고쳐 가라. 특히 한 해를 마무리 하는 시점이나 새로운 학기가 시작되는 시점에 자신의 삶을 돌아보고, 앞으로의 삶을 하나님께 의탁하는 의미에서 문장을 만들어도 좋다. 그렇게 만들어진 소명선언문을 기도문으로 사용해 보라. 소명선언문을 한 번 천천히 읽어 보면, 대략 20초 정도 걸린다. 하루에 수십 번 집중하여 소명선언문을 천천히 읽는다면, 당신의 소명을 놓고 기도하는 데 큰 도움이 된다.

소명선언문의 내용이 정말 나의 삶인지 확실하지 않아 기도할 수 없다는 청년들도 있다. 물론 문장의 내용은 계속 바뀔 것이다. 그러나 문장

속에 담긴 '하나님께 쓰임 받고 싶은 중심'은 변하지 않는다. 그 중심을 하나님께 올려 드리는 마음으로 기도하라. 그렇게 기도하다 보면, 당신의 고백이 더 깊이 담긴 문장을 만들 수 있을 것이다.

그리고 당신의 소명선언문을 주변에 알리라. 이는 당신의 마음을 다잡기 위함이다. 공동체 지체들과 친구들에게 당신의 소명을 알려, 기도와 지원을 부탁하기 위함이다. 당신만 알고 있던 문장을 누군가에게 표현할 때, 직업은 당신 자신만을 위한 것이 아닌, 하나님 나라와 교회를 위한 비전임을 알게 되는 감격을 누릴 수 있다.

일과 직업이 없어도 소명을 감당할 수 있다. 기도할 수 있기 때문이다. 나는 내게 찾아온 질병과 오랜 시간 싸웠다. 그리고 결국 졌다. 수많은 시간을 병원에서 무기력하게 누워 있으면서 원망과 불평을 쏟아 냈다. 그러다 작은 문장으로 기도가 시작되었다. "이 땅의 청년들이 하나님의 사람이 되도록 실제적인 교육을 하게 해주세요."

이 문장은 얼어붙어 있던 내 마음을 깨뜨렸다. 내 마음의 얼음이 깨지면서 뜨겁게 녹아 내렸다. 병원 천장의 형광등을 바라보며 하루에도 수천 번 이 기도를 되뇌었다. 내가 할 수 없다면, 그 일을 할 수 있는 다른 사람들이라도 일으켜 달라고 기도했다. 감사하게도 하나님은 나의 기도를 들으셨고, 건강해지자마자 나는 주저함 없이 소명교육개발원을 시작했다. 이 소명선언문 워크숍은 그때 되뇌었던 문장을 발전시켜 만든 것이다.

지금 당신의 상황이 어떠하든 상관없다. 기도를 할 수 있다면 소명을 이룰 수 있다. 그 기도가 당신이 상황을 새롭게 해석하도록 돕고, 소명자로 서게 할 것이다. 이를 위해 세상의 공격이나 당신의 연약함, 풀리지 않는 환경에서도 당신 자신을 지킬 수 있는 중심의 고백을 품고 있어야 한다. 암살범이 늘 칼을 품고 다니듯 품고 있다가, 낙담과 절망, 거짓과 유혹이 다가오면 그 칼로 찌르고 베고 후려쳐야 한다. 어떤 상황에서든 당신 자신의 마음을 지킬 수 있는 문장의 기도가 있다면, 굳건히 하나님을 신뢰하며 견딜 수 있다.

소명선언문은 매우 유익한 도구다. 기도하는 마음으로 만들고, 만들어진 문장을 놓고 기도하며, 당신 마음의 울림이 담긴 문장으로 정교하게 다듬어 나가라.

CHAPTER
16

직업을 선택하기 위한
여섯 가지 가이드

●

상실을 선택하라

직업과 직장을 선택하는 것은 방향을 결정하는 것보다 더 구체적이고 실제적인 행동이 필요한 결단이다. 점심으로 사과를 먹겠다는 것이 방향이라면, 그 사과를 가져오려고 행동하는 것이 직업 선택이다.

　직업 선택에 관해서는 이미 원칙이나 방법들을 담은 자료가 많다. 학교와 친구들 안에서도 많은 정보 교환을 통해 다양한 지식을 얻을 수 있으며, 우리는 이미 그것에 익숙하다. 여기서는 그 내용들을 반복해서 설명하지는 않을 것이다. 그 대신 크리스천 청년들이 자주 범하는 잘못에 관해 언급하려 한다. 크리스천 청년은 크리스천의 특성과 청년의 특성을 모두 갖추고 있다. 이 두 가지 특성은 직업을 선택하는 과정에서 혼란을 야기할 수 있다.

먼저, 청년의 특징은 아직 청소년 시기를 벗어나지 않았다는 것이다. 청소년의 특징은 세상이 자신을 중심으로 돌아간다고 착각하는 것이다. 자신이 하고 싶고 원하면, 세상이 늘 그렇게 응답할 거라고 생각하는 것이다. 그리고 동시에 조급하다. 오랜 시간이 걸려야 얻을 수 있는 것을 너무도 빨리 원한다. 그래서 직업을 선택할 때면, 한 번의 선택으로 너무 많은 것을 얻으려고 한다.

크리스천의 특징은 직업을 축복의 기준으로 여긴다는 것이다. 물론 마음껏 일할 수 있는 좋은 환경의 직업을 갖는 것은 축복이다. 그러나 그렇지 않은 것도 축복이다. 좋은 곳에서든 나쁜 곳에서든 하나님의 선하신 뜻 안에서 성장하고 배워야 할 것이 있기 때문이다. 그러나 좋은 조건과 환경만을 축복으로 여기는 크리스천이 많고, 이는 마치 그들의 세계에서 누가 더 축복받은 사람인지를 입증하는 것처럼 여겨진다. 그래서 일 자체의 적합성보다는 직업을 통해 따라올 다양한 혜택을 생각하느라 직업을 선택하기가 어려워진다.

청년과 크리스천의 특성을 종합하면, 그들은 하나님께 자신이 사랑받고 있음을 입증하는 방식으로 직업을 선택하여, 한번에 많은 것을 얻으려는 조급함이 있다. 그래서 마트에서 흠 있는 사과는 절대 고르지 않는 것처럼, 흠으로 여겨지는 환경과 조건을 가진 직업을 싫어하고 멀리한다. 그리고 어느 순간 하나님의 기적 같은 일하심으로 자신의 마음을 만족시키는 완벽한 직업이 나타날 것이라고 생각한다. 하나님이 나를 사랑하신다면 그렇게 하실 것이라고 믿는 것이다.

그래서 좋은 일이 생길 때까지 아예 직업을 안 가지려는 청년들도 많다. 이는 각 상황에 따라 조금씩 다르다. 가정 형편이 여의치 않아서 부득이하게 직업을 가져야 하는 이들은 만족을 느끼지 못하는 일을 하면서 하나님이 자신을 버렸다고 생각하며 슬퍼한다. 형편이 넉넉한 청년들 중에는 불안 속에 좋은 직장을 기다리는 이들도 있다. 이 모든 행동은 상실감을 두려워함으로 생기는 것이다.

청년기는 상실감을 연습하는 시기다. 상실감이란 무언가를 잃어버렸다는 느낌이다. 나의 일부가 떨어져 나가 아프고 슬프다는 것이다. 청년기는 바로 이러한 상실감을 경험하는 시기다. 이전에는 마음만 먹으면 모든 것이 가능하다고 생각했다. 시간도 많고 잠재성도 가득했다. 고무찰흙처럼 원하는 대로 만들어지는 것이 자신의 삶이라 생각했다.

그러나 이제는 자신의 한계를 인식하게 된다. 그리고 힘과 역량을 한 곳으로 집중해야 한다. 그러려면 선택해야 한다. 선택이 바로 상실이다. 하나를 선택했기 때문에 다른 하나는 포기해야 한다. 그래서 가질 수 있는 것의 기쁨보다 포기했기에 잃는 슬픔을 더 크게 느끼는 것이다. 모든 것을 다 가질 수 없다는 슬픔, 이제는 못 가지는 것이 더 많다는 슬픔, 앞으로 더 많은 것을 떠나보내야 한다는 슬픔 말이다.

한눈에 봐도 지혜와 명철이 느껴지는 자매가 있었다. 재능도 많았다. 그러나 좀처럼 하나의 직업이나 분야에 마음을 정하지 못했다. 할 수만 있으면 모든 것을 하고 싶어 했다. 이것을 하다 보면 저것이 눈에 들어왔고, 곧 새로운 것에 손을 댔다. 그런 일이 반복되자, 시작한 일은 많았는데 깊이 파고든 일은 하나도 없는 결과를 낳았다. 대학을 졸업하고 5년이란 시간이 흘러갔다. 그런데도 자매의 마음은 아직 정해지지 않았다.

자매와의 오랜 상담을 통해 그 이유를 발견했다. 자매는 초등학교와 중학교, 고등학교에서 모두 반장을 할 정도로 인기가 많았다. 그런데 대학에 와서는 기독교 선교 동아리에 집중하게 되었고, 다른 친구들에 비해 취업 준비가 조금 늦어졌다. 그러다 졸업을 앞둔 어느 날 초등학교 동창을 만나게 되었는데, 동창들 사이에서 자매에 관해 "걔 요새 바보되었다며?"라는 말이 돈다는 소식을 듣게 되었다. 결국 자매가 한 가지 직업에 마음을 정하지 못한 이유는 그 소문들을 상쇄시킬 만한 직업을 얻어, 과거의 유능했던 자신을 되찾기 위함이었다.

  나는 자매에게 아픈 제안을 했다. 그냥 바보가 되라는 것이었다. 모든 것을 잘하고 모든 분야에서 인정받으려는 노력을 버리라는 것이었다. 사실, 우리는 그리 탁월한 존재가 아니다. 이 사실을 인정하고 한 가지만 잘하는 바보가 되려고 할 때, 자신의 길이 보인다.

  원하는 것을 다 가질 수 있다는 환상을 버려야 하는 시기, 내가 가질 수 있는 것이 그리 많지 않다는 것을 받아들이는 시기가 바로 청년의 때다. 선택의 상실감이 싫어 아예 선택하지 않는다거나 모두 다 선택하려는 것은 현실을 거부하는 것이며, 동화적인 세계에 머무는 것이다. 확실히 선택을 하고, 다른 것들과는 모두 이별해야 한다. 내가 포기해야 할 것은 나의 것이 아니다. 다른 사람의 것이다. 우리는 선택한 것을 통해 하나님과 행복의 참 의미를 발견해야 한다.

  상실과 친해지는 것이 성숙이다. 포기한 것이 선택한 것보다 더 좋은 것은 아니었을지 생각하며 미련과 허황된 가능성을 품는 것은 어리석은 일이다. 지금 선택한 것이 내게 딱 맞는 하나님의 선물이라고 생각하는 것이 지혜롭다. 따라서 직업 선택은 자신 안에 있는 상실감을 얼마나 잘 다루는가가 관건이다. 이를 위해서는 다음에 제시하는 방법이 큰 도움이 될 것이다.

동기를 살피라

어떤 직업을 가지려면 그 동기와 근원을 잘 살펴야 한다.

높은 산이 있다. 이 산은 험하고 거칠다. 그런데 누군가가 그 산에 오른다. 그에게 산에 오르는 이유가 무엇인지 물으니 그냥 심심해서라고 대답한다. 그 사람은 중간에 포기하고 말 것이다. 산에 오르는 동기가 절실하지 않기 때문이다. 또 다른 사람이 산에 오른다. 이유를 물으니 사랑하는 아내가 아파서 누워 있는데, 그 산에서 나는 약초가 치료제라고 한다. 그는 끝까지 산에 오를 것이다. 동기가 분명하기 때문이다.

직업을 찾는 과정은 거친 산을 오르는 것과 같다. 뜻하지 않은 장애물과 살벌한 경쟁, 냉소적인 눈빛, 자신의 연약함이 곳곳에 숨어 있다. 따라서 동기가 확실해야 직업이라는 험한 산을 오를 수 있다. 동기가 확실하다는 것은 그 동기가 누군가의 것을 흉내 낸 것이 아니라 내 것이라는 의미다. 내가 생각하고 고민하여 나에게서 나온 내 것이어야 한다.

우리가 가지고 있는 동기가 모두 나에게서 시작된 것은 아니다. 가족과 친구, 학교 선생님, 드라마, 영화 등에서 생긴 것일 수도 있다. 내가 가진 동기의 근원이 무엇인지 살펴보라. 혹 그것이 주변 사람을 통해 학습

된 것이라면, 그것이 정말 내 것이 될 수 있는지 점검해야 한다. "다른 사람이 이 길이라고 해서 왔어요. 그런데 알고 보니 아니에요. 하지만 전 책임이 없어요"라고 해서는 안 된다.

동기는 많을수록 좋다. 하나님이 기뻐하실 것 같다는 동기만 있어서는 안 된다. 그 일이 자신의 은사와 어울린다는 인식과 그 일에 대한 흥미와 관심, 그리고 그 일을 통해 생활에 필요한 재정이 충당된다는 등의 동기도 있어야 한다. 그래야만 그 직업을 향해 나아가는 어려움을 이길 힘이 생긴다.

이런 동기를 살피기 위해 터치워드를 활용하는 것도 좋다.

터치워드

터치워드란, 그 직업이 끌리는 이유를 언어로 표현하는 것이다. 누군가 요리사가 되고 싶어 한다. 그 사람은 왜 요리사가 되고 싶느냐는 질문에 그냥이라고 답한다. 그냥 하고 싶은 것이 어디 있냐고, 조금 더 찬찬히 생각해 보라고 권한다. 한참을 생각한 뒤 그는 만드는 것을 좋아하기 때문이라고 답한다. 그렇다면 이 사람의 터치워드는 만드는 것이다.

언뜻 보면 터치워드를 쉽게 찾을 것 같지만 전혀 그렇지 않다. 마음속에 일어나는 느낌과 움직임을 언어로 표현하기란 어렵다. 마음을 살피는 것에 관심이 없고 오직 직업만을 찾으려는 조급함이 있는 경우에는 더욱 그렇다. 마음의 느낌과 움직임을 찾는 터치워드가 중요한 이유는 무엇인가? 여기에는 크게 세 가지 이유가 있다.

첫째, 터치워드는 자신의 은사와 재능을 발견하는 데 중요한 역할을 한다. 은사와 재능은 우리 각자의 고유한 특성이다. 이런 특성은 그냥 발견할 수 있는 게 아니라, 사람이나 일 등 외부 세계와의 만남을 통해 드러난다. 각자의 마음이 자연스레 향하는 것은 대개 은사나 재능과 깊은 관련이 있다. 같은 영화를 놓고서도 누군가는 치밀한 구성에, 누군가는 대사에, 누군가는 음악에, 누군가는 카메라 구도에 끌리고 반응한다. 또 누군가는 영화 산업이라는 거대한 시장에 끌리고, 누군가는 배우들이 입은 의상에 관심이 간다.

어떤 직업을 좋아하게 되어 그 직업을 향해 열심히 달려가는 것도 좋다. 그러나 내 안의 무엇 때문에 그 직업에 이끌리는 것인지 살펴보는 것이 더욱 중요하다. 나를 더 깊이 알아 가며 발견한 것이 내게 어울리는 직업을 찾는 데 중요한 근거가 되기 때문이다.

둘째, 터치워드는 자신이 좋아하는 직업에 자신이 적합한지 진단해 준다. 누군가 교사를 하고 싶다면, 교사를 하고 싶은 이유를 터치워드를 통해 찾아본다. 많은 질문이 오간 끝에 부모님이 교사를 선호하기 때문이라는 결론이 나왔다. 그렇다면 그의 터치워드는 부모님의 기쁨이다.

이런 사람이 교사를 할 수 있을까? 다행히 그의 재능이 교사의 핵심 직무와 연관되어 있으면 가능할 것이다. 즉, 가르치고 상담하고 대화하고 조율하고 반복적인 행정적 업무를 처리하는 것에 적성이 잘 맞아야 한다. 그러나 부모님의 기쁨은 교사의 핵심 직무와는 전혀 다르다. 이런 터치워드로 교사를 꿈꾸는 것은 위험한 일이다.

청년들이 자주 범하는 실수 중 하나가 특정 직업에 대한 정확한 정보가 없는 상태에서 그 일을 좋아한다는 것이다. 왜 그럴까? 미디어의 영향 때문이다. 미디어는 직업의 업무 중 일부만 부각하여 매력적으로 보이게 한다. 그래서 그 직업의 핵심 업무는 모르는 채 부분적인 것에만 집중하게 한다. 간호사는 친절하고, 종교인은 사랑이 넘치고, 영업자는 말을 잘하고, 디자이너는 창의적일 거라고만 생각하게 되는 것이다. 그러나 막상 간호사는 친절보다는 체력과 담력이, 종교인은 사랑보다는 경영과 조율이, 영업자는 말보다는 꾸준한 관계 맺음이, 디자이너는 창의성보다는 정보 수집이 더욱 필요할 수도 있다.

어떤 직업에 마음이 끌렸든지 터치워드가 그 직업의 핵심 직무들과 연관되어 있다면, 그 직업이 자신에게 적합할 가능성이 높다. 그러나 터치워드가 핵심 직무와 전혀 상관없다면, 다시 한 번 점검하는 시간을 가져야 한다.

셋째, 터치워드는 다른 직업을 찾는 데도 유용하다. 앞서 든 예를 다시 인용하면, 요리사를 꿈꾸는 청년의 터치워드는 만드는 것이었다. 일단 청년은 요리의 핵심 직무와 관련이 있다. 그렇다면 이렇게 질문해 보자. 만드는 것에 관심이 있다면 왜 꼭 요리여야 할까? 건축이나 컴퓨터프로그래밍, 자동차 제작 등도 다 만드는 일에 속하지 않는가? 만약 청년의 또 다른 터치워드가 사람의 건강이라면, 그가 요리를 해야 할 근거는 비교적 충분하다.

그런데 만약 청년이 만드는 것에 관련하여 요리 외에는 미처 다른 것을 생각해 보지 못한 것이라면 어떨까? 그렇다면 다른 직업을 찾아볼 기회가 필요하다. 사실 청년은 의상디자이너에 더 적합한 재능을 갖추고 있었지만, 자라 온 환경 탓에 그 직업을 생각하지 못하고 막연히 요리사를 생각한 것일 수도 있다. 각 재료의 색을 적당히 조합하여 음식을 만들어 내던 감각을 의상디자인에 적용할 수도 있는 것이다.

즉, 어떤 직업에 끌리는 이유에 관한 터치워드를 찾아 그것과 연관된 또 다른 직업을 찾는 일은 직업을 선택하는 데 있어서 매우 유용하다.

현시대는 경쟁 사회다. 그러다 보니 사람들은 최대한 빨리 직업을 찾으려 든다. 그러나 서두르다 보면, 하나님이 지으신 자신만의 고귀한 색에 맞는 직업을 찾기 어렵다. 사이즈가 맞지 않은 옷을 골라 거기에 몸을 맞추려 드는 것이나 다름없다. 이럴수록 자신의 고유한 특성을 발견하기 위해서 터치워드를 점검할 필요가 있다.

넷째, 터치워드는 꼭 그 일을 직업으로 삼아야 하는지를 점검하는 데 유용하다. 사람들은 무슨 일을 하고 싶어 할 때, 대체로 그것을 직업으로만 생각한다. 그래서 물질과 시간을 종종 낭비한다. 하고 싶다는 마음만으로 그 일에 관련한 대학원을 간다든지 무조건 그 직업을 선택하는 것은 매우 어리석은 일이다.

하고 싶은 일이 있다면, 그 일이 왜 하고 싶은지에 관한 터치워드를 찾으라. 그리고 그 터치워드가 직업으로 삼을 만큼 당신에게 절실하고 중요하고 적합한지 점검하라. 이를 위해서는 그 일을 간접적으로 경험해 보아야 한다.

교회 찬양 팀에서 사역하다가 노래하는 것에 매혹되었다고 해서, 꼭 노래하는 것을 직업으로 삼을 필요는 없다. 다른 일을 하면서도 얼마든지 비직업적인 차원에서(교회 봉사나 동아리 차원에서) 노래를 할 수 있다. 노래를 전문적으로 하려면, 노래하기를 좋아해야 할 뿐만 아니라, 전문가로서 요구되는 다양한 자질과 역량을 갖추어야 한다. 그렇다면 노래를 전문적으로 할 자질과 역량이 있는지는 어떻게 점검해 볼 수 있을까? 노래를 직업으로 삼는 곳에 들어가 자원봉사를 하거나 인턴으로 일하며, 간접적으로 그 일을 경험해 봐야 한다. 만약 이런 기회를 얻기 어렵다면, 그 일을 하는 분을 만나 조언을 들어보는 것이 좋다.

이처럼 터치워드란, 직업을 탐색하는 과정에서 자신을 살펴보는 데 큰 도움이 된다. 터치워드란 긴 대화의 시간을 통해 찾는 것이다. 그러나 꼭 그러지 않아도 특정 직업에 끌리는 이유를 점검해 볼 수 있다. 다음과 같은 방식으로 고민을 지속시키면 가능하다.

- 내가 그 직업에 끌리는 이유는 무엇인가? (생각나는 대로 이유를 나열해 보자.)
- 내 터치워드는 그 직업의 핵심 직무와 관련이 있는가?
- 이 터치워드는 지금 생각하는 직업 이외에 또 어떤 직업과 연관이 있을까?
- 내가 하려는 일은 꼭 직업으로만 해야 하는가?

쉬워 보이는 질문들이지만, 스스로 질문하고 답하기란 매우 어렵다. 이때에는 노트를 활용하는 것도 좋다.

노트 만들기

문구점에 가서 고급스럽고 멋있는 노트를 사라. 살짝 비싼 것이면 더 좋다. 그냥 낙서용이 아니기 때문이다.

노트에 당신의 소중한 마음을 적으라. 그리고 직업에 관해 원하는 것을 구체적으로 적으라. 어떤 형태의 일을 하고 싶은지, 함께 일하는 사람들은 어떤 이들이기를 바라는지, 그 일을 통해 실제적으로 얻고 싶은 것은 무엇인지 등을 적으라. 마치 은행에 자율적금을 붓듯이, 수시로 생각날 때마다 직업에 관한 소망들을 충실히 적어 나가라.

이때 중요한 것은 지나치게 기독교적인 관점으로 미리 판단하지 말라는 것이다. 즉, 자신이 적으려는 것이 세속적인 것은 아닌지 지나치게 부정적으로 판단해서, 아예 노트에 기록하는 것조차 차단해 버리지 말라는 것이다. 그 노트는 누구에게도 보여 주지 않을 것이다. 그러니 마음속의 모든 내용을 솔직히 적으라. 마음속에 있는 것을 표현하지 않으면 그것들은 계속 남아 있게 된다. 절대 사라지지 않고 생각을 더욱 복잡하게 만든다. 정직히 다 드러내 놓고 하나님과 함께 그것을 정리하라.

직업에 관한 것을 수시로 노트에 적은 다음 꼭 할 일이 있다. 노트를 덮고서, 그 내용을 잊는 것이다. 노트에 적은 내용으로 기도하는 것 또한 나중에 하라.

노트를 덮은 후에 일상생활을 하다가 당신의 마음이 하나님의 마음과 비교적 가까이 있다고 느끼는 순간, 바로 그 노트를 펴라. 수련회에서 하나님의 사랑을 경험했을 때, 말씀을 통해 하나님의 살아 계심을 확실히 느꼈을 때, 기도를 통해 나를 향한 하나님의 계획을 확신하게 되었을 때 등 하나님의 사랑이 이전보다 더 크게 느껴질 때가 바로 그때다.

그러고 나서 이전에 적었던 것을 쭉 훑어보면서, 몇 가지를 지워 나가라. 무엇을 지워야 할까? 하나님 앞에서 부끄러운 내용, 또는 생각이 바뀌어 이제는 필요 없다고 생각되는 조건이나 내용 등을 지워 나가는 것이다. 다 지웠다는 생각이 들면, 이제는 노트에 새롭게 적고 싶은 내용을 적은 뒤 노트를 덮으라. 그리고 또다시 하나님이 가까이 느껴질 때 펴서 지우고, 쓰고, 덮으라.

쓰고 기도하고 지우고, 다시 펴서 쓰고 기도하고 지우고를 반복한다. 이렇게 오랜 시간 반복해 나가라. 오랜 시간은 절대적인 것이 아니라, 상대적인 것이다. 누군가는 6개월이면 충분할 수도 있고, 누군가는 6년이 걸릴 수도 있다. 가급적 길면 길수록 좋다. 이렇게 오랜 시간을 통해 철을 담금질하듯 마음을 정돈하다 보면, 어느 순간 나의 소망이 잘 반영되어 있으면서도 하나님 앞에서 부끄럽지 않은 기준들만 남게 될 것이다.

직업을 선택해야 할 때가 오면, 그 기준들을 다시 우선순위로 정리하라. 그중에서 4위 이상을 중심으로 직업을 분별해 가면 된다. 기억할 것은 모든 기준을 만족하는 직업은 존재하지 않는다는 사실이다.

왜 이렇게 노트를 만들면서까지 금을 정제하듯이 마음을 살펴야 할까? 우리의 마음은 믿을 만한 것이 못 되기 때문이다. 오해하지 마라. 나는 무조건 마음을 부인하라는 것이 아니다. 다만 우리의 마음이 열등감이나 충동, 죄악 등의 부정적인 동기에 흔들릴 수 있음을 인식해야 한다. 그래서 우리는 하나님 앞에서 긴 시간을 두고 자신의 마음을 정제하며 살필 수 있어야 한다.

자기 신뢰성 진단

직업은 어떻게 얻는가? 내가 직접 만들 수도 있고, 누군가 내게 일을 맡길 수도 있다. 그러나 청년 시절에 직접 직업을 만드는 것은 드문 경우니, 이것은 제쳐 놓자. 그렇다면, 직업이란 다른 사람이 나에게 주는 것이라고 할 수 있다.

그러면 사람들은 왜 많은 비용을 들이면서까지 나에게 직업을 맡기는 것일까? 왜 하필 많은 경쟁자 중에서 나를 택하여 직업을 주는 것일까? 나를 신뢰하기 때문이다. 그 일을 잘 감당할 수 있을 거라고 믿기 때문이다. 내가 원하기 때문에 나에게 준 것이 아니라, 나를 믿기 때문에 직업을 준 것이다.

사람을 뽑아 직업을 맡기려는 사람은 머릿속으로 수많은 질문을 던진다. 저 사람은 우리 일을 잘 감당할 수 있는가? 이 일을 해본 경험이 있는가? 이 일을 할 자격이 있는가? 지금 당장은 이 일을 감당할 수 없지만, 가르치면 잘할 것 같은가? 이 일에 열정이 있는가? 이 질문들 가운데서 많은 부분에 긍정적으로 답할 수 있어야 한다. 물론 경쟁이 치열할 때는 더 많은 신뢰성을 얻기 위해 더 많은 질문을 던져 볼 것이다.

신뢰하는 사람에게 일을 맡기는 것은 너무도 당연한 이야기다. 그러나 막상 청년들은 이런 당연한 사실을 자주 잊는다. 자신에 관한 다른 사람들의 평가를 냉정히 살피지 않은 채, 그저 막연히 감상에 젖어 있는 이들이 많다. 냉정하게 자신을 살피는 일은 자신의 모습을 분리해서 펼쳐 놓는 것이다. 내게 일을 맡기려는 사람들이 나의 어떤 모습을 보고 신뢰감을 얻을 수 있을지, 또는 나의 어떤 모습을 보고 우려를 표할지를 세세하게 분석하고 분별하는 것이다. 모든 일이 잘 풀릴 것이라는 지나친 낙관과 모든 것이 힘들어질 것이라는 지나친 비관 모두 아무런 도움이 안 되는 감상이다.

철저히 상대방의 관점에서 자신의 신뢰성을 평가해 봐야 한다. 만약 직접 하기가 어렵다면, 신뢰할 수 있는 교회의 어른들에게 냉정히 말씀해 달라고 부탁하라. 그러면 당신 자신도 전혀 생각하지 못한 부분들이 다른 사람들에게 긴장과 위태로움을 주고 있었음을 알게 될 것이다.

자신의 단점이 드러나는 것을 유쾌하게 여기는 사람은 없다. 이는 분명히 어렵고 기분 나쁘고 힘든 일이다. 그래서 사람들은 자신을 평가하려 하지 않으며, 심지어 누군가에게 평가받는 것이 싫어 철저히 도망가기도 한다. 특히 자존심이 강하거나 모든 일을 스스로 해야 한다고 생각하는 청년들은 더욱 그렇다.

그러나 나 자신을 정확히 알아야 준비를 위한 계획을 세울 수 있다. 그래야만 취업이 안 되는 이유가 사회적인 이유 때문인지, 내가 갖고 있는 문제 때문인지 알 수 있다. 그리고 나에게 있는 것 중에서 무엇을 더 개발해야 하는지, 무엇을 더 보완해야 하는지 알 수 있다. 무언가를 보완하거나 준비해야 한다면 얼마의 시간이 필요한지도 알 수 있다.

또한 나 자신을 정확히 알면, 지금 당장 결단하고 실행해야 하는 일에도 도움이 된다. 만약 하고 싶은 일에 관한 신뢰성을 남들에게 보여 주지 못하여 그 일을 직업으로 삼을 수 없다면, 일단 지금 가지고 있는 신뢰성 속에서 가능한 범위의 직업을 택할 수 있다. 그러면서 하고 싶은 일에 관한 신뢰성을 계속 쌓아 나가는 것이다.

직업은 옷과 같다

어떤 일을 자꾸 시도해도 안 되는 경우가 있다. 그때는 "일을 계속 시도할 것인가, 아니면 그만둘 것인가?"를 결정해야 한다. 그 일을 시도하는 횟수나 기간을 정하는 것이 좋다. 그리고 최선을 다해서 그 기간 안에 노력한다. 그래도 안 되면, 그것은 자신의 직업이 아니라고 생각하고 깨끗하게 포기해야 한다.

　백화점에 갔는데 마음에 드는 옷이 있다. 그런데 막상 옷을 입어 보니 너무 작다. 다이어트를 하면 입을 수 있을 것 같아 일단 사서 옷장 속에 넣어 두고 열심히 살을 뺐다. 그리고 다시 옷을 입어 봤는데 역시나 아직 작다. 다시 다이어트를 했다. 그런데도 작다. 이번에는 죽음 직전에 이르는 다이어트를 시도했다. 더하다가는 생명에 위협을 느낄 것 같다. 그런데 여전히 옷이 작다. 가만히 보니, 팔을 하나 빼야 그 옷을 입을 수 있을 것 같다. 그렇다면 이 옷은 나의 옷인가? 나의 소중한 것을 잃으면서까지 입어야 한다면, 그것은 나의 옷이 아니다.

　직업도 마찬가지다. 어떤 직업을 가지려고 나의 소중한 것들을 포기했는데도 얻을 수 없다면, 그것은 나의 직업이 아니다.

임용고시를 준비하는 사람이 있다. 그는 시험을 위해 삶의 소중한 부분을 뒤로 미뤄 두었다. 가족이나 친구와의 관계, 영성과 경건의 훈련, 그 나이 때가 아니면 경험할 수 없을 인간관계나 새로운 경험을 내려놓고 공부에만 집중했다. 그런데 시험에 합격하지 못했다. 그래서 다시 시험을 봤다. 그런데 또 떨어졌다. 그러면 이 직업은 나의 것이 아니라고 생각해야 한다. 시험을 보는 동안 소중한 것을 너무 많이 포기했으며, 다시 소중한 것을 포기하면서까지 시험에 임할 만큼 그것은 중요한 것이 아니다. 물론 이런 판단은 전적으로 개인의 몫이다. 그러나 다른 옷을 입어도 행복할 수 있듯이 다른 직업을 가져도 행복할 수 있다.

계속 특정 직업이나 시험을 위해 자신을 파괴하면서까지 도전하는 이유는 무엇인가? 크게 두 가지 이유 때문이다.

첫 번째는 분노 상태에 있기 때문이다. 세상과 사람을 향해 복수나 앙갚음에 가까운 분노를 가지고 있기 때문이다. '두고 보자. 내가 반드시 성공해서 너희 앞에 멋지게 나타날 거야'라는 식의 원한이 있을 때 자신의 삶을 단번에 상승시킬 직업에 집착한다. 그러나 좋은 직업을 얻는다고 마음이 풀리는 것은 아니다. 하나님의 손길만이 우리를 회복시킬 수 있다.

두 번째는 기대감이 없기 때문이다. 다른 것으로는 험난한 세상을 살아갈 자신이 없기 때문에, 결국 최후의 보루로 그 직업을 잡고 있는 것뿐이다. 그 직업은 마치 낭떠러지에서 떨어지다가 급하게 나뭇가지 하나를 붙잡은 것과 같다. 그 나무는 가시나무다. 움켜쥐면 움켜쥘수록 손에서는 피가 나고 살점이 떨어져 나간다. 그럼에도 놓을 수 없다. 그것을 놓치면 인생이 끝나 버릴 거라고 생각하기 때문이다. 그러나 그곳은 낭떠러지가 아니다. 하나님이 우리를 안으려고 두 팔 벌려 기다리시는 곳이다.

특정 직업에 너무 많이 집착하는 것은 소명이라고 하기 힘들다. 소명은 그 직업을 통해서 나타내려는 삶의 내용이다. 그리고 그 삶의 내용은 다른 직업을 통해서도 얼마든지 나타낼 수 있다.

하고 싶은 일과 잘하는 일

"하고 싶은 일과 잘하는 일이 따로 있을 때는 어떤 일을 택하는 것이 더 좋을까요?" 상담과 교육을 할 때 많이 받는 질문이다. 이 질문은 앞서 언급한, 동기와 신뢰성에 관한 주제와 연관이 있다.

하고 싶은 일이 있다면, 왜 그 일을 하고 싶은지 동기를 살펴야 한다. 동기가 건강하더라도 그 일을 감당할 수 있다는 신뢰감을 형성하지 못하면 그 일을 맡기 어렵다.

또한 잘하는 일이 있다면, 그러한 평가가 누구에 의해 이루어진 것인지 살펴봐야 한다. 그저 단순한 자신의 느낌일 뿐인지, 아니면 타인들에 의해 객관적으로 인정받은 능력인지를 살펴야 한다. 다른 사람들도 인정하고 있음을 확인했다면, 일반적으로 잘하는 일을 하면서 하고 싶은 일을 준비해 나가면 된다. 잘하는 일로 세상 속에 들어가는 것이 하고 싶은 일로 들어가는 것보다 정착하고 인정받기가 더 수월하기 때문이다. 그러나 이것은 일반적인 원칙이다. 이 원칙은 나이에 따라서 달라질 수 있다.

나이가 어릴수록 하고 싶은 일을 하고, 나이가 많을수록 잘하는 일을 하는 것이 좋다. 나이가 어리다는 것은 앞으로 성장하면서 변화될 가능성이 많다는 뜻이다. 아직 어리기 때문에 그 안에 있는 다양한 가능성이 미처 다 밖으로 나오지 못했다. 그래서 어린 시절에는 하고 싶은 것을 마음껏 해야 한다.

어릴 때 잘하는 것이 절대적으로 잘하는 것은 아니다. 어린 나이에 비해서 잘하는 것이기 때문이다. 또한 어른들이 과장을 섞어 칭찬한 것일 수도 있다. 어린 시절에 잘하는 것이 얼마든지 더 성장하고 발전하여 직업이 될 수도 있다. 그러나 어렸을 때 잘하던 것이 어른이 되어서도 잘하게 된 경우는 본인이 그 일을 좋아했기 때문이다. 아무리 소질이 있어도 본인이 좋아하지 않아 연습과 훈련을 하지 않으면, 어린 시절의 수준으로 머물게 된다. 오히려 어렸을 때에는 못했지만 그것이 좋아서 계속하게 되다가 잘하게 되는 경우는 얼마든지 있다.

청소년 시기에 그림을 잘 그린다고 칭찬을 받았지만 정작 자신은 그림을 싫어하는 사람이 있었다. 그 사람은 청년이 되어서 여전히 그림을 잘 그릴까? 좋아하는 마음 때문에 열심히 연습한 사람들에 비하면 나아진 것이 별로 없을 것이다. 그래서 어릴 때는 재능보다는 본인의 의지가 향하는 일에 집중하는 것이 좋다. 즉, 나이가 어리면 잘하는 것보다 하고 싶은 것을 하는 것이 좋다.

나이가 많다면 잘하는 것을 선택해야 한다.

나이가 들면서 삶 가운데 나의 모습이 충분히 드러났을 것이다. 나이가 들어서도 잘하는 게 있다면 그것을 정말 잘한다는 뜻이다. 그래서 이제는 잘하는 쪽으로 방향을 잡아 더 깊은 전문성을 훈련해야 한다. 나이가 찼음에도 잘하는 것을 외면한 채 하고 싶은 일만 하려는 것은 자신을 받아들이기 싫거나 현재의 상황을 외면하고 싶을 때 나타나는 현상이다.

그러면 나이의 많고 적음은 무엇을 뜻하는가? 여기에서 나이란 생물학적인 나이만을 뜻하지 않는다. 나이가 어릴 때란, 실패를 해도 곧바로 극복할 수 있는 때다. 어느 시기가 실패를 극복할 수 있는 때인가? 지금은 배우는 과정이기 때문에 실패해도 된다고 자신과 주변에서 말해 주는 때다. 그리고 실패의 결과가 자신에게만 미치는 것도 나이가 어린 때다. 아내와 자녀, 부모님까지 그 실패의 결과에 영향을 받는다면, 그때는 어린 시기가 아니다. 누군가를 책임지고 가정과 삶을 안정되게 꾸려야 한다면 그때는 하고 싶은 것보다는 잘하는 것을 직업으로 선택해야 한다.

CHAPTER
17

실업이라는 겨울나기

●

실업을 좋아하는 사람은 없다. 실업은 불편하다. 우리의 꿈과 열정을 이루는 데 큰 장애물이다. 실업은 좋은 부모, 좋은 자녀, 좋은 친구, 좋은 연인이 되는 데 경제적인 어려움과 실망감을 안겨 주기도 한다.

또한 무엇보다 우리는 상징적인 이유 때문에 실업을 싫어한다. 실업은 상황을 넘어서 어떤 의미를 상징한다. 실업자에 대한 평가나 마음의 상태인데, 이 의미들은 실업이 불편함을 넘어 아픔이 되게 한다.

먼저, 실업은 그 사람에게 문제가 있을지도 모른다는 의미를 포함한다. 우리는 아이들이 얼마나 성장했는지 알아보려고 신체 발달 상황을 살핀다. 아이가 또래보다 키가 지나치게 작으면 어딘가 문제가 있는 것으로 여겨 해결 방안을 찾으려 한다.

이러한 기준들은 사회의 다양한 영역에 존재한다. 이 사회는 각각의 나이에 맞는 특정 일들을 기준으로 정해 놓는다. 그 대표적인 기준이 고등학교를 졸업하면 대학에 가야 하고, 대학을 졸업하면 취업을 해야 하는 것이다. 이 기준에 도달하지 못하는 사람은 문제가 있고, 심지어 무능하다는 평가를 받는다. 많은 이들에게 실업은 정상적인 사회인으로 성장하지 못했다는 의미다. 따라서 실업자는 뭔가 조취를 취해야 할 사람으로 여겨진다.

더구나 실업이 가정의 상징으로 옮겨 가면 상황은 더 악화된다. 부모님의 기대를 한 몸에 받고 자라난 청년들은 특히 더 그렇다. 부모님이 입버릇처럼 하셨던 말이 머릿속을 맴돈다. "너는 우리 가정의 희망이야. 너 하나만 보고 산다. 너는 우리의 자랑이야. 어서 빨리 좋은 데 취직해서 우리도 어깨 좀 펴고 살자." 이러한 기억은 실업 상태에 있는 자신을 괴롭힌다. 무능한 자신이 싫고, 부모님께 실망을 안겨 드리는 것 같아 죄송해서 어깨가 더욱 무거워진다. 가정의 분위기가 그리 화목하지 못했던 청년들은 특히 자신이 가정에 더 큰 불행을 가져온 것 같아 극심한 죄책감에 빠진다.

실업이 신앙적인 상징으로 옮겨 가도 큰 문제가 생긴다. 취업은 하나님의 사랑으로, 실업은 하나님의 무관심으로 생각하는 것이 바로 그렇다. 이는 하나님의 사랑을 몇 가지 잘못된 방식으로 오해하는 것이다.

첫 번째는 하나님이 나를 사랑하신다면 내가 원하는 것을 이루어 주셔야 한다는 생각이다. 그런데 내가 원하는 것이 전혀 이루어지지 않고 있으니, 이는 곧 하나님이 나를 사랑하지 않으신다는 뜻이다. "나를 사랑하신다면 내가 원하는 것을 주셔야 하잖아!"

두 번째는 하나님이 나를 사랑하신다면 나에게 수치를 주시면 안 된다는 생각이다. 그러나 실업으로 주변 사람들 앞에서 부끄러움을 느끼게 하시니, 이는 곧 하나님이 나를 사랑하지 않으신다는 뜻이다. "나를 사랑하신다면 나를 창피하게 만드시면 안 되잖아!"

세 번째는 하나님이 나를 사랑하신다면 나에게 보상을 주셔야 한다는 생각이다. 내가 하나님을 위해 교회에서 열심히 봉사하고 섬겼으므로, 하나님은 나에게 당연히 좋은 직장을 주셔야 한다. 그러나 아무런 보상도 받지 못했다. 이는 곧 하나님이 나를 외면하신 것이다. "나를 사랑하신다면 열심히 섬긴 만큼 좋은 것을 주셔야 하잖아!"

네 번째는 하나님이 나를 사랑하신다면 내 꿈의 진정성을 알아주셔야 한다는 생각이다. 내가 직업을 가지려는 이유는 하나님께 영광을 돌리기 위함이고, 그렇기 때문에 하나님이 내게 반드시 직업을 주셔야 한다는 생각이다. 그런데도 묵묵부답이시니, 이는 곧 하나님을 향한 나의 순수성을 무시하는 것이다. "나를 사랑하신다면 하나님의 영광을 위해 살도록 인도하셔야 하잖아!"

언뜻 생각하면, 하나님의 사랑을 이런 식으로 평가하는 것이 어리석어 보인다. 그러나 고통이 찾아오면, 그 고통의 기원을 하나님께 돌리는 것이 우리의 오랜 습관이다. 물론 최근에는 실업 때문에 하나님을 원망하는 이들이 이전에 비해 많이 줄었다. 사람들의 신앙이 성장해서가 아니라, 실업자가 너무 많다 보니 상대적인 비교에서 나오는 열등감이 많이 줄어든 것이다. 그러나 여전히 사람들의 마음속에는 하나님께 사랑받지 못하고 있다는 생각이 가득하다.

실업과 하나님의 사랑을 연결 짓는 이러한 태도는 자신에게 아무런 도움이 안 된다. 자신을 거대한 운명의 피해자로 만들어서 연민과 우울감에 빠뜨릴 뿐이다.

실업은 문제가 있는 것도, 하나님께 버림받은 것도 아니다. 실업은 나의 삶을 아름답게 가꾸기 위한 과정이자 준비다. 또한 그동안 제대로 돌아보지 못한 나를 만나는 시간이며, 내 삶의 목적을 다시 한 번 두들겨 보는 시간이다. 큰 건물은 기초를 쌓는 데 오랜 시간을 투자한다. 기초가 튼튼해야 더 높은 건물을 지을 수 있기 때문이다. 즉, 실업 상황은 나를 더욱 단단히 다지는 귀한 시간이다.

실업은 누구에게나 있다. 말 그대로 직업을 구하지 못하는 사람도 있고, 겉으로는 직업이 있지만 정서상으로는 실업 상태인 사람도 있다.

정서상의 실업이란, 직업이 있지만 그것을 자신의 일로 여기지 않는 것이다. 그런 사람들은 기회만 되면 언제든 관두려 한다. 다만 당장 다음 달에 내야 할 카드 대금이나 학자금 대출 등 다른 이유 때문에 그만두지 못하는 것뿐, 일에 미련이 남아서는 절대 아니다. 정서적 실업이 가시적 실업보다 더 위험할 수 있다. 어중간하게 자신의 소중한 시간을 낭비할 수 있기 때문이다.

이 점을 놓고 생각하면 가시적 실업이 큰 불행인 것만은 아니다. 삶이 자신의 뜻대로 진행되지 않으면, 우리는 잠시 멈춰서 더 본질적인 것을 생각해 봐야 한다. 즉, 실업은 기본부터 다시 점검해야 할 시기다.

실업은 단순히 일이 없는 것이 아니다. 자신의 세계가 무너지는 것이다. 나는 몸이 아파 아무런 일도 하지 못할 때 이것을 경험했다. 한참 일할 나이인 삼십대 때, 어린 시절부터 있던 지병이 악화되었다. 나는 그때까지 정말 열심히 살았다. 입 밖으로 꺼낸 적은 한 번도 없지만, 부끄럽게도 대형 교회 목사가 되길 꿈꿨다. 이제 와서 대형 교회 목사가 나쁘다는 말은 아니다. 그 일도 분명히 귀하지만, 적어도 나에겐 그렇지 않았다. 대형 교회 목사가 되려는 의도가 불순했던 것이다. 나에게는 대형 교회 목사가 사람들에게 인정받고 신분을 상승할 수 있는 기회로 보였다. 그래서 정말 열심히 살았다. 남들보다 더 많이 일하고, 일이 잘 진행되지 않으면 날밤을 새워서라도 그 원인을 분석하고 해결책을 찾아냈다. 그리고 그 보상으로 사람들에게 인정을 받았다. 사실 처음에는 잘 몰랐지만, 몸이 아파 병원에만 누워 있던 중에 내게 대형 교회 목사라는 꿈이 있었다는 사실을 깨닫게 되었다.

아무것도 하지 못하고 병원에 누워 있을 때, 처음에는 기도조차 나오지 않았다. 그러다 분노 섞인 기도가 나오기 시작했다. "하나님, 저는 주의 일을 해야 합니다. 저를 아프게 하시면 안 됩니다." 이런 기도들이 계속 머릿속에 울렸다.

이런 기도에 하나님은 마치 도전하시듯 말씀하셨다. "네가 나의 일을 하면 내게 무엇이 좋으냐?"

나는 어릴 적부터 배운 모범답안을 습관적으로 읊조렸다. "주님의 일을 하면 주님께 영광 돌리게 되지요."

그러자 하나님은 다시 이렇게 말씀하셨다. "내게 영광 돌리는 것이 목적이라면, 여기서도 영광을 돌리면 되지 않겠니?"

그 말을 듣자 다시 태어나는 기분이었다. 그동안 나의 열정은 하나님을 사랑하는 것보다 사람들의 인정을 향해 있었다. 나는 병원에서 하나님께 깊은 회개 기도를 드렸고, 그곳에서 하나님께 영광 돌리려고 노력했다. 분주하게 일만 하며 내 속의 깊은 동기를 살피지 못한 나를 안타까이 보신 하나님은 내가 이후의 삶을 잘 살도록 내 영혼을 수술하셨다.

그리고 병원에서 퇴원했다. 한 해 동안은 아무런 일이 없었다. 오직 집에만 있었다. 그런데 그때 나에게 섬김의 은사가 있다는 것을 알게 되었다. 한 달에 스무 명이 넘는 사람들이 집까지 찾아와 문병했다. 그들은 내 건강을 먼저 묻고는 자신들의 진로에 관한 고민을 털어놓았다. 나는 대수롭지 않은 질문과 답변으로 그들과 대화를 나누었다. 그런데 나와의 대화가 도움이 되었는지 소문이 나서 사람들이 자꾸 찾아왔다. 그리고 나는 계속 그들을 도왔다.

사실 나는 목회자로서 설교에만 관심이 있었을 뿐 상담에는 별다른 관심이 없었다. 그러나 정작 내가 잘하는 것은 컨설팅에 가까운 상담이었다. 나는 사람들의 고민을 분석하여 미분하고 펼치는 능력이 있었다. 또 해야 할 것과 나중에 할 것, 기다릴 것과 지금 당장 시도할 것 등을 논리적으로 분별하는 재능이 있었다. 사역이 아닌, 실업 상황을 통해 발견한 재능이었다. 이러한 섬김을 더 구체적으로 펴 나가기 위해 나는 우리나라의 진로 교육과 소명을 주제로 하는 기독교 서적을 닥치는 대로 읽었다. 그리고 지금의 소명교육개발원 사역을 구상했다. 아무 일도 못하고 잠시 멈춘 시간들이 없었다면, 이 사역을 찾기 어려웠을 것이다.

실업은 나의 가치관을 점검하고 자신을 만나며, 또 다른 사역을 준비하기 위한 귀한 과정이다.

실업은 왜 발생하는가

실업의 책임은 분명히 준비를 많이 못한 개인에게 있다. 그러나 실업을 개인의 책임으로만 떠넘기기에는 설득력이 부족하다. 산업화된 사회 자체가 필연적으로 실업을 만든다.

아주 오래전 농경시대 때 사람들은 땅의 생산물로 삶을 영위했다. 그러나 전쟁과 질병, 자연재해 등으로 사람들은 땅을 잃어버렸다. 땅이 없으니, 사람들은 삶을 지탱할 만한 자원을 만들어 낼 수가 없었다. 그래서 도시로 몰려들기 시작했다. 도시에는 막대한 자본으로 사업을 진행하는 상인들이 있었고, 그들의 사업에는 막대한 노동력이 필요했다. 그리하여 땅을 잃은 사람들이 상인의 일에 참여하게 되었다. 상인들은 자본과 노동력으로 이익을 창출했고, 그 이익을 사업에 동참한 사람들에게 나누어 주었다. 이제 사람들은 땅이 아닌 산업으로 삶을 영위하게 되었다.

문제는 일을 하기 원하는 사람에 비해 일자리가 늘 턱없이 부족했다는 것이다. 그래서 사람들은 자연스레 경쟁을 하며 일자리를 구했다. 사람들은 상인이 자신을 선택해 주기 바랐다. 땅을 가진 농경사회에서는 게으름과 자연재해가 생존을 위협했지만, 산업사회에서는 선택받지 못하는 것이 삶을 위협했다.

상인들은 일자리를 구하려는 사람들 사이에 경쟁을 붙였다. 왜 그런가? 같은 비용이면 가급적 능력이 더 많은 사람을 고용하고 싶기 때문이다. 그래야 이익이 많이 남는다. 동일한 임금을 받는 두 사람이 있는데 한 사람은 한 번에 쌀 한 가마니를 지고 다른 한 사람은 한 번에 쌀 두 가마니를 진다고 하면, 누구를 고용하겠는가? 당연히 두 가마니를 지는 사람을 고용해야 남는 장사다.

그래서 상인들은 경쟁을 요구했고, 이 경쟁은 사람의 피를 말렸다. 상인들은 늘 구직자보다 적은 일자리를 제시했다. 그래야 사람들이 경쟁을 하고 그 속에서 뛰어난 능력을 가진 이들을 발견할 수 있기 때문이다. 이는 마치 의자 뺏기 게임과 같다. 열 명이 아홉 개의 의자 주위를 빙 둘러 선다. 사람들은 노래를 부르며 의자 주위를 돌다가, 인도자의 신호와 함께 재빨리 의자에 앉는다. 그러나 의자가 하나 부족하기 때문에 앉지 못하는 사람이 생긴다. 그 사람은 결국 탈락자가 되어 무리에서 빠져야 한다. 탈락자가 빠지고 나면 다시 의자는 여덟 개가 되고 게임이 진행된다. 이렇게 경쟁이 계속되는 가운데 탈락자는 점점 늘어난다. 상인들은 이러한 방식으로 점점 사람들을 떨어뜨린다. 이러한 경쟁은 의자를 차지한 소수자를 제외하고는 모두 다 실패자가 되게 한다.

그러나 경쟁에서 지는 것이 꼭 개인의 책임인 것만은 아니다. 이 게임에서는 열 명의 재능과 힘이 모두 똑같아도 탈락자가 반드시 나오게 되어 있다. 구조 자체가 그러하다. 상인들은 구조적인 한계와 문제를 감추려고 탈락자의 무능과 준비 부족에 책임을 돌린다. 그러나 이는 개인의 문제만은 아니다. 이미 구조적으로 탈락자는 나올 수밖에 없다.

그렇다면 우리는 어떻게 해야 하는가? 결국 우리는 선택할 수밖에 없다. 세상의 의자 뺏기 게임에 어떻게 임해야 할지를 말이다. 그 선택 사항에는 네 가지가 있다.

첫째, 의자 뺏기 게임을 거부한다. 이는 곧 경쟁 구조의 상업 자본주의를 거부하는 것이다. 그리고 새로운 방식으로 살아가는 것이다. 인류 역사에는 이런 시도가 많이 있었는데, 그중 대표적인 예가 바로 공동체 생활이다. 공동체로 함께 살면서 모든 사람이 일을 분담하고, 농경이나 가내수공업 형태로 자급자족의 삶을 사는 것이다. 지금도 유럽을 비롯한 세계 곳곳에는 공동체에서 영성과 경제적인 삶을 함께 해결해 가는 사람들이 많다.

물론 공동체 생활을 하더라도 한 국가나 사회에서 떨어져 나올 수는 없기에, 사회 전반적인 경쟁 구도에서 완전히 벗어날 수는 없다. 하지만 이러한 공동체 생활에서는 탈락자나 낙오자가 나오지 않으며, 모든 사람이 공동체에 나름의 기여를 하도록 각각의 일과 역할을 찾아 준다. 그리고 더 강하고 능력이 많은 자가 더 약하고 능력이 적은 자를 돌보고 서로를 책임진다.

현대인의 고립과 소외를 해결하는 데 있어서, 이러한 공동체 생활이 중요한 대안이 될 수 있음은 분명하다. 그러나 이미 도시화된 사람들에게 공동체적인 삶의 자급자족을 강요하기엔 역부족이다. 그 안에서 채울 수 없는 필요도 너무 많고, 개인의 영역을 침범받기 싫어하는 삶의 패턴이 강해졌다.

둘째, 의자 뺏기 게임을 개선하려고 시도한다. 이 사회를 향해 "사람의 수만큼 의자를 늘려 달라!"고 강력히 호소한다. 또한 의자를 차지하지 못해 힘들어하는 사람들을 도울 수 있는 방법을 찾는다. 이는 사회 안의 무리한 경쟁을 피할 방법을 찾고, 경쟁에서 낙오된 자들을 위한 대안을 찾는 일이다.

이것은 상업 자본주의의 문제점을 개선하려는 시도다. 그러나 개인이 혼자 할 수 없다. 정당이나 시민단체에 속해서 사회의 힘을 모아야 한다. 물론 그리 쉽게 이룰 수 있는 일은 아니다. 의자를 더 만들려면 그 만큼 비용과 손실이 발생할 것이다. 더 많은 이익 창출을 위해 무한 경쟁을 벌이는 상인들에게 이런 요구는 받아들여지지 않을 가능성이 크다. 그러나 이러한 요구들이 지속되면, 국가는 법이나 복지차원에서 문제점을 개선할 만한 대안들을 찾아내는 움직임을 보일 것이다.

셋째, 의자 뺏기 게임에 크리스쳔의 정체성으로 참여한다. 크리스쳔의 정체성을 유지하면서 경쟁에 참여하는 것은 크게 세 가지를 의미한다. 먼저, 정정당당하게 경쟁에 임하는 것이다. 그 어떤 불의나 속임수 없이, 준비된 실력으로 정직하게 경쟁에 임한다.

또 하나는 경쟁에서 이긴 다음에 받게 되는 혜택을 경쟁에서 진 사람들과 공유하는 것이다. 탈락자 역시 다음에 다시 경쟁에 참여할 수 있는 기본적인 환경을 만들어 줘야 한다. 그래서 승자는 자신의 것 중 일부를 포기하고 그들에게 내주어야 한다. 경쟁 구도에서 완전히 벗어날 수 없다면, 이렇게라도 경쟁에 참여하는 것이다.

마지막은 경쟁에서 지더라도 실망하거나 좌절하지 않는 것이다. 경쟁에서 이기지 못한 것을 실패나 무능함으로 여기는 것이 아니라, 그 상황에서도 주님과 동행하여 자신의 삶을 준비할 수 있다고 생각하는 것이다. 그리고 사람들의 무관심 속에 방치되어 있는 세상의 다른 영역을 찾아내어, 그곳에서 하나님을 예배하는 삶을 사는 것이다. 의자는 세상 사람들이 좋아하는 명예와 권력, 소유를 얻는 곳이다. 그래서 경쟁이 심하다. 그러나 이 세상에는 많은 사람이 쳐다보는 의자만 있는 게 아니다. 꼭 필요하지만 일손이 부족한 영역도 얼마든지 있다. 의자를 차지하지 못한 것은 이런 영역을 발견하는 기회가 되기도 한다. 그리고 그러한 영역에서도 얼마든지 행복을 느낄 수 있다. 크리스천은 남들이 부러워하는 의자를 차지해서가 아니라, 하나님과 동행하기 때문에 행복한 사람들이다.

넷째, 우리 스스로 의자를 만든다. 즉, 새로운 일과 직업을 만드는 것이다. 이는 창업을 뜻할 수도 있지만, 이미 동네 여기저기에서 발견할 수 있는 또 다른 치킨 집을 만들라는 의미가 아니다. 새로운 콘텐츠를 만들라는 뜻이다. 사람들이 이전에는 경험하지 못한 새로운 상품이나 서비스를 만드는 것이다. 새로운 콘텐츠가 사람들의 삶에 정착하여 새로운 소비와 수익을 창출하면, 새로운 시장이 형성되고 새로운 직업이 생겨난다. 다양한 휴대폰이 넘치던 때에 이전과는 전혀 다른 개념의 휴대폰을 만들어 전 세계에 새로운 필요를 만들어 낸 아이폰이 대표적인 예다. 이는 인류에 새로운 문화를 만들어 내는 것으로, 개인이 홀로 할 수 없다. 그러나 자신만의 특별한 아이디어로 청년 창업을 성공적으로 이루어 낸 사람들을 보면, 꼭 불가능한 일도 아니다.

치열한 경쟁 속에서 크리스천 청년들이 선택할 수 있는 방식은 이렇듯 크게 네 가지다. 이 중에서 청년들이 가장 보편적으로 선택하는 것은 세 번째다. 즉, 세상의 경쟁 속에 정정당당하게 참여하는 것이다. 이를 위해서는 몇 가지 지혜로운 태도가 필요하다.

실업에 임하는 지혜로운 자세

세상의 경쟁에 정정당당하게 참여하는 지혜로운 태도란 무엇일까?

먼저 냉정하게 현실을 수용하는 것이다. 자책이나 감상, 연민에 빠지지 않는다. 남들을 원망하거나 세상을 향해 징징거리는 것도 멈춰야 한다. 이런 것은 헤어나기 힘든 정서의 실타래를 만들 뿐이다.

그리고 현실을 받아들이지 못한 나머지 가상의 세계로 도망가서도 안 된다. 허황된 꿈으로 자존심을 세우려 하지 말고, 그럴듯한 기독교 용어로 비전을 이야기하면서 막연히 현실을 낙관하지도 말아야 한다. 술과 영상 등으로 현실에서 도피하는 것도 안 된다. 이성 교제와 지나친 교회 활동으로 숨어서도 안 된다. 현실을 철저히 대면하고 수용해야 한다. 현실은 자신과 정직하게 만나는 자에게 답을 준다.

영화 〈300〉의 첫 장면에 등장하는, 늑대를 잡는 사람의 날카로운 눈빛으로 자신의 상황을 정확히 파악해야 한다. 나에게 일을 맡기려는 사람들이 그다지 나를 신뢰하지 못하는 건지, 아니면 나는 신뢰를 받을 수 있는 준비를 갖추었으나 치열한 경쟁 때문에 관심을 끌기 어려운 건지 정확히 분석해야 한다.

누군가 나에게 일을 맡기기에 신뢰성이 부족하다면, 그것을 어떻게 보완할 것인지를 생각해야 한다. 신뢰성은 단순히 스펙만을 뜻하지 않는다. 열정과 진정성 또한 중요하다. 취업의 목적이 그저 남들처럼 직장인이 되는 데 있어서는 안 된다. 그 일을 꼭 해야 하는 이유에 설득력이 있어야 한다.

만약 그 일을 해야 할 이유가 불분명하다면 기초, 즉 자신의 길을 다시 점검해 봐야 한다. 지금 내가 추구하는 방향성이 진정 나로부터 출발한 것인지, 그리고 어떤 가치와 목적을 위해 그 직업을 가지려는 것인지 점검하는 것이다. 의외로 많은 청년이 절실함 없이 그저 달려가기만 한다. 그 일을 왜 해야 하는지에 관해 자기 자신에게 울림을 줄 수 없다면, 절대로 다른 사람들을 설득하고 감동시킬 수 없다.

지금의 방향성이 진정 내면의 깊은 곳에서부터 나온 것이 아니라면, 소명을 찾아 나서는 여정의 네 가지 요소부터 다시 점검해야 한다. 말씀과 세상, 자신의 은사, 그리고 공동체와의 깊은 만남을 통해 자신의 목적을 다시 설정할 필요가 있다.

무언가를 다시 점검한다는 것은 초조한 일이다. 기초를 다시 점검하는 동안 다른 사람들이 나보다 훨씬 앞서 나갈 거라는 불안감 때문이다. 그러나 아무리 빨리 앞서 가더라도, 자신이 가는 길을 점검해 보지 않았다면 아무런 소용이 없다. 비록 다른 사람보다 늦는다 해도, 결국 자신의 길을 찾는 자가 나중에 웃는 자다.

일을 하려는 이유와 목적이 분명함에도 치열한 경쟁 때문에 실업 중인 상태라면, 할 수 있는 선택은 두 가지다. 계속 그 직업을 얻기 위해 노력하거나, 일단 다른 일을 하면서 그 직업을 얻기 위한 노력을 계속하는 것이다. 이에 관해 결정을 내리려면, 16장 "직업을 선택하기 위한 여섯 가지 가이드" 부분을 참고하여 결정하라. 개인적으로 제안하고 싶은 것은 횟수와 기간을 정해서 시도하고, 그래도 안 되면 깨끗이 포기하고 다른 분야나 직장을 찾는 것이다.

자신의 방향성을 점검하고 진정한 길을 찾는다면, 실업이라는 시간은 큰 축복이다. 대체로 사람들은 별다른 문제가 없을 때는 기존의 계획을 점검하지 않는다. 그저 가던 길로 계속 가면 된다고 생각한다. 그러나 장애물이 생기고 원하는 대로 일이 풀리지 않을 때는 자신의 삶을 되돌아본다. 실업도 우리의 삶을 전체적으로 돌아볼 수 있는 축복의 시간이다.

취업이 되어서 월급을 타고 의기양양하게 직장인들의 문화를 즐기는 사람들 가운데 거의 대부분이 일 년 안에 자기 인생의 방향을 놓고 고민한다. 그러나 다시 처음부터 고민을 하는 것은 여간 두려운 일이 아니다. 그래서 그냥 마음속 감정을 외면한 채 그대로 살아간다. 그러다가 정서적으로나 육체적으로 탈이 났을 때 비로소 자신을 되돌아본다(정말 많은 이들이 그렇다). 그런데 진짜 길을 찾기 위해서 다시 기초부터 고민하기에는 이미 자신이 너무 굳어 버렸다. 그래서 결국 많은 사람이 이도저도 못하고 주저앉는다.

이런 사람들에 비하면, 조금 더 젊은 나이에 자신의 삶을 깊게 돌아볼 수 있는 실업의 시간이 주어진 것은 진정 축복이다. 그리고 그 시간 속에서 자신의 길을 발견하면, 그것이야말로 최고다. 일찍 취업하여 높은 연봉을 받는 것보다 몇십 배 더 중요한 가치다.

실업의 시간이 우리의 삶을 풍성하게 하는 중요한 자원이 되려면 몇 가지 조건이 있다.

첫째, 사람을 계속 만나라. 대체로 많은 이들이 실업 상태에서 사람들을 만나는 것을 꺼린다. 그러나 실업은 절대로 죄가 아니다. 실업의 시기야말로 많은 사람을 만나 깊이 있는 관계를 형성하기 좋은 시간이다. 만나는 사람들에게 당신의 상황을 솔직히 이야기해야 한다. 그러면 사람들은 격려와 조언, 친밀한 대화를 건넬 것이고, 이러한 것들은 마음에 큰 힘이 된다. 게다가 혼자 있을 때 생기는 부정적인 생각도 많이 정리할 수 있다. 또한 이미 사회생활을 하는 사람들은 책에서도 얻을 수 없는 다양한 정보들을 제공해 줄 것이다.

많은 취업이 믿는 사람들의 추천과 소개로 이루어진다. 만나는 사람들에게 자신이 진정 하고 싶은 일을 소개하고 설명할 때, 의외로 그들과 연관된 곳에서 내가 하고 싶은 일을 할 수 있는 기회가 생길 수도 있다.

둘째, 고전문학을 읽으라. 고전문학이란 시대와 문화를 넘어 사람들에게 공통된 감동을 주는 작품이다. 인생에 있어서 이런 문학작품이 잘 읽히는 때가 바로 실업 상태에 있을 때다. 자신의 삶을 놓고 깊이 고민하는 시기이기 때문이다. 예전에는 지루하기만 했던 책들이 이제는 가슴 깊이 깨달음을 준다. 고전문학을 읽어 보면, 삶과 인간에게 다가오는 다양한 문제들을 깊이 살펴볼 수 있다. 자신의 상황을 더 넓은 관점에서, 그리고 다른 각도에서 바라볼 수 있다. 그래서 의외로 전혀 예상 못했던 책 속에서 자신을 발견하고, 삶에 어떻게 임해야 하는지를 깨닫게 된다. 고전문학은 자연스럽게 우리를 깊이 있는 인격의 소유자로 만들어 준다. 더 나아가 고전문학의 다양한 표현과 어휘력은 사고를 발전시키고 의사소통을 더욱 풍성하게 만든다.

그 결과, 만나는 사람들에게 진한 향기를 풍길 수 있다. 지친 마음을 달래기 위해서 영화나 드라마에 몰입하는 사람도 있지만, 그러한 것들은 재미만 줄 뿐 자신을 삶을 바라보는 다른 관점을 알려 주지는 못한다. 중

고등학교 때 수능을 준비하느라 읽고 싶어도 읽지 못한 문학들을 하나씩 찾아 읽는 것만으로도 실업은 큰 축복이 될 것이다.

셋째, 무슨 일이든 하라. 실업 상태에 있는 사람에게 일을 하라는 말이 모순처럼 들리겠지만, 내가 말하는 일에는 직업이 아닌 것도 포함된다. 돈이 안 생기는 자원봉사라도 괜찮다.

왜 일을 해야 하는가? 장기간의 실업이 일하는 맛을 빼앗아가기 때문이다. 실업이 장기화되면, 일이 주는 기쁨을 망각하게 된다. 이는 실업이 가져오는 가장 큰 손실이다. 세상에는 많은 기쁨이 있다. 그중에서 일의 기쁨을 모르면 삶은 위험해진다. 우리 삶의 많은 부분을 일하는 시간이 차지하기 때문이다. 이 많은 시간 속에서는 전혀 찾지 못한 채로 다른 곳에서 기쁨을 찾으려고 하면, 삶 속에 자극적인 감각들이 채워진다. 실업이 장기적으로 지속되면, '그래, 뭐 일을 하지 않아도 마음만 먹으면 즐겁게 살 수 있지 않겠어? 인생 뭐 별거야?'라는 생각이 든다. 심지어 '일을 하면 지금의 즐거움도 모두 사라지겠지? 이런 여유로움이 모두 사라지고 말거야' 하고 생각해서 두렵기까지 하다. 그래서 일이 귀찮고 꺼려진다. 아무 일도 안 하는 것이 익숙해진다. 시간이 흘러 일을 할 수 있는 기회가 찾아와도 쉽사리 나서지 못하고, 두려움과 피곤함이 먼저 몰려온다.

따라서 어떤 일이든 동참해서 목표를 정하고 계획해서 실행하고 결과를 만들어 내는 성취감을 맛보아야 한다. 일하면서 땀을 흘리는 기쁨이 얼마나 큰지 경험해야 한다. 동료애와 단합심을 느껴 봐야 한다. 그럴 때, 세상을 살아갈 자신이 생긴다. 가급적 관심 분야의 일에서 자원봉사라도 하면 좋다. 자원봉사는 건강한 인맥을 만들어 준다. 그들에 의해서 얻는 많은 정보와 네트워크가 실업 상황을 벗어나도록 도울 것이다. 아직도 사람들은 믿을 만한 사람의 추천을 받아 사람을 뽑는 것을 더 많이 신뢰하기 때문이다.

넷째, 현재 자신의 삶에 관해 꾸준히 보고할 리더나 관리자를 만들라. 스스로 자신의 삶을 잘 관리하기란 불가능하다. 우리는 입시를 위해서 많은 준비를 해 온 사람이지만, 스스로 시간을 유익하게 운영하는 일에는 서투르다. 이때 필요한 것은 감독자다. 친구끼리 서로 감독자가 되어 주어도 좋고, 믿을 만한 선배에게 그 역할을 부탁해도 좋다. 중요한 것은 정기적으로 삶을 점검해 주는 시간과 사람이 반드시 필요하다는 것이다.

인생에 있어서 실업은 몇 번씩 찾아온다. 그 기간이 짧든 길든 실업은 취업과 마찬가지로 사회생활의 한 부분이다. 따라서 실업 상태에 절망한 나머지 자신을 해치는 일을 하지 말고, 자신을 준비하고 성장시키는 훈련을 하는 기회로 삼으라.

06

직장생활이
힘들어질 때

●
신앙과 현실 사이에서 갈등하는 청춘을 위한 '소명고민백서'
소명에 답하다

CHAPTER
18

책임지는 어른이 되라

●

더 많은 문제들

한 사람이 선교사로 준비되기까지는 많은 준비가 필요하다. 선교사를 지망하는 사람은 '내가 과연 선교사로 살 수 있을까?' 하고 오랜 시간 망설이고 갈등한다. 그리고 결국 복음이 전파되지 않은 나라를 향한 하나님의 안타까운 마음과 긍휼을 경험하며, 자신의 삶을 헌신하기로 결정한다.

일단 결정을 하고 나면 예비 선교사는 선교단체에 들어가, 파송될 나라의 언어와 문화, 정치적인 상황을 공부한다. 또한 아직 치유되지 않은 자신의 연약한 부분과 상처를 살피며 훈련한다. 기도와 물질로 후원할 사람들을 모집한다. 그리고 마침내 파송예배를 통해 선교지로 떠난다.

선교지로 가기까지 준비하고 훈련하는 과정은 고되고 힘든 여정이다. 지나온 익숙한 삶과 결별하고 선교사의 정체성으로 새롭게 살아갈 삶을 훈련하는 시간이기 때문이다.

그러나 선교지에 가면, 선교사가 되기 위해 준비하는 동안 경험한 어려움과는 비교도 할 수 없는 큰 문제들과 맞닥뜨리게 된다. 선교사로 파송받기까지 대단한 결단과 큰 계획을 갖고 왔지만, 막상 선교지에 도착하니 그 누구도 환영하지 않는다. 경계의 눈빛과 냉소, 무관심, 그리고 쉽게 적응할 수 없는 이질적인 문화가 가득하다. 때로 목숨을 위협해 오는 적대심까지 느낀다.

그런 환경 속에서는 선교 사역은커녕 그들과 어울리기도 몹시 어렵고 힘이 든다. 주님 안에서 정신을 바짝 차리지 않으면 처음의 거룩한 사명감과 의지는 퇴색하고 말 것이다. 사랑으로 품으리라 다짐하고 찾아간 이들을 향한 따뜻한 마음이 어느새 줄어들고, 그저 홀로 있다는 외로움에 사무친다. 선교사를 향한 현지인들의 반응처럼, 선교사도 현지인들을 경계하거나 무시하고 원망하며 살아가게 된다. 자신을 지키기 위한 이기주의가 생겨나 그들과 거리를 더 두게 된다. 결국에는 선교지에서 복음이 먼저 필요한 사람은 선교사 자신이 된다.

크리스천들이 직장에 들어가는 것 또한 선교사의 삶과 유사하다. 크리스천에게 직장은 생활에 필요한 물질을 얻는 곳만이 아니다. 직장에서 만나는 사람들에게 하나님의 말씀을 전하고, 직장의 문화 속에서 하나님의 통치가 드러나도록 점진적으로 변화시켜야 한다. 분명히 크리스천은 직장 안에 선교사적인 삶을 살도록 부르심 받은 이들이다.

그러나 크리스천 청년들은 직장에서 많은 어려움을 겪는다. 직장에 들어오기 위해서 수많은 난관을 극복했지만, 직장에 들어오니 더 많은 문제가 본격적으로 펼쳐진다. 정말 소명의 삶이 시작된 것이다.

초등학교 교사가 되어 하나님 앞에서 그 일을 하리라 다짐한 자매가 있었다. 그 자매는 열심히 수업을 준비했으며, 모든 일에 최선을 다했다. 심지어 매일 밤 자신이 맡은 학생들과 그 가족을 위해 기도하다 잠들기 일쑤였다.

이러한 자매의 모습이 학교 관계자의 눈에 띄었다. 학교 관계자는 자매에게 더 많은 일을 맡겼다. 거절해도 되는 일도 많았지만 자매는 오직 학교를 사랑하는 마음으로 열심히 임했다. 그럴수록 일은 줄지 않고 늘어만 갔다. 교사로서 해야 할 일을 다하고 나면, 학교 관계자가 맡긴 일을 하느라 밤늦게까지 학교에 남아 있어야 했다. 점점 몸 상태가 나빠졌지만, 그래도 자매는 최선을 다해 일했다.

그러던 어느 날, 교사들과 회식을 하는 자리에서 졸도를 한 자매는 그만 대리석 바닥에 머리를 부딪치고 말았다. 이렇게 쓰러지고 나서야 자매에게 사흘 동안의 휴가가 주어졌다. 사흘의 휴가 기간 중에 자매를 만났다. "크리스천으로서 최선을 다해 일했어요. 하지만 정말 쉽지 않네요."

그렇다. 세상에서 소명자로 살아가기란 정말 쉽지 않은 일이다. 그 누구도 우리를 돌봐 주지 않는다. 열심히 하면 할수록 세상은 그들만의 이기주의와 목적만 중시하고, 그들의 삶으로 우리를 이끌어 간다.

공동체는 대부분 새로운 사람이 나타나면 배타적인 태도를 보인다. 새로운 사람 때문에 생길 일이나 변화가 귀찮기 때문이다. 현대인의 특징은 아무런 일도 생기지 않길 바라는 것이다. 이제 겨우 자신의 삶이 안정권에 들었다고 생각했는데, 낯선 사람이 출현하면서 자신의 삶이 침해받거나 영향받는 것이 싫은 것이다.

그래서 대부분 새로운 직원에게 관대하지 않다. 조금 일하다가 힘든 일이 생기면 떠날지도 모르는 철새에게 쉽사리 마음을 열지 않는다. 또한 새로 들어온 사람이 자신의 삶에 피해를 줄까 봐 경계한다. 자신의 연약함이나 무능함을 발견해서 무시하지는 않을까 염려하고, 그동안 해 오던 일의 방식과 습관을 거절하거나 이의를 제기하지 않을까 긴장하며, 관행을 따를 것을 엄하게 강조한다. 겉으로는 웃고 있으나 속으로는 바짝 긴장한다. 공격할 틈을 기다리며 자신의 권위를 지키려고 한다. 다가오지 말라고 벽을 쌓으며, 멀찍이 서서 지켜보고 관찰한다.

이런 배타적인 공동체 속에서 크리스천들은 이중적인 정체성을 유지해야 한다. 크리스천은 세상에 살고 있으나 세상에 속하지 않은 이들이다. 크리스천은 직장에서 함께 어울려야 하는 직원인 동시에 하나님 나라에 속한 백성이다. 크리스천이라는 정체성을 상실해서는 안 된다. 그러나 이런 이중적인 정체성을 유지하기란 쉬운 일이 아니다. 직장 문화에 조금이라도 더 흡수되면 신앙인의 정체성을 상실해 버리고, 크리스천이 아닌 사람들과 거리를 두면 직장에서 어울리지 못하는 사람이 되고 만다.

직장인과 크리스천이라는 두 가지의 삶을 모두 조화롭게 이루고 싶은 크리스천 청년들은 다른 신입사원보다 더 긴장하여 더 피곤함을 느낀다. 때로는 무엇을 어떻게 해야 할지 혼란스러워하고 절망하기도 한다. 그리고 자신이 크리스천이 아닌 사람들과 다를 바 없는 삶을 산다는 죄책감을 느끼기도 한다.

그러나 이때 당황해서는 안 된다. 이런 절망과 열패감은 당연한 결과다. 정신없이 돌아가는 직장에서 자신에게 맡겨진 일을 배우고 익히며 다른 사람들과 보폭을 맞추는 것은 누구에게나 버거운 일이다. 이럴 때 신앙인으로서의 삶을 생각하는 것은 당연히 무리다. 놀이공원에서 바이킹을 타면 신앙인이든 아니든 모두 비명을 지른다. 울렁거리는 자신의 환경에만 집중하여 충실히 반응하는 것은 당연한 것이다.

그러나 직장 안에서 진행되는 일의 속도와 리듬을 익히고 나면, 자연스럽게 그 속에서 하나님 백성으로서의 티를 낼 수 있다. 안 그러려고 해도 그렇게 된다. 그러니 직장에 처음 들어간 시점에서는 자신을 향한 지나친 자책과 비난을 중지하고, 하나님이 허락하신 직장이라는 노래에 맞춰 자연스럽게 리듬을 타는 것에 집중해야 한다.

직장 문제의 유형

크리스천이 직장에서 접하는 문제는 크게 세 가지다. 업무와 작업 환경, 그리고 인간관계의 문제다. 업무 문제는, 일이 자신과 안 맞거나 그 일의 전망과 비전이 안 보이는 것이다. 작업 환경 문제는, 과중한 일의 양이나 그것에 비해 임금이 낮은 것이다. 인간관계의 문제는, 직장 동료들과의 친밀감 형성과 팀워크에 관한 것이다.

이런 문제들은 다시 크게 두 가지로 나눌 수 있다. 첫째는 크리스천이기에 생기는 문제고, 둘째는 사회 적응이 서툴러서 생기는 문제다.

크리스천으로서의 문제는 기독교적 가치가 직장의 잘못된 관행과 부덧칠 때 생긴다. 사회 적응이 서툴러서 생기는 문제는 사회 구성원이 되는 데 자연스레 겪는 문제들이다. 청년들은 취업 준비를 위해 학점이나 외국어 등을 준비하지, 인간관계의 방법이나 팀워크를 위한 역할과 책임, 의사소통의 방식 등은 준비하지 않는다. 그래서 미숙할 뿐이다.

이 두 가지가 합쳐져서, 즉 크리스천인데다 미숙한 부분이 문제를 만든다. 사회에서 겪는 많은 문제는 거의 이 두 가지가 다양한 배율로 이루어진 것이다. 자신이 부족해서가 아니라 크리스천이기 때문에 겪는 문제라고 생각되는 것들 또한, 사실 미숙함에서 온 경우도 많다. 또한 기독교적인 가치에 반하는 문화를 접할 때면 성숙하지 못한 인격으로 반응하여, 문제를 더욱 크게 만들기도 한다.

아무런 문제 없이 직장생활을 할 수는 없다. 처음부터 문제를 능숙하게 해결하는 것도 거의 불가능하다. 문제 속에서 넘어지고 실패하면서 배우면 된다. 문제를 문제로 인정하고 분석해야 한다. 어떤 것이 직장 환경의 구조적 문제인지, 어떤 것이 타인의 문제인지, 어떤 것이 나의 문제인지를 정확히 관찰하고 분별해야 한다.

문제를 문제로 인정하지 않거나 문제가 저절로 해결될 거라는 낙관적인 생각은 동일한 문제를 계속 반복시킬 뿐이다. 우리는 서둘러 자신의 미숙함을 인정해야 한다. 영적 리더와 직장 선배들에게 도움을 청하고 배우겠다는 겸손함만이 문제를 더 빨리 해결하게 해준다.

직장에서의 문제들을 잘 감당할 수 있으려면, 숨어 있는 준비된 공동체와 친구를 찾아야 한다. 사람은 살아가려면 음식이 필요하다. 하지만 그에 못지않게 공동체도 필요하다. 공동체도 음식만큼이나 사람에게 필수적이다. 하나님이 사람을 관계적으로 지으셨기 때문이다. 그래서 하나님은 우리가 가는 곳마다 관계를 맺을 수 있는 공동체나 친구를 예비해 두셨다. 분주하게 업무를 처리하다 하루 해가 저물면 최대한 빨리 직장에서 벗어나고 싶어 하는 상황에서 직장 내 친구를 찾는다는 게 이상하게 들릴 수도 있다. 그러나 직장에서 생기는 문제들을 함께 이야기하고 기도를 부탁할 수 있는 사람이 있다는 것은 정시 퇴근보다 더 확실하게 마음의 건강을 지켜 준다.

또한 경건생활을 조금이라도 유지해야 한다. 일에 적응하는 동안에는 늘 긴장이 따라다닌다. 그래서 집에 들어오면 피곤이 몰려오고 잠이 늘 부족하다. 그러다 보면 어느 새 기도와 말씀 생활은 뒷전이 된다.

그렇다고 자신을 책망해서는 안 된다. 이는 당연한 것이다. 이럴 때는 아주 조금이라도 기도와 말씀 묵상을 해야 한다. 시간이 많았던 대학생 시절에 한 시간 넘게 성경을 보고 기도했던 것처럼은 못한다. 하지만 노력은 할 수 있다. 성경 말씀을 암송하거나 휴대폰이나 인터넷으로 설교를 들을 수 있고, 신앙 서적을 매일 한 장씩 읽을 수도 있다. 비록 오랜 시간을 들이진 못해도 영적인 감각이 되살아나서 점차 기도와 말씀에 집중하게 될 것이다.

만약 조금도 하기 어렵다면, 일주일 중 하루를 정해서 그날만이라도 한나절은 기도와 말씀에 집중할 필요가 있다. 일주일에 한나절이 어렵다면 2주에 한 번, 한 달에 한 번이라도 한나절을 떼어 온전히 기도와 말씀에 집중해야 한다.

직장에서는 누구도 우리의 영혼에 관심을 두지 않는다. 그래서 어느 순간 우리는 자기 자신에게 영혼과 마음이 있다는 것도 잊은 채 점점 시들어 간다. 아무리 피곤하고 분주해도 시간을 정해 놓고 말씀을 보고 기도하는 것이 영혼을 회복하는 데 큰 도움이 된다.

영혼이 회복되어야 거칠고 딱딱한 직장생활을 이겨 낼 힘이 생긴다. 마음에 내적인 힘이 없다면, 쉽게 이겨 낼 수 있는 문제들도 너무 크게 보이고 작은 일들에 너무 예민해진다.

청년이 직장에 적응하는 방법에 관한 책은 이미 많이 나와 있다. 여기서는 교회 문화에 익숙한 크리스천 청년들이 직장 초년생 때 주의해야 할 태도를 중점으로 살펴보겠다. 직장생활을 하면 저절로 익힐 수 있는 태도지만, 대개 신입 때는 잘 모른다.

먼저 성숙한 사람으로서 책임지는 태도를 살펴보도록 하겠다.

책임지기

크리스천들 가운데 누가 직장에 적응하기가 어려운가? 교회 문화 속에서만 자라고 교회에서 많은 인정과 사랑을 받은 사람들이 그렇다. 왜 그런가? 교회와 직장의 문화가 다르기 때문이다. 물론 이들도 문화가 서로 다르다는 것을 머리로는 충분히 이해한다. 그러나 막상 직장 문화를 접하면 마음으로는 강하게 거부 반응이 일어난다.

교회는 섬김과 배려의 문화다. 그러나 직장은 군림과 지배의 문화다. 교회는 사랑을 위해 권위를 사용한다. 그러나 직장은 아랫사람을 부려먹는 즐거움과 유희를 위해 권위를 사용한다. 교회는 격려를 통해 권면을 한다. 그러나 직장은 모욕하거나 위협을 가한다.

물론 모든 교회가 다 그러한 것은 아니며, 모든 직장이 다 그러한 것도 아니다. 그러나 대체로 교회와 직장의 문화는 이렇듯 확연히 다르다.

이런 차이 때문에 가장 힘들어하는 사람들이 바로 교회 문화 속에서 인정받고 사랑받아 온 이들이다. 이들은 마치 일급수에서만 사는 쉬리와 같다. 그래서 혼탁한 직장에 들어가면 고통스러워한다.

그러면 어떻게 해야 하는가? 바로 성숙한 어른이 되는 훈련을 해야 한다. 책임지는 어른으로서 이런 문화에 대응해야 한다.

교회와 직장에서 청년들을 대하는 태도가 다른 것은 그들을 향한 전제가 다르기 때문이다. 교회는 청년들을 성장해야 할 사람으로 본다. 그래서 관용과 격려를 아끼지 않는다. 반면에 직장은 신입사원인 청년을 이미 다 성장한 사람으로 본다. 그래서 책임과 역할을 요구한다. 그 때문에 신입사원이 책임 있는 행동을 하지 않을 때는 거침없이 단호하게 대한다. 무책임한 신입사원에게는 인격적인 모욕을 할 수 있다고 생각하는 직장 상사들이 얼마든지 있다. 결국 직장은 자신의 역할에 확실히 책임을 지는 사람에게만 예의를 갖추고 인격적으로 대우해 준다. 책임감이 없는 사람은 이전에는 경험해 보지 못한 사나운 공격을 받게 된다.

따라서 책임감 있는 태도를 갖추어야 한다. 교회에서 받은 칭찬이나 아르바이트 장소에서 받은 칭찬은 모두 잊으라. 직장에서의 책임은 자원봉사의 섬김이나 단순하고 반복적인 일과는 차원이 전혀 다르다.

일단 직장에서의 일은 매우 복잡하다. 익히는 데 오랜 시간이 걸린다.

물론 처음부터 전문적인 일을 맡기지는 않겠지만, 아무리 단순해 보이는 일도 실수 없이 익히기까지 오랜 시간이 걸린다. 그리고 실수했을 때 미치는 파장이 매우 크다. 많은 사람에게 시간적 손실을 주며, 경우에 따라서는 직장에 금전적인 손실을 입힌다. 그리고 이 모든 결과는 그다음 일을 맡길 수 있을지, 아닐지를 평가하는 기준이 된다.

그렇다면 책임지는 행동이란 무엇인가? 책임지는 행동이 필요한 경우는 대략 세 가지다. 일을 맡았을 때, 일을 진행할 때, 그리고 일의 결과가 나왔을 때다.

일을 맡았을 때 보여야 하는 책임을 표면적으로만 생각해서는 안 된다. 일의 내용을 깊게 이해하려고 노력해야 한다. 자신이 맡은 일이 전체 업무 중에 어디에 위치하는지, 그 일의 궁극적인 목적이 무엇인지 알아야 한다. 그리고 혹시 자신의 업무가 잘못되었을 때 미칠 파장까지 알아야 한다. 과거에 그 일을 맡은 사람은 어떻게 일을 처리했으며, 그때 생긴 어려움은 무엇이었는지를 알려고 노력해야 한다.

무엇보다 중요한 것은 자신이 맡은 일의 책임 범위다. 구체적으로 그 누구도 제시하지는 않았지만 으레 자신이 책임져야 하는 일들이 있고, 책임 소재가 불문명한 일도 있다. 이럴 때 자신의 업무 범위가 어디까지인지를 정확히 파악해야 한다. 주어진 것에 최선을 다하되, 주어진 것만 해서는 안 된다.

예를 들면, 요리에 들어갈 재료를 다듬는 것이 자신에게 주어진 업무라면, 재료를 다듬는 일만 해서는 안 된다. 재료를 다듬는 데 사용한 주방기구들을 어디에서 어떻게 닦아 어디에 놔두는지도 알아야 한다. 다 다듬은 재료들을 어디에 보관하는지, 또는 누구에게 주어야 하는지도 알아야 하고, 재료 손질 결과를 누구에게 점검받아야 하는지 등도 꼼꼼히 확인해야 한다. 그래야만 전체적으로 일이 매끄럽게 진행된다.

이렇게 일을 하려면, 자신에게 주어진 일의 내용과 책임의 범위를 확실히 알 때까지 질문해야 한다. 많은 청년이 자신의 생각과 느낌으로 대충 일을 하다가 낭패를 본다. 일이 잘 진행되지 않는 것도 문제지만, 이렇게 되면 자신을 향한 신뢰감을 떨어뜨리게 된다. 따라서 일에 관해 모든 것을 알게 될 때까지 질문해야 한다. 사람은 대부분 누군가 꼬치꼬치 질문하면 귀찮아하지만, 질문하는 사람의 배우려는 열정은 늘 높이 평가한다. 이는 결국 신뢰를 쌓는 행위다.

일을 진행할 때 역시 책임이 필요하다. 이때 중요한 것은 자신의 한계를 정확히 아는 것이다. 일의 내용과 책임의 범위를 알았다면, 자신이 그 일을 어디까지 감당할 수 있는지를 예측할 수 있어야 한다. 물론 아무것도 시작하지 않고서 예측할 수는 없다. 막상 일을 해보니 자신의 생각과 달리 너무 어려워서 진행하기가 쉽지 않을 수도 있다. 정해진 날짜까지, 또는 정해진 목표까지 그 일을 진행하기 어려울 수도 있다.

이때는 빨리 상사를 찾아가서 도움을 청해야 한다. 그러면 노련한 상사가 효율적인 일의 방식을 제시해 주거나 작업 환경을 개선해 줄 수 있다. 경우에 따라서는 인력을 더 배치하여 그 일을 마치도록 도울 수 있다. 그가 보기에도 생각보다 일이 어려워 보이면 전체적으로 업무를 조율해 줄 것이다.

자신의 실력을 입증해 보이겠다고 무리하게 혼자 진행하다가는, 자신

뿐만 아니라 회사 전체에 큰 손실을 가져올 수 있다. 신입사원이 능숙하게 일을 처리하는 것도 좋지만, 자신의 부족함을 인정하고 상황을 신속하게 보고하여 대안을 함께 찾는 것도 좋은 모습이다.

가끔 거의 불가능하게 보이는 일을 처리해 내는 신입사원이 있다. 그러나 이것은 장기적으로 좋은 일이 아니다. 그 신입사원은 처음에는 칭찬과 격려를 받을 것이다. 그러나 그만큼 일이 계속 맡겨진다. 그래서 한동안은 감당할 수 있으나 결국에는 몸과 마음이 소진된다. 처음부터 자신의 역량과 한계를 정확히 파악하여, 꾸준히 지속할 수 있는 업무 방식을 선택해야 한다. 이것이 진정한 책임을 지는 것이다.

그리고 일을 하는 과정에서 다른 사람에게 도움을 받았다면, 반드시 감사를 표현해야 한다. 의외로 크리스천 청년들은 고마움을 표현하는 것에 서투르다. 때로는 도움받는 것을 당연하게 여긴다. 교회에서 도움을 받는 일에 익숙한 탓에, 고마움을 표현하지 못하는 것이다. 고마움을 표현하지 않으면, 상대방에게 거만한 사람으로 비쳐질 수도 있다. 그리고 다음에는 도움의 손길을 받지 못할 수도 있다.

음료수나 쪽지 등 어떤 것으로든 도움을 통해 많은 것을 배웠음을 표현해야 한다. 그러면 상대방은 우리를 자신의 마음 한 켠에 두기 시작한다. 사람이란 받고 싶은 마음이 들 때 받는 감사를 더 고마워한다. 표현을 하지 않을 뿐, 사람들은 자신의 도움에 뒤따라올 감사와 인정을 은근히 기대한다. 그럴 때 감사의 마음을 표현하면 센스 있는 사람이 된다.

일이 끝났을 때 역시 책임을 져야 한다. 일의 결과가 예상 목표를 채웠다면 다행이지만, 그렇지 않을 때는 책임을 져야 한다. 자신에게 미숙

했던 부분이 무엇이었는지 정확하게 인정하는 것이다. 그리고 자신이 할 수 있는 범위까지 책임을 지겠다고 이야기하는 것이다.

물론 사회 생활에서 책임을 진다는 말은 매우 위험한 것이다. 악한 마음을 가진 사람들이 모든 책임을 전가할 수도 있기 때문이다.

그러나 진정한 리더들은 무엇이 문제였으며, 누구의 잘못이었는지 정확히 파악한다. 자신의 잘못을 솔직히 인정하고 책임을 지려는 사람이 누구인지, 불합리하게 다른 사람에게 책임을 전가하는 사람이 누구인지 정확히 안다. 만약 늘 다른 사람들에게 잘못을 떠넘기는 사람의 말만 듣는 리더가 있다면, 그 회사에는 미래가 없다.

따라서 다른 사람의 책임까지 지게 될까 봐 걱정하지 말고, 자신의 문제와 잘못이 무엇인지 인정하고 그것을 고치려는 노력을 보여 주어야 한다. 이런 노력들은 사람들에게 감동을 준다. 일을 눈가림으로 하는 것이 아니라는 것을 보여 주고, 지금은 서투르지만 언젠가는 중요한 역할을 감당할 수 있다는 신뢰를 줄 수 있다.

또한 결과가 좋다면, 그 결과에 도움을 준 다른 직원들이나 상사를 반드시 밝히는 것도 중요하다. 도움을 준 이들에게도 감사를 표시해야 한다. 그렇지 않고 다 자신의 공으로 돌린다면, 회사로부터 인정받을지는 몰라도 다른 직원들의 마음속에는 이 일이 계속 앙금으로 남을 것이다. 그리고 이는 비생산적인 갈등으로 이어질 수 있다.

직장에서 책임지는 신입사원이 되는 것은 팀워크와 관련이 있다. 입시에 익숙한 청년들은 학교에서도 교회에서도 팀워크를 배울 일이 거의 없다. 오직 자신의 능력을 높이는 것만 배운다. 그래서 다른 사람들과 함께 일하는 것은 거의 해보지 못했고, 전체 일 중에서 작은 부분을 맡아 다른 사람들과 조화롭게 책임지고 전체를 완성하는 데 당연히 서투르다. 그렇기에 처음 영어 공부를 할 때 사전을 찾고 숙어를 외웠던 마음으로, 팀워크와 책임 있는 행동에 대해 공부하고 훈련해야 한다.

CHAPTER
19

직장에서 일어나는 문제들

●

앞서 성숙한 사람으로서 책임지는 태도를 살펴보았다. 이번 장에서는 크리스천 청년들이 직장 문화 속에서 만나는 대표적인 문제들을 살펴보고, 다음 장에서는 인간관계와 연관된 문제를 살펴보겠다.

 이렇게 문제를 살피는 것은 다소 원론적인 접근이지만, 이런 문제를 미리 생각하고 고민해 보지 않아 무작정 퇴사를 택하는 청년들도 많다. 모르는 곳을 찾아가야 할 때 미리 인터넷 검색으로 길을 알아 놓듯, 직장의 문제를 전체적으로 조감하고 기초적 대안들을 점검해 보자.

일이 안 맞는다

직장에 처음 들어가면 생기는 가장 많은 문제는 자신과 일이 맞지 않는다는 것이다. 왜 일이 맞지 않을까? '일단 취업만 하고 보자!'라고 생각하여 자신과 맞지 않는 직장에 들어가면 이런 문제가 생길 수 있다. 또는 자신이 원하는 직장에 들어가긴 했는데, 하고 싶은 일이 아닌 다른 일이 주어진 것일 수도 있다. 또는 막상 일을 하게 되었는데, 생각만큼 자신에게 맞는 일임이 아님을 발견할 수도 있다.

그렇다면 어떻게 해야 하는가? 자신에게 맡겨진 일을 외면하고 나와, 또다시 일을 찾아야 하는가? 그래서는 안 된다. 물론 나와 맞는 일이 무엇인지 찾아야 하지만, 그렇다고 지금 나에게 맡겨진 일을 외면해서는 안 된다. 그 일을 하면서 자신을 성찰해야 한다.

적어도 삼십대 중반까지는 자신을 발견하는 시기다. 자신과 맞지 않는 일 역시, 자신을 성찰할 기회가 된다. 맞지 않는 일을 할 때, 자신이 누구인지를 더욱 잘 발견할 수 있다. 자기 성찰은 좋아하는 일을 할 때뿐 아니라 싫어하는 일을 할 때도 가능하다. 어떤 일만 하면 기력이 쇠해지고 미리 지치고 피곤함이 몰려오는 것을 발견하는 일 또한 자신의 모습을 발견하는 중요한 단서다. 또한 싫어하는 것을 해봐야 진짜 좋아하는 것이 무엇인지 더욱 뚜렷해진다.

그래서 일정 기간(최소 일 년은)은 최선을 다해 그 일을 해야 한다. 자신과 맞지 않는 일에 최선을 다할 때 생기는 유익은 다음과 같다.

첫째, 맞지 않는 일에 최선을 다하면 오히려 그 일이 자신과 맞는다는 것을 발견할 수도 있다. 특정 일이 자신과는 잘 맞지 않는다고 생각할 때, 대개 그것은 편견과 오해에서 비롯된 것일 수 있다. 자신과 맞지 않는 일이라고 생각했지만 계속하던 중에 의외로 그 일을 누구보다 능숙하게 하는 자신을 발견하게 되는 경우도 많다. 내가 미처 발견하지 못한 내 모습이 드러난 것이다. 따라서 첫인상만으로 그 일이 나와 맞지 않는다고 결론짓는 것은 섣부른 태도다.

둘째, 비록 나와 맞지 않는 일이어도 최선을 다했다면, 그 일을 과감히 버릴 수 있다. 최선을 다했기 때문에 미련이 남지 않는다. 무언가를 버리기란 쉬운 일이 아니다. 특히 최선을 다하지 않고 막연한 생각만으로 포기할 때에는 '혹시 그 일이 나와 맞을 수도 있지 않았을까?' 하는 미련 때문에 버리지도 가지지도 못하는 힘든 시기를 보내게 된다. 최선을 다해 그 일에 집중했는데도 그 일이 맞지 않는다면, 내가 그 일을 왜 버리는지 당당히 말할 수 있다. 그리고 그런 당당함은 새로운 일에 더 빨리 몰입하게 한다. 따라서 자신의 일을 버릴 때 버리더라도, 한 번쯤은 사랑해 보도록 노력해야 한다.

셋째, 최선을 다하면 의외로 많은 것을 얻을 수 있다. 직장 일은 거의 비슷하다. 수익을 창출할 계획을 세우고, 사람들과 팀워크를 이뤄 실행하고 평가한다. 그리고 문제점을 개선해 나간다. 그래서 그 일이 자신과는 맞지 않아도 최선을 다해 임하면, 직장이나 사회에서 진행되는 일의 흐름과 분위기를 충분히 경험할 수 있다. 이런 경험은 책이나 사람들의 조언으로는 얻을 수 없는, 직접 몸으로 겪은 소중한 지식이 된다. 그리고 이런 지식을 통해 이전에는 전혀 예상하지 못한 자신의 일을 발견하게 될 수도 있다.

또한 최선을 다할 때, 건강한 인맥이 생긴다. 최선을 다해서 일을 하면 직장 동료나 거래처 사람들에게 좋은 인상을 남기게 된다. 그러다 나중에 그 사람들에게 적합한 일을 소개받을 수도 있다.

인맥은 절대 나쁜 것이 아니다. 인맥으로 불의나 불공평한 일을 하는 것이 나쁘다. 사람들에게 자신을 소개하고 알리는 교제와 관계는 사회에서 반드시 필요하다.

따라서 일이 맞지 않을 때에도 적어도 6개월만이라도 그 일에 깊이 잠길 필요가 있다. 그리고 딱히 꼭 하고 싶은 일이 없다면 지금 나에게 주어진 일에 충실하려고 노력하는 것이 중요하다. 이 자리를 하나님이 허락하셨다면 반드시 우리가 배워야 할 것이 있는 것이다.

임금이 너무 적다

직장 초년생 때 많이 등장하는 또 다른 문제는 임금이 너무 적다는 것이다. 자신이 들어갈 직장의 임금이 얼마인지 모르고 입사를 하는 경우는 별로 없다. 그러나 막상 직장에 들어가니 임금에 비해서 업무량이 너무 많을 때 실망감과 후회, 부당함과 억울함을 느끼게 된다.

그러나 대기업이 아닌 이상 대부분 직장에서는 이런 일이 거의 일어난다. 고용주가 비용 절감을 위해 과다하게 일을 맡기기도 하고, 직장 초년생의 연봉 기대치가 너무 높은 탓에 임금 수준이 매우 낮게 체감되는 것이다.

게다가 앞에서 언급한 것처럼 일이 자신과 잘 안 맞는다고 생각이 들면, 낮은 임금은 더욱 속을 쓰리게 한다. 그리고 임금이 낮을 때, 많은 이들이 자신과 일이 안 맞는다고 생각한다. 임금이 일하려는 동기를 강하게 유발하지 못하면, 지금의 일이 모두 부적합하게 보이는 것이다.

이렇게 임금이 적을 때는 어떻게 해야 하는가? 무조건 그만두어야 하는가? 부당한 대우를 당하고 있다고 생각하면, 분노가 솟구쳐 일에 집중하지 못할 수도 있다. 그래서 결국 퇴사를 결심할 수도 있다. 그러나 퇴사를 하기 전에 반드시 이런 질문을 던져야 한다. '지금의 일을 통해 얻어야 할 것이 꼭 돈뿐인가?' 물론 돈은 중요하다. 그래서 일한 만큼 돈을 못 받으면 억울한 감정이 생길 수밖에 없다. 돈 외에 직장에서 얻을 수 있는 것이 없을까? 있다! 일을 통한 경험이다.

이렇게 자문해 보자. '지금의 일은 내 장기적인 목표에 어떠한 도움을 주는가? 지금의 일을 통해 얻는 경험이나 지식, 정보, 팀워크, 인맥들은 훗날 내가 하려는 일을 준비하는 데 어떠한 도움을 줄 수 있는가?' 어떤 일은 낮은 임금과 과중한 업무량으로 우리를 비참하게 만든다. 그러나 어디에서도 얻지 못할 중요한 경험을 하게 될 수도 있다. 물론 임금을 많이 받으면 좋겠지만, 그렇지 않더라도 나쁠 것은 없다. 그 일을 통해서 자신을 준비시켜 나가는 것이 더욱 중요하다.

지금 임금이 적은 이유는 치열한 경쟁으로 원하는 직장을 가지지 못한 탓도 있지만, 자신의 직무 능력이 많은 임금을 받기에 아직 적합하지 않기 때문일 수도 있다. 따라서 낮은 임금에 실망하기 전에 먼저 자신을 준비시켜야 한다. 그러기 위해서 적은 임금의 일이라도 배울 것이 있다면 그 일을 자신의 것으로 품어야 한다.

이러한 관점으로 지금 하고 있는 일을 살펴야 한다. 그렇게 하고도 일을 관둬야겠다는 생각이 들면, 직장생활을 많이 한 선배나 영적 리더와 상의해 보고 결정해도 늦지 않다.

그러나 다른 직장도 상황이 그리 다르지 않다는 것을 기억하라. 그리고 임금을 많이 주는 것은 그만큼 과도한 업무량을 요구하는 것일 수도 있다. 일단 주어진 직장에서 최선을 다해 일한 다음에 퇴사를 결정해도 늦지 않다.

비전이 없다

신입사원이 어느 정도 일을 하다 보면, 그 일에 전혀 비전이 없어 보일 수 있다. 그렇게 느끼는 이유는 네 가지 정도로 들 수 있다.

첫째, 계약직이라는 불안정한 고용 상태다. 둘째, 크리스천 청년들에게 해당하는 것으로, 자신이 직장에 거룩한 영향력을 끼치지 못하는 것을 힘들어하는 것이다. 셋째, 회사가 자신에게는 중요한 일을 맡기지 않는다는 것이다. 넷째, 자기 역량의 한계를 보면서, 자신이 성장하지 않고 정체되어 있음에 불안해하는 것이다.

첫째 이유를 살펴보자. 경기 침체가 오래되면서 정규직보다는 계약직 형태의 고용이 늘고 있다. 그래서 경험이 부족한 청년들 중에서 많은 이들의 고용 형태가 불안정하고, 이는 곧 미래에 대한 불안으로 이어질 수밖에 없다.

그러나 계약직이라도 최선을 다해서 힘써 일해야 한다. 그 이유는 앞에서 언급한 문제 속에서 최선을 다해야 하는 이유와 동일하다. 계약직이라도 최선을 다하면 자신을 발견하게 되고, 중요한 경험을 통해 사회를 바라보는 통찰력을 기를 수 있다. 그리고 땀 흘리는 과정에서 형성한 인맥으로 다양한 기회가 생길 수도 있다.

우리는 더욱 명확히 목표를 설정해야 한다. 정규직이 되는 것만을 목표로 삼아서는 안 된다. 정규직만을 목표로 삼으면 지금의 상황이 너무 초조해 보일 수밖에 없다. 특정 분야에 깊은 실력을 갖춘 전문성을 목표로 삼아야 한다. 지금의 상황이 전문성을 갖추는 과정이라고 생각하고, 그 일을 즐길 수 있어야 한다. 그렇게 되면 자신과 주변에 좋은 영향을 끼치면서, 그 결과 정규직으로 전환될 수도 있다.

점점 경기는 어려워질 것이고, 청년들은 경쟁에서 살아남기 위해 더 많은 준비를 해야 할 것이다. 그러나 기업의 인사 담당자들은 한결같이 사람이 없다고 말한다. 왜 그럴까? 많은 청년이 자격증과 해외연수 등에 열을 올리는 반면, 일에 대한 열정은 없기 때문이다. 많은 청년이 안정적인 직장을 바랄 뿐, 일을 통해 얻는 행복에 관해서는 잘 모른다. 그러나 일과 깊은 화목을 이루며 그 속에서 즐거움과 자유로움을 누리는 사람만이 시대와 상황을 이끌어 가는 리더가 될 수 있다.

따라서 지금 고용이 불안정하다고 안정만을 추구해서는 안 된다. 지금의 일을 자신의 일로 여기며, 그 속에서 주변 사람들과 공동체에 긍정적인 영향을 미치는 사람이 되도록 노력해야 한다.

둘째 이유를 살펴 보자. 직장에 거룩한 영향력을 미치려는 생각으로 성급히 변화를 시도해서는 안 된다. 우리의 말 한마디만으로 직장 분위기가 바뀌고 과장님이 무릎 꿇고 회개하는 역사가 일어날 수는 없다. 그런데도 크리스천 청년들은 자신을 통해 직장이 변화되는 모습을 눈으로 빨리 확인하고 싶어 한다.

조급하게 굴어서는 안 된다. 모든 것에는 준비 과정이 필요하다. 척박한 땅을 기름진 땅으로 바꾸려면 거름을 한두 번 주어서는 안 된다. 지속적인 기경과 돌봄이 있어야 땅이 살아난다. 회사에 영향을 끼치는 것 또한 장기적인 시각으로 직장이 회복되기를 소망하며 준비해 가야 한다.

어떤 분야든지 새로운 것으로의 변화는 고수들이 주도하게 되어 있다. 요리를 새롭게 만드는 것은 최고 주방장의 일이다. 신참은 주방기구를 씻고 감자를 깎으며 기본적인 일을 배운다. 그러다 기본기가 다져지고 시간이 지나면, 그때 가서 창의성을 발휘한다.

직장 안의 신앙인으로서 새로운 문화와 삶을 만들어 낼 수 있으려면, 먼저 업무 처리에 능숙해야 한다. 직장에 적응하지도 않았는데 그 문화를 주도해 나갈 수는 없다. 따라서 처음 직장에 들어가면 신앙인으로서 무언가를 해야 한다는 초조함을 버리라. 무엇보다 그곳에 충분히 적응하는 것이 급선무다.

셋째 이유를 보자. 우리에게 중요한 일을 맡기지 않는다는 것도 어려운 문제가 될 수 있다. 능력을 입증해 보이고 싶은데, 여간해서 그런 기회가 주어지지 않는 것이다. 왜 중요한 일을 맡기지 않는 것일까? 간단하다. 믿지 못하기 때문이다. 중요한 일을 하기에는 아직 역량과 경험이 부족하기 때문이다. 또는 이전에 맡은 작은 일에서 신뢰감을 잃었을 수도 있다. 중요한 일은 준비된 사람에게 맡겨진다.

처음 직장생활에 임할 때, 자신은 엑스트라라고 생각해야 한다. 실제 직장에서의 주인공은 실무을 담당하는 선임들이다. 신입은 그들을 철저히 도와서 그들이 빛나게 해줘야 하는 이들이다.

때가 되어 준비가 되면 주변에서 주인공을 시켜 줄 것이다. 그때까지는 철저히 배워야 한다. 이전에 알고 있던 지식만 믿고 자만하지 말고, 모든 것에 배우는 자세로 임해야 한다. 선임의 말하는 방식, 일 처리 방식들을 모두 교과서를 들여다보듯 하나하나 살피고 생각하며 배워야 한다.

물론 배울 것이 별로 없는 선임도 있다. 그러나 그 선임이 직장에서 자신의 역할을 차지하는 것은 그만한 이유가 있다. 완벽한 사람은 없다. 또한 모든 사람에게는 다 배울 것이 있다. 경쟁이 치열한 직장에서 살아남아 있는 이들에게는 자신만의 필살기가 있다. 그것을 찾아내서 배워야 한다. 만약 그것이 죄악에 가까운 방법일지라도 주목하고 알아 두어야 한다. 그래야 자신을 지킬 수 있다.

어느 곳이나 신입사원에게는 아주 기초적인 일부터 맡겨 훈련을 시킨다. 신입 입장에서는 '내가 겨우 이런 일이나 하려고 대학 공부를 하고 유학을 다녀온 줄 아나?' 하고 한탄할 수도 있다. 그러나 아주 기초적인 실무 지식을 알아야만, 기회를 얻고 창의성을 발휘할 수 있다.

이제 넷째 문제를 살펴보자. 많은 청년이 성장하지 못하고 있다는 생각으로 고통스러워한다. 다른 사람들은 이 시대에 필요한 사람들로 변화되고 발전하며 역량이 날로 성장하고 치열한 경쟁에서도 살아남을 수 있는 실력자로 성장하는데, 자신만 그대로 인듯하다. 자신만 발전을 멈추고 사소하고 자잘한 문제에 신경을 쓰며 점점 난쟁이가 되고 있는 듯하다.

그래서 불안하고 초조하다. 이대로 가만히 있을 수 없다. 쉬는 시간에도 무언가를 해야 한다고 생각한다. 그래서 각종 자격증과 영어 공부에 신경을 쓴다. 그러나 이것은 캄캄한 밤하늘에 화살을 쏘아 올리는 것처럼 방향 없는 분투일 뿐이다. 몸만 더욱 피곤하다.

왜 그렇게 성장에 조급해하는가? 사회의 상황이 점점 더 안 좋아지기 때문이다. 그래서 경쟁이 더욱 치열해지고, 이러한 경쟁 속에서 살아남기 위해 다른 사람보다 한 가지라도 더 좋은 조건을 갖춰야 한다고 생각하게 되기 때문이다.

자신의 가능성과 잠재성을 이 세상에 충분히 발휘하려는 것은 매우 정당한 일이다. 하나님도 우리가 그분께 받은 선물을 남김없이 발산하여 세상에 아름다운 영향력을 끼치기 원하신다.

그러나 성장을 하기에 앞서, 과연 성장이란 무엇인지를 먼저 정의해야 한다. 나 자신이 성장하고 있음을 무엇으로 측정할 수 있는가? 대체로 사람들은 세 가지 방식으로 자신의 발전을 이야기한다. 그것은 바로 돈과 능력, 누림이다.

먼저 돈이 말하는 발전이란, 통장에 어제보다 오늘 더 많은 잔액이 쌓이는 것을 뜻한다. 생활을 유지하고 소비하면서도 재정이 계속 쌓이면, 성장하고 있다고 생각한다. 그리고 능력이 말하는 발전이란, 직장에서 핵심 업무를 담당하는 사람으로 인정받는 것을 뜻한다. 이전 직장에서는 있어도 그만 없어도 그만일 뿐이었는데, 지금 회사에서는 존재감 있는 사람이 된 것이다. 마지막으로, 누리는 것이 말하는 발전이란, 삶의 소비 수준이 높아지는 것을 뜻한다. 예전에는 6천 원짜리 밥을 거의 매일 먹었는데, 이제는 3만 원짜리 스테이크를 자주 먹는다. 예전에는 저렴한 가방을 들고 다녔지만, 지금은 명품백을 들고 다닌다. 사람들은 그런 자신의 모습을 보며 성장했다고 느낀다.

　이런 것이 세상 사람들이 말하는 성장이다. 그렇다면 크리스천은 무엇을 성장으로 봐야 하는가? 그것은 자신에게 주어진 상황 속에서 하나님의 뜻을 더 잘 분별하며 그분의 뜻에 순종하는 것에 점점 더 익숙해지는 것이다.

　이러한 성장의 정의가 세상 물정 모르는 신앙의 관점에만 충실한 것처럼 보일 수 있다. 그러나 우리 삶의 궁극적인 완성은 우리를 향한 하나님의 뜻이 이루어지는 것이다. 하나님은 우리 각자를 향해 그분만의 선하신 뜻을 갖고 계신다. 우리의 삶은 그 뜻을 이루어 가는 여정이다.

　돈과 인정과 누림의 삶은 우리가 원한다고 이루어지는 것이 아니다. 그것은 하나님의 뜻을 이루어 가는 과정 가운데 있을 수도 있고 없을 수도 있는 부수적인 것이다. 하나님은 독생자 예수님을 죽이시기까지 우리를 사랑하신 그 선하심 속에서 때를 따라, 필요에 따라 많은 것을 공급해 주실 것이다.

　돈과 인정과 누림 자체는 우리의 목적이 아니다. 오히려 이런 것은 사람들 사이에서 우월의식을 느끼고 싶은 마음에 생기는 것이다. 성장이 무엇인지 정확히는 모르지만, 내가 다른 이들보다 조금 더 나은 삶을 살고 있다는 안정감을 누리고 싶기 때문에 이런 것을 성장의 평가 기준으로 삼는 것이다.

　그러나 우리의 삶은 다른 이들과의 비교를 통해 평가할 수 있는 것이 아니다. 우리는 하나님이 허락하신 환경 속에서 익히고 배우고 순종하는 숙제를 충실히 감당해야 한다. 앞으로 우리 삶이 어떻게 전개될지 전체적인 그림은 정확히 모르지만, 하나님이 허락하신 숙제를 한 조각, 한 조각 충실히 맞춰 나가 전체 퍼즐을 완성할 것이다.

성장하지 못한다는 것은 착각이다. 시속 800km로 달리는 비행기 안에서는 그 속도를 느끼지 못한다. 우리를 향한 하나님의 뜻은 비행기보다 빠르다. 한시도 움직이지 않고 진행 중이다. 날아가는 비행기 속에서 지루함을 느끼고 잠을 자는 것처럼, 단지 하나님의 뜻이 이루어지는 속도를 전혀 체감하지 못하는 것뿐이다.

우리는 하나님을 신뢰함으로써 우리 자신의 시간을 해석해야 한다. 성장을 해석하는 방식이 달라져야 한다. 소유와 인정, 문화적인 수준으로 자신의 성장을 평가해서는 안 된다. 매일의 작은 변화들을 성장의 내용으로 여겨야 한다.

까다로운 선임과 조화를 이루는 모습, 사람들을 파악하고 이해하는 모습, 처음에는 겨우 따라가기에 급급했던 업무에서 능동적인 창의성과 새로운 대안을 찾는 모습, 자신의 의견을 솔직히 표현하는 모습, 상대방의 마음이 상하지 않게 거절하는 모습, 이를 통해서 쌓이는 경험과 통찰력과 새로운 가능성의 상상 등도 성장의 기준에 담겨야 한다.

삶은 늘 똑같이 반복되지 않는다. 우리가 먹는 매끼 밥도 늘 똑같지 않다. 문제는 모두 단순하게 똑같다고 여기는 관점이다. 우리의 일상은 작은 변화와 차이를 만들어 낸다. 이런 것을 감지하고 찾아내면 자신의 성장을 감지할 수 있다.

직장에 정서적으로 융화되지 못하는 문제

직장에 들어가서 열심히 적응해 보리라 다짐하지만 직장이 낯설기만 한다. '처음이니까 그렇겠지' 또는 '시간이 지나면 괜찮겠지'라고 생각하지만, 여전히 직장 공동체에 속하지 못한다.

왜 그럴까? 여기에는 두 가지 이유가 있다. 첫째는 직장의 구조적인 문제다. 크리스천으로서 적응하기 어려운 업무 방식과 문화 때문이다. 둘째는 나 자신이 직장을 싫어해서다.

사실 신입 때 직장에 적응하지 못하는 이유는 첫 번째 이유보다 두 번째 이유가 더 많다. 첫 번째 이유는 직장에서 어느 정도의 시간을 보냈을 때 찾아온다. 처음 직장생활을 시작할 때, 직장이 지극히 상식적으로 움직이고 있음을 알 것이다. 첫인상부터 죄악된 이미지를 풀풀 풍기는 범죄집단 같은 직장은 없다. 그런 직장이라면 아예 처음부터 들어가지 않았을 것이다. 직장에는 열심히 일해서 돈 벌고 가정을 꾸리고 직장 동료들과 별 문제없이 지내려는 지극히 정상적인 사람들이 있다. 물론 직장생활이 깊어지면, 그때서야 크리스천이 아닌 사람들의 일하는 방식과 문화 때문에 조금씩 힘들어질 수 있다. 그러나 신입사원 때 직장에 적응하지 못하는 경우 대부분 문제는 본인에게 있는 것일 수 있다.

물론 신입이 들어오면, 기존 직원들은 대개 다소 냉소적인 태도를 보인다. 신입이 언제 또 나갈지 모르므로 마음을 주기가 어려운 것이다. 그래서 신입사원이 지금의 직장을 향한 진정성과 성실함을 보일 때까지 투명인간 취급하는 경우도 있다. 그러나 신입이 직장과 직장 동료들을 소중히 여기는 모습을 보이면 마음을 열기 시작한다. 즉, 직원들의 태도에 관한 문제는 시간이 지나가면 저절로 해결된다.

문제는 두 번째 문제, 즉 신입사원 본인이 지금의 직장을 싫어한다는 것이다. 그러나 첫 직장에 만족하는 청년은 거의 없다. 첫 직장은 자신의 기대에 한참 못 미치는 것처럼 보인다. 일의 종류나 직무 환경, 연봉 등 모든 것이 불만족스럽다.

그래서 실패감에 사로잡힌다. 치열한 경쟁에서 밀리고 밀려, 하류로 떠내려 온 듯한 느낌이 들기도 한다. 그래서 직장을 부끄러워하고 수치스러워하기도 한다. 어디에서 무슨 일을 하는지 물어보는 사람이 있으면 잔뜩 긴장한다. 그리고 언젠가는 이곳을 빨리 떠날 거라고 다짐한다.

직장을 무시하고 만족하지 못하니, 당연히 적응하지 못한다. 그리고 이런 속마음은 직장 내 사람들도 다 느낀다. 그들의 구겨진 표정과 짧은 답변, 침울한 분위기가 그것을 말해 준다.

신입사원이 자신의 직장을 싫어한다고 느낄 때, 직장 사람들 역시 신입사원에게 거리를 둔다. 열심히 일하는 자신의 일터를 부정적으로 생각하는 신입사원을 바라보며, 자신이 무시당했다고 생각하기도 한다. 그리고 그 교만한 청년을 공동체 구성원으로 받아들이기를 조심스러워한다. 그래서 신입사원은 정서적으로 더 직장에 속하기 어렵게 된다.

새로운 구성원을 받아들일 때, 모든 직장은 "그에게 이곳은 얼마나 절실한가? 기꺼이 우리를 받아들일 준비가 되었는가? 열심히 임할 자세가 되었는가?"라는 질문을 던져 보고 관찰한다. 답이 시원찮으면, 새로운 구성원을 향해 보이지 않는 거대한 벽을 쌓게 된다.

안타깝게도 많은 크리스천 청년이 직장 안에서 이방인처럼 행동한다. 특히 교회에서 훈련을 많이 받은 청년일수록 더욱 그렇다. 자신의 신앙이나 가치관과 맞지 않는 직장은 자신의 공동체가 아니라고 생각한다. 우선순위가 늘 교회와 신앙이다. 그리고 크리스천이 아닌 사람들은 자신의 신앙을 이해하지 못하리라고 짐작한다. 상처를 받지 않으려고 경계를 하는 것도 그 때문이다. 그들은 무슨 일이 생기면 얼마든지 그곳을 관둘 수 있다는 의식을 가진다. 대화로 풀 수 있는 것을 영적으로 해석한다. 그러면서 마음의 거리는 더 벌어진다. 종교적인 일 외에는 일반 업무가 행복하지 않다. 심지어는 일에 최선을 다해 전념하지 않고 은근히 일을 우습게 여긴다. 이런 태도들은 다른 동료들이 아픔을 넘어 적의를 품게 한다.

직장은 공동체다. 교회 공동체만큼이나 중요한 공동체다. 어떤 곳보다 제일 오랜 시간을 보내는 곳이다. 직장의 일로 다 함께 긴장하고, 다 함께 웃는다. 누군가 잘못하거나 실수하면 모두 함께 영향을 받는다. 직장에서 생긴 문제는 우리의 마음을 힘들게 한다. 이처럼 직장은 우리에게 많은 영향을 끼친다. 이렇게 직장이 우리와 깊이 연결되어 있음에도 그곳을 공동체로 인정하지 않는 것은, 나의 신체 일부를 부정하는 것과 같다.

우리는 직장을 하나님이 허락하신 공동체로 여겨야 한다. 설령 지금의 직장이 마음에 들지 않더라도, 그곳이 하나님이 보내신 곳임을 깨닫고 최선을 다해야 한다. 하나님이 우리를 그곳으로 보내셨다면, 우리를 훈련시키고 준비시킬 계획을 품고 계실 것이다. 비록 충분히 존경할 만한 사람들이 아니고 만족스런 공간이 아닐지라도, 내게는 꼭 맞는 곳임을 믿어야 한다.

나는 이 일이 정말 좋고 당신들과 일하게 되어서 감사 드린다는 것을 회사에 보여 주어야 한다. 그때 사람들은 마음을 열고 조금씩 다가온다. 인턴과 아르바이트생 역시 그렇게 해야 한다.

생물학적인 문제

생물학적인 문제는 직장의 일로 몸이 힘든 것을 말한다. 일은 힘들고 어려운 것이 당연하지만, 몸이 감당할 수 없을 만큼 일이 많은 것은 큰 문제다. 많은 업무량과 잦은 야근, 그리고 불규칙한 생활 등은 건강을 악화시킨다. 특히 그 직장 내에 경쟁 구도가 강하게 자리 잡고 있다면, 다른 사람에게 뒤지지 않기 위해 몸을 더 혹사시킬 것이다.

문제는 자신의 문제가 악화된 건강에 있음을 모르는 것이다. 일이 힘든 것은 그저 자신에게 정서적으로 문제가 있으며, 자신이 적응을 잘하지 못하는 사람이기 때문이라고 생각한다. 직장에서도 이런 문제가 생기면 개인의 탓으로 돌린다. 다른 사람은 다 잘 참는데 왜 유독 너만 난리냐는 것이다. 직장 분위기가 그러하면, 몸이 아픈 것은 무능한 것이 된다.

물론 평소에 건강 관리를 못한 책임이 당사자에게 있을 수 있다. 그러나 어떤 직장은 인간의 생물학적 한계를 초월하여 일을 맡긴다. 물론 직장에 처음 들어가서는 일을 잘했을 것이다. 그러다가 어느 순간 몸이 힘들어지면 이렇게 생각한다. '지금까지 잘해 왔는데 갑자기 왜 이러지?' 이 말은 통장에 돈을 집어넣지 않고 계속 쓰면서 '돈이 있었는데 왜 갑자기 없지?'라고 하는 것과 같다. 그동안 감당해 온 것은 능력보다는 건강 때문이었다. 이제는 그 건강을 다 사용해 버린 탓에 결국 몸에 이상이 생긴 것이다.

크리스천 청년 중에는 사람들의 인정에 목마른 나머지 자신의 몸을 돌보지 않고 직장생활을 하는 경우가 많다. 상사와 주변 사람들에게 인정을 받으려고 자신에게 있는 소중한 것을 돌보지 않고 시키는 대로 달려가는 것이다.

건강이 사라지면 직장에서는 어떻게 하는가? 몸이 회복될 때까지 기다리는가? 아니다. 건강이 사라지고 나면 외면할 것이다. 그리고 더 젊은 청년들이 그 자리를 채울 것이다. 물론 그들 역시 비슷한 과정을 밟게 될 것이다.

사회에 나가면 누구도 나를 돌봐 주지 않는다. 스스로 자신을 챙겨야 한다. 그렇다고 일을 게을리하라는 것이 아니다. 일을 감당할 수 있는 삶의 체계를 갖추어야 한다는 것이다. 특히 초창기 때는 업무의 전문성을 키우기 위해 남들보다 몇 배는 더 힘들게 배워야 한다. 이것을 이겨 내야 한다. 시간을 내서라도 운동을 하고, 아무것이나 함부로 먹지 않고 몸을 관리해야 한다. 그리고 자신의 한계가 어디인지를 정확히 알고 있어야 한다. 사람마다 특성이 다르고 지성적인 조건이나 신체적인 조건도 서로 다르다. 그래서 일에서 느끼는 피로도 다르다. 누군가는 밤 새는 것을 힘들어하고, 누군가는 글 쓰는 것을 힘들어한다. 일을 시작할 때는 꼭 자신의 한계를 정확히 이해해서 대비하며 그 일을 감당해 나가야 한다.

자신의 한계를 넘어서는 일이 주어지면, 자신의 한계를 정확히 고백하고 조언을 구해야 한다. 여전히 직장을 사랑하고 있으며, 직장에 중요한 기여를 하기 위해서 많이 노력하고 있음을 표현해야 한다. 자신의 건강을 지키는 범위에서 직장에 좋은 결과를 만들어 드리겠노라고 말씀을 드려야 한다. 이런 것이 받아들여지지 않는다면 분명 결단도 필요하다.

건강을 위해 개인적으로 노력하더라도, 우리나라의 직장은 대부분 개인의 건강을 배려하지 않는다. 그리고 아이러니하게도 이런 직장이 대체로 월급이 더 많다.

그러나 지금 당장 많은 돈을 버는 것이 건강을 해칠만큼 값진 것인지를 염두에 두고 지혜롭게 선택할 수 있어야 한다. 비록 월급은 적더라도 건강을 챙기고 오랜 기간 근무할 수 있는 환경이 직장 전체를 위해서도 중요하다.

기독교적인 가치가 침해받는다

크리스천 청년들에게 있어서 직장생활의 가장 큰 문제는 신앙의 양심에 위배되는 죄악된 문화일 것이다. 직장은 기독교의 가치를 실현하기 위해 만들어진 곳이 아니다. 철저히 상업 자본주의의 원칙을 위해서 만들어진 곳이다. 따라서 수익과 효율성을 높일 수 있다면 거짓과 속임, 불의, 불공평, 폭력 등도 묵인한다.

질 나쁜 물건을 정상 가격으로 팔아 돈을 번다든지, 남의 기술을 빼앗아 온다든지, 사람들에게 위험한 물건을 만들어 판다든지, 광고와는 다른 서비스와 제품을 제공한다든지, 벌어들인 돈으로 악한 일을 한다든지, 수익을 높이기 위해 사원들끼리 지나치게 배신하거나 음모를 꾸민다든지, 경영자들이 부하 직원을 향해 모욕과 횡포를 서슴치 않는다든지, 남몰래 부당거래를 진행한다든지…. 이런 일들은 관행이 되어 이제는 죄악으로 느껴지지도 않는 것들이다.

이런 문제 앞에서 크리스천 청년들은 당황한다. 그리고 자신도 그런 문제에 속해 있거나 동조한다는 생각 때문에 수치심을 느낀다. 열심히 일했던 결과가 신앙 양심에 위배되기도 하고, 다른 사람에게 안 좋은 영향을 끼치기도 한다. 그래서 그곳을 벗어나려고 한다.

물론 영혼을 파괴하는 노골적인 범죄에 대해서는 단호하게 결단을 내릴 수 있어야 한다. 그러나 그곳을 떠난다고 문제가 해결되는 것은 아니다. 예수님이 오실 때까지 이 세상에는 죄악된 문제들이 가득할 것이다. 다른 직장을 가더라도 마찬가지다. 형태는 달라도 여러 가지 악한 문제들을 얼마든지 발견할 수 있다. 온전히 거룩한 인간은 어디에도 없듯, 완전한 직장 역시 존재하지 않는다.

그렇다면 어떻게 해야 하는가? 한 번은 온몸으로 부딪쳐야 한다. 하나님이 우리를 보내신 이유도 그 때문이다.

먼저 실제 세계를 보는 눈이 필요하다. 그동안 우리는 선과 악이 구분되어 있는 세계 속에 살았다. 그러나 실제 세계에는 선과 악이 마구 뒤섞여 있다. 선과 악이 명확히 구분되어 있다면 좋겠지만, 실제는 그렇지 않다. 선을 위해 악을 행하기도 하고, 악을 행하는 곳에 선이 있기도 하다.

회사의 돈을 빼돌리는 김 부장은 사실 아픈 어머님의 약값 때문에 그러는 것일 수도 있다. 사람들에게 모멸감을 주는 이 부장은 사실 사랑받고 싶어서 그러는 것일 수도 있다. 악한 일 속에도 선이 있을 수 있다. 반대의 경우도 있다. 중요한 프로젝트를 다른 사람들에게 양보하는 박 부장은 사실 일에 책임을 지기 싫어서 그러는 것일 수 있다. 직원의 성실함을 칭찬하며 후한 선물과 격려금을 주는 것은 사실 회사의 숨은 비리를 막기 위한 방편일 수도 있다.

실제 세계에서 선과 악을 딱 자르기란 쉽지 않다. 모든 것이 모호하다. 그러므로 우리는 악해 보이는 상황과 사람들을 긍휼함으로 품을 수 있어야 한다. 어쩌면 악한 일을 자행하는 이들은 자신이 할 수 있는 일이 그것뿐이라고, 그것이 최선이라고 생각할 수도 있다. 그것 말고는 다른 방법이 있다는 것을 전혀 모를 수도 있다.

그래서 우리는 직장 내 악한 문화를 긍휼히 여겨야 한다. 그 문화를 정죄해서는 안 된다. 우리도 그러한 상황에 놓이거나 그러한 유혹에 이끌린다면, 그렇게 행동할 수도 있다. 그 사실을 인식할 필요가 있다. 정죄보다는 개인의 잘못을 넘어, 거대한 쇠사슬처럼 연결되어 있는 악의 강력한 구조와 힘을 인식하는 것이 중요하다.

그리고 그 속에서 탄식해야 한다. 탄식이 회복의 시작이다. 성경을 보면, 하나님은 거룩한 일을 이루시기 위해 먼저 기도로 탄식하시는 분을 보내셨다. 우리도 바로 그런 사람이다.

우리는 할 수 있는 한 가장 좋은 선택을 해야 한다. 우리가 할 수 있는 영역과 범위를 찾아야 한다. 우리의 권한이 아무리 작아도, 우리가 할 수 있는 거룩한 선택이 있다.

이때 잊지 말아야 할 것이 있다. 개혁이란 그 내용이 받아들여져서가 아니라, 그것을 주장하는 사람들이 받아들여지면서 시작된다. 내용보다 더 중요한 것은 그것을 주장하는 사람에 대한 신뢰다. 성공한 개혁들을 보면, 그것들은 그때 처음 등장한 주장이 아니었다. 이전에도 이미 몇 차례나 언급되던 것들이다. 그러나 이전에는 그것을 주장하는 사람들을 믿지 못했기 때문에 수용되지 못했고, 이제는 신뢰가 가는 사람이 나타나자 받아들여진 것이다. 급진적인 것을 주장하며 사람들과 멀어져 홀로 서 있는 것보다는 점진적인 것을 선택하여 조금씩 사람들의 마음을 얻어 가는 것이 좋다. 개미가 땅을 파듯 서서히, 그러나 꾸준히 하는 것이 필요하다.

이런 거룩한 시도들을 본 주변 사람들은 분명 핀잔을 주거나 무시할 것이다. 그러나 선을 행함으로 고난당하는 것이 우리의 삶이다. 물론 주변의 반대나 적대감은 우리의 거룩한 선택의 의미를 퇴색시킬 수도 있다. '내가 노력한들 얼마나 바꿀 수 있겠어?'라는 생각이 들 수도 있다. 그러나 이런 노력으로 우리가 있는 그곳이 덜 부패하게 할 수는 있다.

하나님은 때가 되면 반드시 우리에게 힘과 권한을 주실 것이다. 그때를 위해서 지금부터 준비해야 한다. 우리가 할 수 있는 범위 안에서 거룩한 선택을 해 나가야 한다. 지금 이런 선택을 하지 못하면, 나중에 힘과 권한이 주어졌을 때 거룩한 선택을 하기는커녕 자신도 모르는 사이 이전에 내가 정죄했던 사람들의 모습을 보이게 될 수도 있다.

지금의 문제는 어제오늘 갑자기 생긴 것이 아니다. 그 문제를 해결할 준비가 된 사람이 그 전에는 전혀 없었기 때문에 생겨난 문제다. 지금 고민하고 준비하면, 10년이나 20년 후에는 그 일을 거룩하게 감당할 수 있으리란 넓을 시각을 가져야 한다.

　직장 내에는 숨어 있는 하나님의 사람들이 있다. 같은 문제로 고민하는 이들이 분명히 있다. 다만 동역자가 없기 때문에, 혼자만의 싸움이라는 생각으로 숨어 있을 뿐이다. 그들을 발견하여 함께 고민하며 변화를 시도해야 한다.

　모든 개혁이 하나님의 손길 가운데 있음을 잊지 마라. 상황이 아무리 어렵고 우리의 능력이 아무리 부족해도, 하나님이 일하시면 언제든 개혁과 변혁, 부흥이 일어난다. 따라서 우리가 할 수 있는 일을 시도하되 겸손히 하나님의 일하심을 기다려야 한다.

　하나님이 보시는 것은 결과가 아니다. 중요한 것은 우리가 어떤 상황에서 어떤 동기로 어떠한 선택을 했는지다. 비록 그것이 좋은 결과를 만들어 내지 못했더라도, 하나님 백성으로서의 삶을 선택한 것만으로도 충분하다.

　최선을 다해 시도하되, 자신의 영혼이 그 악에 동조되고 침식당한다고 생각될 때에는 결단을 내려야 한다. 직장이 아무리 중요해도, 우리 영혼보다는 중요하지 않다. 다만 직장에서 만나는 죄악된 문제들은 몇 가지로만 설명할 수 없는 복잡성이 있다. 따라서 문제를 만날 때는 홀로 결정하지 말고, 교회의 영적 리더와 함께 상의하는 것이 중요하다.

　한 자매가 회사에 들어갔는데, 자기 부서에서 오래전부터 내려오던 관행을 보게 되었다. 외근이나 출장이 없는데도 경비와 수당을 타 가는 문제였다. 처음에 자매는 얼떨결에 그 돈을 받았다. 그러나 점점 신앙의 양심 때문에 마음의 평안함이 사라지고 고통스러웠다. 부정직한 돈이었지만, 자기 홀로 그 돈을 거부하면 다른 직원들이 따돌리기 시작할 것 같았다. 오랫동안 고민하던 자매는 이 문제를 놓고 한 달 동안 저녁 금식을 하기로 했다. 하나님을 사랑하는 마음과 그분이 주시는 평안함 속에서 결단을 내린 자매는 경비와 수당을 지급하는 계장을 찾아갔다. 그리고 앞으로 자신은 이런 돈을 받지 않겠다고 말했다. 그런데 뜻밖에도 문제는 쉽게 풀렸다. 계장이 자매의 말을 아무렇지 않게 수용해 준 것이다. 다행히 직장 동료들도 자매를 따돌리지 않았다(신앙이 없는 사람도 하나님의 형상이다. 그들에게도 양심이 있다). 자매는 선하게 인도하신 하나님께 감사했고, 그동안 부정직하게 받았던 돈을 모아 어느 단체에 기부했다.

물론 이 자매의 회사 안에 있는 잘못된 관행은 사라지지 않았다. 근본적인 문제는 여전히 존재하지만, 이 자매의 상황은 비교적 잘 해결되었다. 이 일이 분명 작은 불빛 역할을 해줄 것이다.

그러나 이 자매처럼 행동했을 때 어려움을 겪는 경우가 더 많다. 그럼에도 우리는 이 자매처럼 행동해야 한다. 우리의 시도가 불발로 끝나더라도, 하나님을 경외하는 차원에서 이루어진 작은 행동들이 우리가 속한 공동체를 더 아름답게 만들어 줄 것이기 때문이다.

주일성수 문제

주일성수 문제는 청년 크리스천이 사회 초년생 때 도전받게 되는 대표적인 기독교 가치의 위협이다. 주일성수 문제에는 분명한 원칙이 있다. 주일에는 하나님 앞에서 예배를 드려야 한다. 주일에는 하나님과 깊은 관계를 맺을 뿐만 아니라, 교회 공동체와 친밀감을 쌓는 것이 중요하다. 그리고 주일은 지친 몸과 마음을 쉬게 해주는 날이기도 하다. 하나님과 교회, 그리고 자신을 위해서 반드시 주일성수를 해야 한다.

그러나 현대 사회의 많은 직업이 주일에도 쉬지 못하고 일을 해야 한다. 특히 서비스 직종이나 사람들에게 꼭 필요한 일이 그렇다. 의료나 소방, 경찰 등은 시민의 안전을 위해 주일에도 늘 대기하고 있어야 하고, 주일에 더 많은 사람이 찾는 백화점이나 음식점, 그리고 이러한 곳에 물건을 공급하는 유통 업계도 주일에 쉬지 못한다. 또한 주일에 쉬는 직장이어도, 회사에 갑자기 중요한 일이 생기면 당연히 출근을 요구한다.

이러한 직장에 있는 크리스천 청년들은 늘 마음이 고통스럽다. 특히 신입 청년들은 주일성수를 위해 업무를 쉬겠다는 말조차 꺼내지 못한다. 군대에서 선임들에게 맞아 가면서 주일성수를 이룬 대단한 몇몇 청년들처럼 특수한 경우를 제외하고는, 대부분 주일 출근을 거부하지 못한다. 오랜 실업 끝에 겨우 얻은 직장인데, 말 한 번 잘못 꺼냈다가 불이익을 당할까 봐 두려운 것도 사실이다.

그러면 어떻게 해야 하는가? 가장 중요한 원칙은 담당 교역자를 만나서 의논하는 것이다. 이것이 가장 중요한 원칙이다.

우선 담당 교역자를 만나 당신의 상황을 설명하라. 일부 사람들 중에는 부득이한 경우라기보다는 그저 게으름이나 단순한 회사 내 불이익 때문에 주일성수가 어렵다고 생각하는 이들이 있다. 교역자들을 만나 상담을 하다 보면, 자신이 주일성수를 못하는 이유를 점검받을 수 있다. 우선 당신이 주일성수를 하지 못하는 이유가 게으름과 죄성에 있지 않음을 점검받으라.

그리고 나면 교역자가 몇 가지 지침을 일러 줄 것이다. 일부 교회 안에는 부득이하게 주일성수를 못 드리는 사람들을 위해 만들어 둔 지침이 있다. 그리고 일단 일이 없는 새벽이나 저녁에라도 예배를 드릴 수 있다. 만약 이렇게 하기도 어려우면, 일주일 중에 하루만큼은 주일처럼 하나님께만 집중하는 시간을 가져야 한다. 그리고 주일날 교회 지체들과 함께 예배를 드릴 수 있도록 적극 노력해야 한다.

CHAPTER
20

직장에서
함께 살아가는 법

●

앞에서는 직장에서 일어나는 다양한 문제를 살펴보았다. 여기서는 직장 내의 인간관계에 관해 살펴보겠다.

함께 살기

지금은 그렇게 생각하는 청년이 거의 없겠지만, 과거에는 직업의 목적을 크게 두 가지로 이해했다. 하나는 열심히 일해 돈을 벌어 교회에 헌금하는 것이고, 다른 하나는 전도하는 것이다. 그러나 이는 편협한 생각이다.
 직업은 헌금과 전도만을 위해서 존재하는 것이 아니다. 이것은 마치 소개팅을 나간 남자가 '저 여자는 과연 살림을 잘할까? 아기는 몇이나 나을 수 있을까?' 등만을 살피는 것과 같다. 여자가 남자의 이런 마음을 알게 된다면 거리를 두려고 할 것이다. 왜냐하면 남자가 여자를 수단으로만 보는 것이기 때문이다.

헌금과 전도도 넓은 의미에서는 직업의 의미에 포함된다. 그러나 직업의 의미를 이렇게만 생각한다면, 직장 동료들은 그렇게 생각하는 사람에게 동료애를 느끼지 못할 것이다. 그저 종교적인 목적을 위한 도구에 지나지 않는다고 느낄 것이다.

하나님은 우리를 직장으로 보내셨다. 그리고 그 속에서 직장 동료들과 함께 '살게' 하셨다. 함께 산다는 것은 지극히 일상적인 일을 함께한다는 뜻이다. 헌금과 전도는 저절로 뒤따라오는 결과다.

일상을 함께 살아가는 것이 왜 그렇게 중요한가? 일상적인 모습이 진짜 모습이기 때문이다. 열심히 노력하면, 자신의 진짜 모습을 어느 정도는 감출 수 있다. 그러나 연속해서 반복되는 일상에서는 어느 순간 진짜 모습이 드러나게 되어 있다.

일상생활 속에서 우리는 직장 동료들에게 우리의 진짜 모습을 보여 주게 된다. 그 모습 속에서 사람들은 이전에 다른 사람들에게서는 발견하지 못한 전혀 새로운 향기를 경험하게 될 것이다. 즉, 자신들과는 다른 존재, 다른 삶이 있음을 발견하는 것이다. 죄악과 탐욕, 사기, 배신, 원망, 모함, 거짓, 술수 등으로 가득 찬 암모니아 냄새 속에 의로움과 공의, 정직, 정의, 사랑, 인내, 관용, 용서와도 같은 온유함의 향기가 나기 시작한다. 저들에게는 오래전에 잊혀진 향기인 것이다.

이 향기를 통해 우리는 이 세상에 또 다른 나라가 존재하고 있음을 보여 줄 수 있다. 본능대로 자신의 욕구에만 충실히 살아가는 이 세상에도 참된 주인을 섬기며 이 땅의 회복을 꿈꾸며 순종하는 백성의 나라가 존재한다는 것을 알려 주는 것이다. 그렇기 때문에 우리는 그들과 깊이 사귀면서 본보기가 되어야 한다.

'난 아직 신앙심도 깊지 못하고, 그리 거룩하지도 못한걸. 그런 내가 어찌 그리스도의 향기를 전하겠어' 하고 생각하는 사람도 있지만, 그들 역시 그리스도의 향기를 갖고 있다. 한국말을 정말 잘하는 동양계 외국인이라도, 그들에게는 외국인 티가 난다. 겉으로 확 드러나지 않아도 다양한 생활방식에서 차이가 날 수밖에 없다. 우리가 아무리 신실하게 살지 못한다고 하더라도, 하나님을 경외하는 모습은 어디에선가 삐져나오게 마련이다. 아무리 체형을 숨기려 해도 결국에는 드러나게 되는 것처럼, 하나님을 경외하는 우리 마음의 중심은 반드시 드러나게 되어 있다. 우리 안에 거하시는 성령님이 우리의 마음과 양심을 새롭게 해주신다. 그리하여 선택을 하는 방식과 사람을 대하는 태도, 일하는 모습 속에서 자신도 모르게 신선하고 향긋한 과일 향이 풍겨 난다.

복음은 우리의 일상적인 모습을 통해서 구체적으로 증거된다. 우리의 삶은 여행 안내 책자와 같다. 아직 가 보지 않은 나라가 궁금한 사람들은 먼저 그 나라의 안내 책자를 본다. 그 나라에 무엇이 있고 사람들은 어떻게 살아가는지 등을 책자를 통해 먼저 접한다. 크리스천이 아닌 사람들도 그렇다. 그들은 아직 가 보지 못한 하나님 나라를 그분의 백성을 통해 먼저 경험한다. 우리의 삶이 하나님 나라를 완벽하게 소개할 수는 없겠지만 그들은 우리의 모습을 통해, 하나님이 통치하시는 삶에 관해 소망을 품을 수 있다.

따라서 우리는 넌크리스천들과 깊은 사귐 속에 살아야 한다. 그러나 이때 제기되는 문제는 바로 '나는 진정 넌크리스천들과 친해지고 싶은가?'다. 많은 크리스천 청년이 넌크리스천을 지나치게 경계한다. 활동 범위가 주로 교회에 국한되어 있는 청년들은 더 그렇다. 그들은 마치 외계 생명체를 대하듯 넌크리스천들을 대한다. 방탄복을 입고 그 위에 위생복을 입고 손에는 방패를 들고서 조심스럽게 다가간다. 그들은 지레짐작만으로 '저들은 나를 이해하지 못할 거야. 나와는 대화가 안 통한다고 생각할 것이고, 결국 나를 싫어하게 될 거야'라며 넌크리스천을 몹시 오해한다. 그들은 넌크리스천 앞에만 서면 긴장을 한다. 상대방도 이런 마음을 느낄 것이다.

정글을 탐험하며 낯선 부족들을 만나는 텔레비전 프로그램이 있다. 처음에 그들은 문화와 생활방식, 생각이 달라 서로 어색해하고 조심스러워한다. 그러나 결국 함께 웃으며 장난치고 먹고 마시는 친구가 된다. 그리고 헤어질 때는 이별을 아쉬워한다. 정글 부족들과도 이런 만남이 가능한데, 하물며 언어와 문화가 같은 사람들 사이에서 불가능하겠는가? 우리도 충분히 친구가 될 수 있다. 단, 친구가 되려는 의지와 친밀감을 형성하는 방법을 훈련해야 한다.

친밀감을 형성하려면, 상대방에게 먼저 믿음을 주어야 한다. 그들 역시 믿지 못하는 이들과 선뜻 친해지려고 하지 않을 것이다.

믿을 수 있다는 것은 무엇인가? 예측이 가능하다는 것이다. 예측이 가능하다는 것은 단순하고 만만해 보인다는 것이 아니라, 안정감이 있고 정직하다는 의미다. 겉으로는 안 그런 척하면서 안으로는 음흉한 의도를 숨기는 것이 전혀 없는, 투명한 사람이라는 뜻이다.

　이 세상에는 못 믿을 사람 천지다. 약속을 했는데 아무렇지 않게 파기하는 사람도 있고, 굳게 신뢰했는데 알고 보니 사기꾼인 경우도 있고, 자기 편의대로 중요한 원칙을 마구 어기는 사람도 있다. 자신의 감정과 욕구에 따라 행동하면서 사람들에게 피해를 끼치는 사람도 있다. 이러한 사람은 세상 어디에나 있다.

　우리는 사람들에게 신뢰를 주어야 하고, 서로 믿음이 생겼다면 그 위에 친밀감을 형성해야 한다. 친밀감이란, 같은 공간 속에서 오랜 시간 함께 있다고 형성되는 것이 아니다. 같은 영화를 세 시간 동안 함께 보았다고 옆사람과 저절로 친해질 수는 없다. 친밀감은 가깝고 편하게 느껴서 함께하고 싶어 하는 정서다.

　가까우면서 편한 사이는 쉽게 형성되는 것이 아니다. 너무 가까우면 불편하다. 출근길 복잡한 지하철 안에서 가깝게 서 있는 낯선 사람은 어색하고 불편하다. 그런데 그렇게 가까이 있으면서도 편하다는 것은 그 사람이 편하고 믿을 수 있고 좋다는 것이다.

　이런 친밀감은 시간이 지나면서 저절로 생기는 것이 아니다. 친밀감의 은사를 가진 사람에게만 생기는 것도 아니다. 친밀감은 상대방을 향한 섬김과 헌신을 통해 이뤄진다. 누군가와 친밀감이 생겼다면, 상대방이나 나 둘 중 하나가 깊은 섬김을 한 것이다. 섬김 없이는 친밀감이 생기지 않는다. 동질감, 함께 책임져 주는 것, 또는 수용감 등의 섬김만이 친밀함을 가져온다.

　동질감이란, 상대방이 나의 언어를 충분히 이해하고 있다는 느낌이다. 이쪽에서 슬픔을 이야기했을 때 저쪽에서도 슬픔으로 이해하고, 이쪽에서 기쁨을 이야기했을 때 저쪽에서도 기쁨으로 받아들여야만 동질감이 생긴다. 즉, 내 말에 상대방이 공감해 줄 때 동질감이 생긴다. 상대방의 마음 구조가 나와 비슷해서 나를 잘 이해해 줄 것이라고 생각하게 되면서 정서적으로 가까워지고, 더욱 함께하고 싶어지는 것이다.

상대방에게 동질감을 줄 수 있으려면, 상대방이 내려오고 싶어 하기 전까지는 그가 무대에 서 있게 해주어야 한다. 사람은 자신의 이야기를 할 때면 마치 무대에 서는 것과 같은 정서를 가진다. 자신의 이야기를 충분히 하고 싶어 하며, 관객이 자신에게 집중해 주기를 원한다. 또 자신이 서 있는 무대에 누군가가 뛰어 올라와 마이크를 뺏어 말을 중단시키거나 무관심과 비난을 보내는 일이 생기지 않기 바란다. '진정으로 나는 당신의 이야기가 궁금합니다. 충분히 오래 듣고 싶어요'라는 눈빛을 보내거나 말을 건네면, 상대방은 고마움을 느끼게 된다.

또한 상대방이 당면한 문제를 함께 책임지려고 할 때 친밀감이 생긴다. 이 또한 동질감의 연장된 정서다. 사람들은 '이 세상은 나 혼자야'라는 생각에 외로워하며, 자신의 무거운 문제를 허리가 휘도록 짊어지고 산다. 이때 누군가가 자신의 짐을 이해하고 도우려고 하면 고마움을 느끼고 마음을 연다.

물론 다른 사람에게 일절 도움을 받지 않으려는 사람도 있다. 누군가의 도움을 동정과 연민으로 오해하여 불쾌함을 느끼는 것이다. 그러나 이런 사람들도 적당한 거리에서 '당신이 언제든지 요청만 하면 제가 달려갈게요'라는 메시지를 계속 받으면, 자신이 그에게 큰 호의를 받았음을 느낀다.

수치심을 주지 않는 수용감도 친밀감을 만들어 낸다. 사람들이 수치심을 느낄 때는 언제인가? 실수를 했을 때다. 그때는 누가 뭐라고 하지 않아도 스스로 수치심을 느낀다. 상대방이 자신을 조롱하며 거절할 것이라고 여긴다. 그러나 이럴 때 상대방이 예상을 뒤엎고 나를 수용해 주면 친밀감을 느끼게 된다. 빈말이 아니라 진심으로 "저 역시 당신과 같은 상황이었다면 얼마든지 그랬을 겁니다"라고 말하며 상대방의 실수를 감싸주면, 상대방은 고마움을 느끼게 된다.

친밀감을 만들어 내는 동질감, 함께 책임져 주는 것, 수용감의 또 다른 이름은 긍휼이다. 친밀함은 의무감에서 생겨나지 않는다. 사람에 대한 슬픔과 안타까움에서 생겨 난다.

사람의 진짜 모습을 찍는 엑스레이가 있다면, 모두 슬픔과 난처함이 가득해 보일 것이다. 모든 것을 다 가진 듯한 상사의 마음속에도 외로움이 가득하다. 화려하고 예뻐 보이는 여직원 또한 언제 버림받을지 모른다는 두려움이 가득하다. 유능해 보이는 직장 동료 역시 무력함에 쫓기고 있다. 아무런 문제가 없어 보이는 사람들도 모두 작고 여린 인간일 뿐이다. 약한 모습을 들키기 싫어서 그럴듯한 가면을 쓰고 있는 것뿐이다.

성령님은 우리의 시각에 사람의 내면을 보는 엑스레이를 심어 주신다. 그리고 그들을 향해서 긍휼함을 품게 해주신다. 긍휼함이란 하나님의 마음이 우리의 마음에 머무는 것이다. 우리 또한 부족하고 약한 인간이지만, 그들을 향한 안타까움으로 우리의 마음이 한없이 넓어지는 것이다.

때로는 직장 동료들에게 분노를 품을 수도 있다. 심지어 복수하고 싶은 마음에 사로잡힐 수도 있다. 그럴 때 대부분 크리스천 청년은 '크리스천으로서 이런 마음을 품다니!' 하고 자책한다. 그러나 우리 역시 인간이기에 이런 마음을 품을 수 있다. 그러나 하나님께 간구하면 우리 안에 긍휼함을 부어 주실 것이다. 그들과 진정한 친밀감을 이루기 위해 우리는 그분 앞으로 나아가야 한다.

친밀감이 형성되어야, 직장 동료들에게 복음을 소개할 수 있다. 성령님이 부어 주시는 긍휼한 마음으로 진정한 친밀감을 이룰 때 그들은 귀 기울여 우리의 이야기를 들을 것이며, 우리의 삶을 통해 복음의 신비를 느낄 것이다. 그리고 복음에 대해서 질문해 올 것이다.

직장 동료들은 한 번 보고 말 사람들이 아니다. 계속해서 봐야 하는 사람들이기 때문에, 어느 정도는 친밀감을 형성한 다음에 말을 꺼내는 것이 지혜로운 행동이다. 조급하게 복음을 소개하는 데만 초점을 맞추지 마라. 하나님을 믿지 않는 동료의 삶에 조금이라도 더 가까이 다가가도록 친밀감을 먼저 형성하라.

새로운 기호 만들기

교회에서 기도 제목을 많이 나누고 들어 봤던 청년들은 남의 말에 공감을 잘한다. 그러나 교회에서 했던 공감의 표현을 고스란히 넌크리스천들에게 적용할 수는 없다. 넌크리스천들에게 동질감을 줄 수 있으려면, 그들의 기호를 해석해야 한다. 그들은 다음과 같은 말들을 하나의 기호로 표현한다.

"난 너와 친해지고 싶다." "우리 속이야기 좀 나누자." "나, 마음이 힘들다." "허심탄회하게 마음을 풀자." "오늘 기분이 좋다. 나의 기분에 동참해 다오."

그들에게 있어서 이 모든 것을 표현하는 것이 바로 술이다. 음주는 하나의 기호다. 기호란 그것이 가진 의미 이상을 뜻하는 것이다. 하트를 볼 때 사람들은 사랑을 떠올린다. 하트는 그저 단순한 그림일 뿐이지만, 그것은 그림을 넘어 사랑을 가리킨다. 술은 그저 술이다. 그러나 세상 사람들에게 술은 그 자체의 의미를 뛰어넘어, 친구됨과 우정을 뜻한다.

그래서 넌크리스천들은 술을 마시지 않는 크리스천들을 좋아하지 않는다. 한국 기독교 초창기에는 사회 정화 활동으로 술과 담배를 금지했고, 이는 한국 크리스천의 표상이 되었다. 우리는 이러한 신앙 선배들의 문화를 부인해서는 안 된다. 하지만 그렇다고 넌크리스천들 앞에서 고매한 사람인양 행동하는 것도 옳지 못하다. 우리는 그들을 향해 새로운 기호를 보여 주어야 한다. 술을 마시지는 못하나, 그들과 얼마든지 친밀감을 누릴 수 있음을 보여 주는 것이다.

"저는 비록 술은 마시지 않지만, 당신과 친해지고 싶습니다. 술이 아니어도 당신과 속 깊고 허심탄회한 이야기를 나누고 싶습니다. 함께 술을 마실 수는 없지만 난 정말 당신이 좋습니다."

이러한 표현을 하기 위한 새로운 기호를 만들어야 한다. 물론 술 문화에 익숙한 이들에게 술이 아닌 것으로 친밀함을 형성하기란 쉽지 않다. 그러나 성실함과 일관성은 결국 받아들여지게 되어 있다. 이는 마치 언어가 다른 민족 안에 선교사들이 정착하는 것과 흡사하다. 술이 아니면 친해질 수 없다고 생각하는 이들에게 술이 아닌 다른 방식으로도 얼마든지 친해질 수 있음을 보여 주는 것은 진정 선교사적인 삶이다.

더구나 넌크리스천들도 요즘에는 술의 폐단을 많이 인식하고 있다. 그들 역시 술이 모든 것의 해결책이 아님을 안다. 술을 마셔도 여전히 외롭고, 같이 술을 마신다고 무조건 마음이 통하는 것은 아님을 잘 안다. 그들 역시 진정으로 마음을 나눌 사이를 원한다. 우리는 이를 위해 노력해야 한다.

그런데 정말 많이 노력했는데도 아무도 그 마음을 받아들여 주지 않는다면 어떻게 해야 할까? 그럴 때는 직장에 문제가 있는 것이다. 술을 마시지는 않으나 실력이 있고 성실한 사람보다 불성실하고 게을러도 술을 같이 잘 마시는 사람을 좋아하는 회사라면, 그리 올바른 곳이 아니다.

술 외에도 넌크리스천들이 크리스천을 향해 갖고 있는 오해가 있다. 크리스천들의 우선순위는 종교와 교회이며 회사의 일은 늘 뒷전이라는 편견이다. 넌크리스천들에게 주일은 그저 쉬는 날이다. 회사의 급한 업무를 위해서라면 반납하는 게 당연하다고 생각한다. 그래서 크리스천들이 주일성수를 이유로 주일 출근을 거부하면, 넌크리스천들은 부당하다고 생각한다.

이러한 오해가 생기지 않도록 노력해야 한다. 예배와 신앙의 삶을 지키되 회사 일에는 성실히 임해야 한다. 새로운 기호를 만들어, 자신 또한 회사를 사랑한다는 것을 보여 주어야 한다. 만약 주일성수를 해야 하는 나를 제외한 다른 동료들이 주일에 출근해서 일을 하는 상황이라면, 다른 방식으로 성실함을 보여 주어야 한다. 우선 자신의 일만큼은 책임지고 감당하는 모습을 보여 주어야 한다. 주일에 자신의 몫까지 일한 동료를 위해 평소 그의 짐을 짊어져 주는 자세도 필요하다.

사실 넌크리스천이라고 해서 무작정 크리스천을 싫어하는 것은 아니다. 신앙생활을 한답시고 유별나게 굴거나 자신의 삶에 안 좋은 영향을 끼칠 것 같다는 오해와 왜곡된 생각 때문에 크리스천을 꺼리는 것이다. 안타깝게도 이미 그들은 예전에 만난 크리스천들에게 많은 피해와 상처를 받았고, 그것은 아직 그들의 머릿속에 고스란히 남아 있다.

그래서 우리는 크리스천에 대한 그들의 안 좋은 생각이 바뀔 수 있는 다른 경험들을 제공해 주어야 한다.

우선 상대방이 크리스천에 관해 어떤 이미지를 가지고 있는지를 파악하고, 그와는 다른 이미지의 새로운 기호를 만들 수 있어야 한다. 물론 넌크리스천들의 마음이 변화되는 것은 전적으로 주님이 하실 일이지만, 그분은 넌크리스천들에게 깊은 친밀감과 신뢰를 주려는 청년 크리스천들을 도구로 사용하신다.

넌크리스천인 직장 동료들의 기도 제목을 물어보면서 그들의 마음을 얻은 자매가 있었다. 넌크리스천들 역시 자신을 위해 기도해 주겠다고 하면 좋아한다. 이 자매는 어느 정도 친분이 쌓인 직장 동료에게 "아침마다 당신을 위해서 기도를 하고 있는데, 무엇을 위해서 기도할지 정확히 몰라서 좀 아쉬웠어요"라고 말했다. 처음에 사람들은 시큰둥해하기도 하고, 복권에 당첨되는 것이 기도 제목이라며 장난 섞인 말을 하기도 했다.

그러나 시간이 지나면서 자신을 향한 자매의 진심을 느끼고, 차츰 자신의 문제를 털어놓기 시작했다. 아픈 가족을 위해 기도해 달라고 하기도

하고, 걱정스러운 문제를 이야기하기도 했다. 자매는 이렇게 말했다. "무엇이 가장 좋은 것일지 알 수는 없지만, 하나님은 우리에게 가장 좋은 것만 주는 분이세요. 그런 하나님께 간절히 기도할게요."

그러고는 시간이 좀 지났을 때, "지난번에 얘기한 일은 어떻게 되었어요?" 하고 물어봤다. 그럴 때 상대방은 자신도 잊고 있는 문제를 놓고 아침마다 기도해 주는 자매에게 고마움을 느꼈다. 가족이나 친구들도 아침에 일찍 일어나 자신을 위해서 기도해 주지 않는데, 이렇게까지 신경을 써 주니 고마운 것이다. 이 자매의 기도 때문에, 직장 동료들은 마음속에 늘 고마움과 빚진 마음을 품게 되었다. 자매에게 마음을 더 열고, 다른 사람 앞에서 자매를 두둔하거나 변호해 주기도 했다. 자매가 직장 안에서 소외되지 않게 해주었다. 그리고 마침내 자매를 따라 교회에 참석하는 동료가 생겼다.

물론 이렇게 되기까지는 꽤 오랜 시간이 걸린다. 그리고 모든 직장이 다 이러지는 않을 것이다. 그러나 직장 동료를 진심으로 사랑하고 기도해 주고 있음을 표현하는 일은 그의 마음을 얻을 수 있는 강력한 방법이다. 기도야말로 우리의 사랑을 보여 줄 수 있는 강력한 기호다.

상처 자극하기

남들에게는 괜찮지만 자신에게는 유독 문제가 되는 상황이 있다. 그것은 대개 그 사람의 나약함과 연결되어 있다. 이미 다 아물었다고 생각하는 상처의 딱지를 누군가 건드려, 다시 피가 나고 덧나는 것이다.

과거에 받은 마음의 상처가 시도 때도 없이 떠올라 우리 삶을 늘상 지배하는 것은 아니다. 그러나 그때와 유사한 상황을 만나면 그때의 기억이 떠오르면서, 아물었다고 생각한 상처가 다시 욱신거린다.

우리의 상처를 자극하는 모습은 정말 많다. 특정 사람을 향한 거부감이나 적대감, 실수를 인정하면 버림받을 것 같은 두려움, 열등감이 가져온 지나친 경쟁과 공격성, 자신에게 중요한 것을 포기하면서까지 인정을 받으려 하는 집착, 자신을 압도할 정도로 극심하게 불안한 정서, 중독에 가까운 고질적인 습관, 갈등 속에서 억제하지 못하는 분노, 어려운 일 앞에서 솟구치는 지나친 무기력과 우울함, 비논리적인 사고에 대한 혐오 등이 그렇다.

이러한 연약함은 평소에 잘 숨어 있다가 직장의 다양한 상황 속에서 자극을 받아 수면으로 떠오른다. 나도 모르게 연약함을 자극받아 상대방에게 지나치게 부자연스럽고 예민하고 격하게 반응한다. 그래서 쉽게 해결할 수 있는 문제를 더 어렵고 복잡하게 만들어 버린다. 괜찮았던 관계가 어색해지고, 시간이 지나고 나면 자신의 행동을 후회한다.

물론 그렇게 행동한 데에는 환경이나 상대방에게도 책임이 있다. 그러나 그것을 모두 타인의 책임으로 돌려서는 안 된다. 분명 나의 연약함도 작용하여 문제를 만든 것이기 때문이다.

자신의 연약함을 인정하고 발견하지 않으면, 어려움이 자꾸 생길 수밖에 없다. 어떤 문제가 생겼을 때 그것의 정확한 원인을 찾아내지 못할 수 있고, 그것이 나의 문제인지 아니면 상대방의 문제인지 쉽게 파악하기 어렵다. 그래서 내가 무엇을 결단하고 행동해야 하는지, 무엇을 기다리며 소망해야 하는지를 구분하지 못한다.

심지어 자신의 연약함에서 나온 문제를 기독교인으로서 당하는 고난으로 착각하는 경우도 많다. 또한 나에게서 나온 가시 때문에 찔리고 아파하고 힘들어하며 고통을 호소하는 사람들을 보며, 오히려 그들이 부당하다고 생각한다.

직장에서 생긴 문제로 직장과 동료를 원망하기 전에, 그것이 나의 문제에서 비롯된 것은 아니었는지 살펴보라. 자기 스스로 다 이겨 냈다고 생각하는 문제들이 사실은 가슴속에 덧나고 곪은 상태로 남아 있을 수 있다. 그것들을 살펴보지 않고 분주히 달리기만 하면, 나중에 큰 문제가 될 수 있다. 자신의 마음을 살피지 못하면, 모든 문제의 원인을 직장으로 돌릴 수 있다. 따라서 직장 안에서 문제가 생기면, 우선 자신 안에 해결되지 못한 문제가 없는지 살펴봐야 한다.

그런데 스스로 자신의 연약함을 보기란 매우 어렵다. 이때 필요한 것이 바로 영적인 리더다. 우리 상황을 객관적으로 이해하며, 상대방의 부당함과 나의 연약함을 정확하게 말해 줄 수 있는 리더가 필요하다. 직장인이 되면 대부분 이미 다 성장했다고 착각한다. 그래서 영적 리더와 꾸준히 만나지 않다가, 나중에 정말 문제가 닥쳤을 때 찾아갈 사람이 아무도 없게 된다. 그래서 문제가 더욱 커지는 경우가 많다. 그렇게 되지 않으려면 영적 리더들과 꾸준한 만남을 가져야 한다. 분주한 리더를 자꾸 찾아가서 귀찮게 하고 괴롭히는 것은 아닌지 조심스러울 수 있다. 그러나 영적 리더는 청년들을 돕지 못하는 것을 더 안타깝게 느낄 것이다.

의사소통 방식

의사소통에 관한 책들은 시중에도 이미 많기 때문에, 여기서는 크리스천 사회 초년생의 의사소통에 관해서만 다룰 것이다.

건강한 의사소통을 하려면 사고와 정서를 분리해야 한다. 물론 사고와 정서를 분리하기란 매우 어렵다. 그러나 우리는 노력해야 한다. 그래야만 나와는 다른 사람들, 특히 외로움과 공허함 속에서 내면이 거칠어진 넌크리스천들과 어울려 일할 수 있다.

직장에서 정서와 사고를 분리한다는 것은 적어도 두 가지를 의미한다. 첫째, 직장 동료들을 '나를 좋아하는 사람'과 '나를 싫어하는 사람'으로 구분해서는 안 된다. 우리는 대개 주변인을 이렇게 분리하지만, 이렇게 하면 얻는 것보다 잃는 것이 훨씬 많다. 괜한 편견이 생겨 상대방에게 가까이 다가가지 못하게 되고, 그렇게 되면 상대방도 그런 마음을 느낀다. 이미 소원해진 관계가 더 멀어진다. 그리고 상대방이 나를 싫어한다고 생각하면, 그의 사소한 행동까지 부정적으로 해석하게 된다. 이러한 해석의 과정을 거치면서 나의 에너지도 소진되고 마음이 지쳐 간다.

분명 직장 안에는 나를 좋아하는 사람과 싫어하는 사람이 있을 수 있다. 그러나 좋아하지도 싫어하지도 않는 사람도 많다. 즉, 상대방이 나를 좋아하지 않는 것이 곧 나를 싫어하는 것은 아니라는 말이다. 따라서 어떤 사람이 나를 향해 "난 네가 정말 싫어"라고 말하지 않는 이상, 그가 나를 싫어할 거라고 함부로 판단해서는 안 된다.

둘째, 나와 반대되는 의견에도 웃으면서 여유롭게 반응해야 한다. 나의 의견을 무시하고 다른 의견을 제시하면 기분은 좋지 않다. 그렇다고 그것을 다 내색하거나 그 사람이 나를 싫어한다고 생각해서는 안 된다. 의견은 의견일 뿐이다. 물론 이것은 쉽지 않다. 누군가 나를 이기려고 일부러 반대 의견을 내는 것일 수도 있고, 누군가는 혼자 잘난 체 하려고 반대 의견을 내는 것일 수도 있기 때문이다.

그러나 그 반대 의견에 명확한 근거와 타당성이 있다면 받아들여야 한다. 근거 없이 나온 의견이라면, 내 의견이 더 타당하다는 것을 정중하게 제시할 수 있어야 한다. 즉, 합당한 근거를 바탕으로 더 좋은 의견을 제시하는 연습을 해야 한다. 상대방과의 친밀함만을 이유로 근거도 없는 위험한 아이디어를 수용해서도 안 되고, 적대감을 이유로 은근히 반대하는 것도 안 된다. 더 좋은 아이디어를 찾아내야 회사가 발전하고, 그로 말미암아 유익을 함께 누릴 수 있다. 따라서 의견을 교환하는 것임을 서로 상기시키며 대화해야 한다.

우리는 상대방을 환영하는 마음을 담아 대화하는 것을 훈련해야 한다. 밝은 분위기 속에서 명확하게 말할 수 있어야 한다. 어둡게 이야기해서는 안 된다. 교회는 하나님 앞에 애통해하는 사람을 좋게 보기 때문에 약간의 우울감이 오히려 신앙의 깊이로 보일 수도 있다. 그러나 직장은 그렇지 않다. 누구나 이런 모습을 불편해하고 피곤해한다. 가뜩이나 일이 힘든데 대화까지 눅눅하고 무겁게 하면 누가 좋아하겠는가. 따라서 밝은 분위기를 연습할 필요가 있다. 물론 이것은 처음에 감정적인 노동으로 여겨져 고통스럽다. 좋은 일도 없는데 웃으면서 미소를 짓기가 너무 어렵다. 그러나 그동안 교회에서 자신의 감정에 충실히 살았다면, 이제는 사회에서 다른 사람을 배려하며 자신의 얼굴을 관리하는 것도 필요하다. 또한 웃음과 미소, 밝음은 처음 연습할 때는 어색하지만, 하면 할수록 자신을 정말 더 밝고 따뜻한 사람으로 만든다. 우리 크리스천들은 항상 기뻐하고 범사에 감사하라는 말씀을 알고 있는 사람이다. 밝은 표정은 사람들이 자신에게 더 다가올 수 있도록 문을 여는 것과 같고, 웃음과 환영을 연습하는 것은 하나님을 신뢰하는 것의 첫 출발이다.

의사표현을 명확하게 하는 법도 배워야 한다. 다소 우물쭈물하게 말하더라도, 교회 공동체 사람들은 그 말을 주의 깊게 들으며 공감해 준다. 그러나 직장에서는 그렇지 않다. 우물쭈물하면 무시하며 신경 쓰지 않는다. 명확하게 표현하기 위해 기억해 두면 좋을 세 가지 표현이 있다. "감사합니다. 열심히 하겠습니다. 제 실수입니다." 이런 표현은 앞에서 언급한 일을 할 때의 책임과도 맞물린다. 타인이 자신에게 베푼 친절과 배려에 적극적으로 감사를 표현해야 한다. 그리고 자신에게 맡겨진 일에 최선을 다하겠다는 의지를 표현해야 한다. 그리고 실수와 좋지 않은 결과에 대해 당당히 자신의 책임을 인정해야 한다.

직장은, 일은 좀 못해도 감사와 열정과 잘못을 인정하는 사람을 가능성이 있는 사람으로 여긴다. 일에 관한 열정이나 마음은 겉으로 잘 드러나지 않기 때문에, 분명하고 정확한 말을 통해 상대방에게 전해야 한다.

마지막으로 우리는 욕 먹기를 두려워해서는 안 된다. 여기서 욕이란 잘못을 지적받는 것이며, 동시에 인간적인 모욕을 조금 받는 것이다. 잘못만 지적하고 모욕은 없으면 좋겠지만, 직장 상사는 대부분 자신의 부하 직원에게 선한 인격을 베풀어야 한다고 생각하지 않는다. 그래서 늘 잘못을 지적하는 말 속에 욕이 포함되기도 한다.

아무리 잘해도 욕을 먹는 경우도 있다. 상대방이 내게 욕을 하려고 작정하고 있기 때문이다. 직장에서는 한 번씩 욕을 하고 듣는 것이 권위와 서열의 확인을 위해 필요한 문화다. 그래서 잘못을 지적받을 때, 경우에 따라서는 그 이상의 모욕을 받기도 한다.

그러나 욕은 애정 표시다. 그만큼 나를 믿었기 때문에 실망한 것이고, 그것이 욕으로 표현된 것이다. 욕은 어떻게든 나를 성장시키려는 의지의 표출이다. 물론 욕하는 것이 목적인 사람도 있을 수 있다. 그러나 이런 사람들도 자기 딴에는 '나도 욕을 먹으면서 이만한 위치에 올랐는데, 저 친구도 욕 좀 먹어야 정신 차리지' 하는 마음이 담긴 것일 수 있다. 그러니 모두 나름의 애정 표시로 받아들이자. 누군가를 직장에서 내보내려고 할 때는 욕을 하지 않는다. 조용히 웃으며 집에 가라고 할 뿐이다.

욕을 나를 향한 의지로 해석하는 것이 정신 건강에 좋다. 나에게 잘못을 지적하고 욕을 한다는 것은 나와 관계를 맺으려는 의지가 있다는 것이다. 관심이 있기 때문에 잘못을 지적해 주고 고쳐 주려고 하는 것이다. 따라서 욕을 들을 때는 오히려 고마워하고 배우겠다는 의지를 보여 주어야 한다. 그러면 상사는 '이 친구는 생각이 있는 사람이군. 심하게 욕하지 않아도 다 알아듣겠어'라고 생각한다. 잘못을 지적하는데 억울해한다든지 동의하지 않는 듯한 모습을 보이면, 대부분 상사는 지배력을 발휘하려고 더 거칠게 나온다. 그러나 깨끗이 인정하고 시정하고 열심히 하는 모습을 보이면, 어느 순간 거친 표현들은 사라진다. 말로 해도 알아들을 사람에게 과하게 욕을 했다는 것을 깨닫게 될 것이다.

에필로그

소명,
하나님과 써 내려 가는
모험과 승리의 이야기

●

지금까지 우리는 성경적 세계관과 건강한 소명 의식을 통해 진로와 직업을 찾고 발견하는 과정을 함께 나눴다. 이 책의 독자 중에는 처음에 이 책을 젊은 크리스천을 위한 구직 가이드 정도로 생각한 사람이 많을 것이다. 하지만 책을 꼼꼼하게 읽어 본 독자라면 이 책에서 나눈 '소명을 찾아가는 여정'이 우리가 알고 있는 크리스천의 삶과 별반 다르지 않다는 사실을 깨달았을 것이다.

소명을 찾아 나서는 것은 인생의 주인 노릇을 포기하고 하나님의 뜻을 자신의 삶에 온전히 드러내는 과정이다. 모든 상황을 자신이 주도해야 한다는 고집과 익숙하고 편한 것을 추구하려는 이기적인 마음, 어떻게든 서둘러서 가시적인 열매를 보겠다는 성급함을 버려야 한다. 성과 중심의 평가, 그리고 자신의 해석과 판단이 '정답'이라는 교만에서 자유로워질 수 있어야 한다. 지금의 선택이 앞으로의 삶을 좌우할 것이라는 운명론적 관점과, 자신의 연약함과 무기력함 때문에 하나님의 뜻이 이루어지는 것이 지연될 거라는 비진리를 깨뜨려야 한다. 하나님이 자신을 방치하셨기 때문에 고난과 고통이 찾아왔다고 여기는 편견도 고쳐야 한다. 하나님의 음성에 귀 기울이되 그분이 말씀하지 않으신 것을 자의로 해석하지 말고 더 신실하고 신중하게 분별하는 훈련을 해야 한다. 그리고 하나님이 분명하게 말씀하신 바에 순종해야 한다. 소명을 찾아가는 여정에서 무엇보다 중요한 일은 예수 그리스도의 십자가를 내 삶의 중심에 놓는 것이다. 그리스도의 십자가는 어떤 순간에도 우리를 향한 하나님의 사랑이 그치거나 중단되지 않음을 보여 준다. 이 사랑이 소명을 찾는 우리 인생 여정의 유일하고 분명한 기초가 된다.

크리스천의 영적 성장과 성숙은 표현만 다를 뿐 소명을 찾아 나서는 여정과 동일하다. 소명을 찾아가는 가운데 자기 자신과 세상을 향하신 하나님의 마음을 더 깊이 깨달아 성숙한 크리스천으로 살게 되는 것이다. 그러므로 소명에 대한 우리의 고민과 혼란과 회의는 시간 낭비나 헛된 꿈이 아니라, 직업이나 진로의 차원을 넘어 하나님을 더 깊이 만나는 축복의 기회다. 또한 십대나 이십대 젊은 시절뿐 아니라, 평생 해야 하는 인생의 과제이자 하나님 나라 백성의 특권이다.

내가 누구이고, 나이가 몇이고, 어떤 배경과 학벌, 경력을 갖고 있고, 어떤 직업에 종사하고 있든 상관없이 하나님은 그분이 쓰시는 이야기에 우리를 초대하신다. 누군가는 크고 광대한 이야기에, 누군가는 작지만 의미 있는 이야기에, 또 누군가는 따뜻하고 아름다운 이야기에 참여하게 될 것이고, 그 이야기들이 한데 모여 더욱 커다란 하나님 나라의 이야기로 어우러질 것이다.

　이제 소명을 찾고 그에 따라 살아가는 도전과 모험에 참여하라. 누구나 할 수 있다. 지금 여기, 우리를 기다리는 사람들이 있고, 우리가 필요한 세상이 있고, 우리가 세워 가야 할 하나님 나라가 있다.

　그리고 언젠가 우리와 같은 고민을 하게 될 다음 세대의 젊은이들에게 우리가 경험한 하나님의 소명, 작고 평범하거나 크고 위대한, 그렇지만 저마다 의미 있고 가치 있는 삶을 살게 하시는 그분의 섭리를 들려줄 수 있을 것이다. 우리가 그랬던 것처럼 그들의 삶도 더욱 풍성하고 충만하며, 하나님이 계획하신 모습에 더 가까워질 수 있도록 말이다.

소명교육개발원은 **이런 곳**입니다

많은 이들이 기독교 교육의 위기를 소리 높여 이야기합니다. 자라나는 세대들이 기독교의 진리를 외면하거나 피상적인 차원으로 인식하면서 복음의 능력을 잃고 기독교 문화인으로 전락하고 있습니다. 이런 문제의 원인은 진리 자체에 있는 게 아니라, 기독교 진리를 이 시대의 언어로 변환하는 일이 실패한 데 있습니다. 이 시대를 살아가는 청소년과 청년들은 시대의 가치관과 방식들로 생각과 언어를 형성하고 있습니다. 기독교의 진리는 그 본질을 훼손하지 않은 상태에서 만남과 공간을 이끌어 내는 시대의 언어와 방법으로 접근해야 합니다. 그래야 실제적인 변화를 이끌어 낼 수 있습니다.

소명교육개발원은 2004년부터 청소년과 청년들에게 기독교의 진리를 실제적으로 전달하기 위해서 다양한 교육 프로그램, 강의와 상담, 워크숍, 스토리텔링 등을 개발하고 있습니다. 농부가 땅을 갈고 씨를 뿌리듯 다양한 교육 도구들을 연구하고 임상하여, 실제적인 변화를 위한 기독교 교육적 대안들을 실험하고 있습니다. 소명교육개발원이 하나님의 사랑을 만들어 내는 기독교 교육에 맑은 물을 공급하는 샘물이 되기를 소망합니다.

소명교육개발원은 **이렇게 섬기고** 있습니다

1. 연구

크리스천 개인과 공동체가 세상 속에서 하나님의 부르심을 인식하고 순종하는 데 도움이 되는 실제적인 교육 내용과 프로그램을 연구하고 개발합니다.

2. 교육

크리스천 개인과 공동체가 하나님이 심어 놓으신 아름답고 독특한 은사를 전인격적으로 발산하게 하여, 하나님이 사용하실 수 있는 온전한 모습으로 준비되도록 교육하고 훈련합니다.

3. 상담 및 세미나

크리스천 개인이 소명자로 살아갈 때 발생하는 장애를 면밀히 분석하고 그 장애를 극복할 수 있는 대안을 모색하도록 격려와 상담을 합니다.

4. 교육 컨설팅

청소년과 청년들이 가지고 있는 비전과 열정의 주된 문제를 진단하여 자아상, 직업관, 은사관, 선택, 문화, 세계관, 성경적 소명 인식 등 총 13개의 주제를 중심으로 공동체에 적실한 교육을 설계하고 교재를 제작해 드립니다. 그리고 이러한 과정 중에 필요한 교육 내용과 교육 방식을 컨설팅해 드립니다.

소명교육개발원은 **이렇게 만나실 수** 있습니다

① 홈페이지 : www.cedi.or.kr
② 전화 : 02-419-3308, 019-630-8545
③ 이메일 : calling@cedi.or.kr
④ 주소 : 서울시 송파구 석촌동 291-20번지 트레비타워 302호

소명에 답하다

지은이　　신동열

2013년 3월 21일 1판 1쇄 펴냄
2023년 4월 19일 1판 12쇄 펴냄

펴낸곳　　도서출판 예수전도단
출판 등록　1989년 2월 24일(제2-761호)
주소　　　서울특별시 관악구 신림로7나길 14
전화　　　02-6933-9981 · **팩스** 02-6933-9989
이메일　　ywam_publishing@ywam.co.kr
홈페이지　www.ywampuble.com

ISBN 978-89-5536-421-7

책값은 뒤표지에 있습니다.
잘못된 책은 바꾸어 드립니다.